콘텐츠
바이블

유튜브, 페이스북, 인스타그램, 틱톡 곳곳을
넘나드는 새로운 부의 공식7

콘텐츠
바이블

조 풀리지
지음

강혜정
옮김

Content INC.

세종

코라_{Cora}에게 이 책을 바칩니다.

CONTENTS

내 삶을 구한 콘텐츠 비즈니스

이성적인 사람은 자신을 세상에 맞추지만, 비이성적인 사람은 세상을 자신에게 맞추려는
고집을 꺾지 않는다. 그러므로 모든 진보는 비이성적인 사람들의 손에 달려 있다.
_ 조지 버나드 쇼George Bernard Shaw의 말에서 살짝 각색했다.

여기서 설명하는 비즈니스 모델이 내 삶을 구하고 경제적 자유를 주었다.
2007년, 나는 사업을 시작하기 위해 억대 연봉을 받는 미디어 회사 임원
직을 그만두었다. 내게는 아내와 당시 각각 네 살과 여섯 살이었던 두 아
이가 있었지만 은행 통장 잔고는 얼마 되지 않았다.

앞으로 여기서 들려줄 내용보다 더 많은 실수들을 저지르며 씨름
한 끝에, 그리고 2009년에 거의 모든 걸 포기할 뻔한 뒤에 나와 아내는
2011년에 드디어 백만 달러대의 매출을 기록했다. 2015년에는 매출이
거의 천만 달러대까지 올라갔다.

같은 해 이 책《콘텐츠 바이블》의 초판(《콘텐츠로 창업하라》)을 집필했고,
무에서 시작해 채 5년이 안 되어 수백만 달러 매출을 올리기까지 활용했

던 정확한 사업 모델을 상세히 설명했다. 이 책은 인쇄본, 전자책, 오디오 북 등의 형태로 10만 부 이상 팔렸다.

그리고 이제 그 이후 이야기를 들려줄까 한다.

2016년 6월, 나와 아내는 우리 회사인 콘텐츠 마케팅 연구소Content Marketing Institute, CMI를 런던에 본사가 있는 10억 달러 규모의 이벤트 회사에 3,000만 달러에 살짝 못 미치는 금액으로 매각했다.

나는 매각 이후 한동안 회사에 머물다 2017년 말에 떠났고, 2018년에는 1년 내내 안식년을 가졌다. 아버지를 모시고 비행기를 타고 시칠리아로 날아갔고, 아내와 두 아들들과도 과거 어느 때보다 많은 시간을 함께 보냈고, 하프마라톤 경기를 두 번 뛰었다. 그러는 동안 소셜 미디어는 거의 보지 않았다. 아마도 내 인생에서 가장 완벽했던 1년이 아니었나 싶다.

다음 해 나는 베스트셀러에 오른 추리 소설을 썼다.

나는 전업 소설가가 되고, 오렌지 이펙트 재단Orange Effect Foundation이라는 비영리 언어치료 재단에 더욱 많은 에너지를 쏟았다. 그리고 이제 십대가 된 두 아이가 대학에 진학해 집을 떠나기 전까지 가족과 더욱 많은 시간을 보내기로 마음먹었다.

그러던 차에 여러분도 아시겠지만 코로나 19가 전 세계, 특히나 미국을 휩쓸었다. 사람들이 죽어가고 병으로 신음하고 있었다. 일자리도 앞날의 희망도 없이 남겨진 수백만 명의 사람들도 있었다. 어떤 최악의 시나리오를 상상하든, 세상은 진정 그 한가운데에 떡하니 있는 것 같았다.

그 무렵 막 구조조정을 당한 가까운 친구에게 이메일을 받았다. 친구는 내게 경제적 자유를 가져다준 비즈니스 모델에 대해 좀 더 알고 싶어 했다.

이틀 뒤에 또 다른 친구가 연락을 해왔다. 그리고 또 다른 친구가. 코로나19 바이러스 팬데믹이 시작되고 서너 달이 흐른 뒤에, 콘텐츠 비즈니스 모델에 대한 관심이 부활했다.《콘텐츠 바이블》초판 판매량이 두 달 동안 3배로 늘었고, 예전에 올린 팟캐스트 다운로드가 다시 늘기 시작했다. 심지어 더 이상 팟캐스트를 제작하지 않았는데도 말이다.

자칫 자기중심적으로 보이지 않을까 우려되지만 이야기를 해야겠다. 이것은 그저 사업 모델일 뿐이고 내가 세상을 구하고 있는 것도 아니다. 그렇지만 나는 이런 혼란스러운 환경에서 콘텐츠 비즈니스 모델이 먹고 살기 위해 안간힘을 쓰는 세계 각지의 사람들에게 진정으로 도움이 될 수 있다고 생각했다. 더욱 많은 사람들이 이 모델을 활용하여 놀라운 사업들을 시작하고 경제적 자유를 얻으면 어떨까? 당장의 생존을 위해 고군분투하는, 작은 조직과 기업들이 빚 없이 근근이 버티는 정도가 아니라 번창하면 어떨까? 심지어 큰 기업에서도 마케터들이 이 모델을 이용해 기업을 유지하고, 성장시키고, 더욱 많은 사람들을 고용할 수 있게 되면 어떨까?

나는 진행 중이던 추리소설 2부 집필을 보류하고, 맥그로힐McGraw Hill 출판사 편집국장에게 이메일을 보냈다.《콘텐츠 바이블》책을 마무리하고 싶었다. 2015년《콘텐츠 바이블》초판을 내놓았을 때는 전체 과정의 절반만 끝냈을 뿐이었다. 이제는 나머지 이야기를 쓸 수 있었다.

《콘텐츠 바이블》팟캐스트를 다시 시작했고, 〈더 틸트The Tilt〉라는 콘텐츠 사업가를 위한 이메일 뉴스레터를 만들고, 그간의 경험을 더하여 콘텐츠 비즈니스 모델을 철저하게 업데이트했다.

그동안 나는 과분한 휴식을 취했다. 나 자신이나 우리 아이들에게 필요한 돈을 걱정해야 하는 상황은 다시는 없을 것이다. 이제 더욱 많은 사람들이 그런 기회를 갖게 하고 싶다. 경제적 자유를 위한 기회, 이 책이 그 해답이 되리라고 믿는다.

콘텐츠가 그렇게 대단해?

———

이 책에서 이야기하는 콘텐츠 비즈니스의 기본 개념은 이렇다. 먼저 오디언스audience(일상용어로는 청중을 뜻하나 매스컴 용어로는 메시지를 받아들이는 수신자 즉 시청자, 청취자, 독자를 뜻한다)를 모으고 나중에 그들에게 판매할 상품과 서비스를 정의함으로써 개인은 게임의 규칙을 바꿀 수 있고, 경제적으로 개인적으로 성공할 가능성을 크게 높일 수 있다.

다시 말하지만 나는 오늘날 사업을 시작하고 키우는 가장 좋은 방법은 상품을 출시해 무작정 판매하는 것이 아니라 오디언스의 관심을 끌고 그들의 규모를 키워 지속적으로 유지할 시스템을 만드는 것이라고 믿는다. 일단 충성도 높은 오디언스, 즉 여러분과 여러분이 제공하는 정보를 좋아하는 오디언스를 모으면, 원하는 무엇이든 그들에게 팔 수 있을 것이다. 이를 이 책에서는 콘텐츠 비즈니스 모델Content Inc.이라고 부른다.

이런 모델 구축에 시간을 들인 콘텐츠 사업가들은 각자의 사업은 물론 개인의 삶에서도 크게 성공을 거둔다. 콘텐츠 비즈니스 모델을 통해 특정 오디언스에게 가치 있는 정보를 꾸준히 제공하면, 세계 어디에 사는 누구든 5년 안에 500만 달러 매출을 확실하게 손에 쥘 수 있을 것이다.

| 다윗과 골리앗에 얽힌 진짜 이야기 |

성공을 꿈꾸는 모든 사업가가 직면하는 어려움은 기독교 성서 속 다윗과 골리앗 이야기의 두 가지 해석 가운데 하나를 들어 요약할 수 있다.

가톨릭 학교를 다니며 자랐기 때문에 나는 다윗과 골리앗 이야기를 자주 들었다. 다윗은 어린 소년인데다 약자 중에 약자지만 블레셋의 거인 골리앗은 세상에서 가장 힘이 센 전사다. 그렇기에 다윗이 힘이 세고 노련한 전사를 물리칠 가능성은 없다.

그러나 다윗의 신에 대한 믿음, 한 줌의 매끄러운 돌멩이, 그리고 아마도 약간의 기적을 통해 다윗은 골리앗을 물리쳤다.

《크리스천 크라이어Christian Crier》의 잭 웰먼Jack Wellman은 이렇게 주장한다. "골리앗은 자신에게 유리한 모든 것을 가지고 있었다. 그는 모든 우위를 점하고 있었다. 엄청난 능력을 가지고 있었고 훈련도 받았고 훌륭한 장비도 갖추었고 경험도 풍부했으며 전투를 통해 단련되고 실력이 검증된 사람이었다. 골리앗은 전혀 두려움이 없었다. 그는 자신감이 넘쳤지만 과신했다." 골리앗은 키도 2미터 3센티미터나 되었다. 그리고 다윗이 있다. 작은 몸집에 어느 모로 보나 골리앗에게는 상대가 되지 않았다. 그러나 어린 소년에 불과한 다윗은 신에 대한 절대적인 믿음이 있었기 때문에 승리했다. 신이 다윗과 함께했고 거인은 도저히 '질 것 같지 않았던' 싸움에서 패했다. 둘의 싸움은 다윗이 다음의 이야기에 나오는 행동을 하자마자 순식간에 끝난다.

> 주머니에서 돌멩이 하나를 꺼내 팔매질을 하여 그 블레셋 장수의 이마를 맞혔다. 돌멩이가 이마에 박히자 장수는 얼굴을 바닥에 박고 쓰러졌다.
> 이리하여 다윗은 한 번의 팔매질과 하나의 돌멩이로 블레셋 장수를 이겼다. 블레셋 장수가 손에 쥐고 있는 칼 없이도 그를 쓰러뜨리고 죽였다. 다윗은 달려가서 블레셋 장수를 밟고 서서 그의 칼집에서 칼을 빼냈다. 그러고는 블레셋 장수를 죽인 뒤에 칼로 그의 목을 잘랐다. 블레셋 군은 자신의 장수가 죽

는 모습을 보고 몸을 돌려 도망치기 시작했다(구약성서 〈사무엘상〉 17장).

다윗이 신에 대한 믿음 덕분에 거인 골리앗을 이겼다는 내용이다. 물론 다윗
은 신이 자기와 함께하기 때문에 승리할 것이라 확신했다. **그러나 어쩌면 이**
이야기를 다른 방법으로 해석할 수도 있지 않을까?

◆ 골리앗 : 약자
말콤 글래드웰 Malcolm Gladwell은 저서 《다윗과 골리앗 : 강자를 이기는 약자의
기술 David and Goliath : Underdogs, Misfits, and the Art of Battling Giants》에서 이 이야기를 보
는 새로운 관점을 제시했다. 내가 생각하는 기업가 정신이라는 관점에서 보
면 글래드웰의 버전이 완벽하게 말이 된다.
글래드웰에 따르면, 골리앗은 거인이었고 그렇다 보니 극도로 움직임이 둔
했다. 게다가 무게가 45킬로그램이나 되는 갑옷을 걸치고 있었다. 일부 의
학 전문가들은 골리앗이 말단비대증을 앓고 있었을 것으로 추정한다. 호르
몬 불균형으로 신체 말단의 뼈가 과도하게 커지는 말단비대증을 앓고 있었
다면 골리앗의 시력 역시 제 기능을 하지 못했을 가능성이 크다. 다윗은 어
떨까? 그렇다. 그는 분명 작았다. 하지만 숙달된 '투석전사'여서 아주 멀리서
도 커다란 짐승을 조준해 맞힐 수 있었다. 동작도 재빨라서 상대가 눈치채지
못하게 다가간 다음, 먼 거리에서 공격해 이길 수 있었다.
성서에서는 약자인 다윗이 신의 은혜를 입었다고 해석한다. 신이 다윗이 거
구 골리앗을 물리치도록 도와주었기에 승리할 수 있었다는 것이다. 그러나
알고 보면 골리앗 쪽에 승산이 없었다. 사실 신이 은혜를 베푼 부분은 따로
있었다. 바로 다윗이 필승 전략을 찾을 수 있도록 도운 것이다. 따라서 둘의
싸움은 시작도 전에 이미 끝난 것이나 다름없었다.

◆ 게임 방식을 바꿔라
간단히 말해서 다윗은 골리앗과는 전혀 다른 게임을 했기 때문에 이겼다. 만

약 다윗이 병사와 병사가 직접 맞붙어 겨루는 전통적인 백병전白兵戰을 벌였다면 분명 골리앗에게 패했을 것이다.

성공할 아이디어를 고민하는 대부분의 사업가나 작은 기업들이 맞닥뜨리는 현실도 다윗과 다르지 않다. 작은 조직들은 덩치가 큰 경쟁자들에 비해 자원이 부족할 수밖에 없다. 이는 곧 그들이 전적으로 다른 게임을 해야 한다는 의미다.

사업 시작 첫 단추 채우기

———

미국 중소기업청에 따르면 사업을 시작하는 첫 단계는 '사업계획 세우기'다. 일반적인 사업계획에는 '무엇을 판매할지 결정하기', '판매 및 마케팅 계획 세우기' 같은 것들이 포함된다. 물론 맞는 말이다. 웹에서 수천 개의 사업계획을 찾아봐도 크게 다르지 않을 것이다. 그러므로 모든 스타트업은 사실상 같은 규칙을 따르는 게임을 하고 있다.

미국의 온라인 결제 시스템 제공 회사인 페이팔PayPal의 공동설립자이자 페이스북 최초의 외부 투자자였던 피터 틸Peter Thiel도 마찬가지였다. 그의 저서 《제로 투 원Zero to One》에서 틸은 놀라운 제품 개발에 집중한다. 틸이 사업가들에게 강조하는 조언 가운데 일부는 무척 훌륭하지만 기본 전제는 다른 전문가들의 조언과 비슷하다. 먼저 훌륭한 상품을 개발하라. 문제를 찾은 다음, 남다른 상품이나 서비스로 문제를 해결하라.

그러나 그 결과도 남다르지가 않다. 미국 통계청에 따르면 대다수 기업이 5년을 넘기지 못하고 망한다. 더구나 스타트업의 실패를 분석한 다른 통계를 보면, 스타트업 기업은 그보다도 훨씬 상황이 나쁘다.

왜 사람들은 약속이나 한 듯 똑같은 방식으로 사업을 준비해 시장에 내놓을까? 사업을 시작하고 키우는 방법을 한 가지로 생각할 만큼 인류의 창의성이 부족한 것일까? 〈월스트리트저널Wall Street Journal〉에 따르면, 미국인들은 2007년 이래 어느 때보다 빠른 속도로 사업을 시작하고 있다. 이런 사업들 대부분이 여전히 상품을 앞장세우고 시작된다.

우리는 다윗처럼 되어야 한다.

콘텐츠 비즈니스를 똑같이 따라할 수 있을까?

───

카피블로거 미디어Copybloger Media의 설립자 브라이언 클라크Brian Clark는 기업이 온라인에서 어떻게 마케팅을 해야 하는가에 대한 놀라운 아이디어들을 가지고 있었다. 불행하게도 아니 어쩌면 '다행'이라고 해야 할지도 모른다. 사업을 시작할 즈음 그에게는 판매할 상품이 없었다.

브라이언은 1년 7개월 동안 목표로 하는 오디언스에게 맞춘 훌륭한 콘텐츠를 꾸준히 제작했다. 브라이언이 정의한 바에 따르면 그의 궁극적인 목표는 "문지기 역할을 하는 미디어의 허가가 아닌 내가 확보한 오디언스와의 직접적 연결에 의지하는 미디어 자산을 만드는 것"이었다.

즉 다른 누군가의 플랫폼에 돈을 내고 광고하지 않고 목표한 오디언스를 끌어오는 전문 정보제공자가 되기 위해 노력했다. 실제로 브라이언은 그렇게 했다. 현재 '카피블로거 미디어'는 수백만 달러 매출을 올리는 교육 플랫폼으로 자리 잡았다. 그동안 콘텐츠 비즈니스를 연구하면서 우리는 세계 각지의 다양한 산업 분야에서 같은 철학을 활용해 성공한 수많은 사업가와 작은 기업들을 찾을 수 있었다. 브라이언과 나는 혼자가 아니다. 콘텐츠 비즈니스 모델은 모방하고 복제할 수 있다.

시대를 앞서가는 콘텐츠 비즈니스

오늘날 지구 곳곳에서 수많은 기업이 콘텐츠 비즈니스를 통해 시장에 접근하는 전략을 활용하고 있다. 왜일까? 오로지 오디언스에 초점을 맞추고, 충성도 높은 오디언스를 직접 만들어내는 것이 궁극적으로 어떤 상품이 가장 잘 팔릴지 파악할 가장 좋은 방법이기 때문이다.

콘텐츠 비즈니스는 새로 사업을 시작하는 사업가는 물론이고 기존에 기업을 운영하는 이들에게도 반가운 소식이다. 지금보다 나은 삶으로 가는 더 좋은 방법, 더 좋은 모델이 있다는 사실이 어찌 반가운 소식이 아니겠는가! 여러분에게는 다윗 같은 승자가 될 기회가 있다. 다윗은 세상의 골리앗들에 비하면 약자처럼 보일지 모르지만 알고 보면 성공적인 사업 전략을 발견한 운 좋은 사람이다.

이런 와중에도 큰 회사들은 세계 각지의 소규모 회사들을 집어삼키면서 나날이 덩치를 키우고 있다. 이것은 붕괴의 분위기가 무르익었다는 말이다.

콘텐츠 비즈니스 모델의 일곱 단계

수백 개 기업과 작업을 하고 수백 번의 인터뷰를 진행한 경험을 통해 우리는 콘텐츠 비즈니스 모델에는 뚜렷하게 구별되는 일곱 단계가 있다는 것을 알게 되었다(도표 1.1 참조). 이들 단계가 앞으로 나올 여러 장들의 주제인데, 일단 여기서 간략하게 살펴보도록 하자.

1. 스위트 스폿

간단히 말해서 우리는 비즈니스 모델을 구축할 토대가 될 콘텐츠 분야를 찾아내야 한다. 그러려면 우선 지속적으로 오디언스를 끌어들일 자신만의 '스위트 스폿sweet spot'을 파악해야 한다. 스위트 스폿은 (사업가나 기업이 역량을 갖고 있는) 지식이나 기술과 오디언스의 욕망이 교차하는 지점이다.

예를 들어 세계적인 농기계 제조업체인 존 디어John Deere는 1895년 〈더 퍼로우The Furrow〉라는 잡지로 콘텐츠 창업 여정을 시작했다. 〈더 퍼로우〉의 스위트 스폿은 존 디어가 가지고 있는 농업기술에 대한 지식과 디어의 오

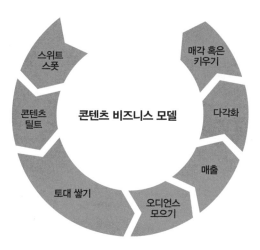

도표 1.1 | 콘텐츠 비즈니스 모델 소개

디언스인 농부가 가지고 있는, 좀 더 수익성이 좋은 농사 방법에 대한 욕구였다. 현재도 발행되는 〈더 퍼로우〉 잡지는 매달 100만 명이 넘는 농부들에게 배포되고 있다.

2. 콘텐츠 틸트

일단 스위트 스폿을 파악한 다음 사업가는 경쟁이 거의 또는 전혀 없는 영역을 찾기 위해서 '콘텐츠 틸트content tilt', 즉 차별화 요소를 결정해야 한다.

크리스틴 보어Kristen Bor는 블로그를 시작하고 도보여행과 배낭여행에 대해 꾸준히 글을 써서 올렸다. 그리고 2015년 어느 여행이 모든 것을 바꿨다.

> 당시 나는 유타주 남부 배낭여행을 마치고 차를 몰고 돌아오는 중이었습니다……그랜드 캐니언의 북쪽 가장자리 즈음을 지나고 있었는데 그곳은 전에는 가본 적이 없는 곳이었습니다. 너무너무 보고 싶었지만……당시 나는 혼자였고 날씨도 좋지 않았지요. 어쩔 수 없이 그곳을 지나치면서 나는 이렇게 생각했습니다. '그래, 언젠가 다시 오게 될 거야.' 그 무렵 밴 같은 작은 자동차에서 생활하는 소위 '밴라이프van life'에 대한 이야기가 점점 많이 들리기 시작했습니다. 밴이 있었다면, 나는 그랜드 캐니언에 차를 멈추고 다음 날 그곳을 둘러볼 수 있었을 겁니다. 거기에서 처음 아이디어를 얻었습니다.

당시 일반 여행과 배낭여행에 대한 정보를 다루는 미디어 사이트, 블로그, 팟캐스트들이 많이 있었지만 밴라이프에 대한 정보는 많지 않았다. 거기에서 착안한 크리스틴은 자신의 사이트와 다른 배낭여행 사이트들을 구별해 줄 콘텐츠 틸트를 찾아냈다. 바로 밴라이프였다. 현재 크리스틴의

사이트는 매월 50만이 넘는 페이지뷰를 기록하고 있으며, 크리스틴은 세계 최고의 밴라이프 전문가 중에 하나가 되었다.

3. 토대 쌓기

자신의 스위트 스폿을 파악하고 차별화 요소를 더하는 '콘텐츠 틸트'를 찾아낸 다음에는, 플랫폼을 선택하고 콘텐츠 토대를 쌓는다. 이는 집을 짓는 것과 똑같다. 페인트, 조명이나 가구 같은 설비, 바닥재 등을 선택하기 전에 먼저 건물의 토대를 설계하고 설치해야 한다. 이는 블로그, 팟캐스트, 유튜브 등등 가운데 하나의 핵심 채널을 선택해 가치 있는 콘텐츠를 지속적으로 만들어내는 작업을 통해 이루어진다.

'제빵의 여왕'으로 유명한 오스트레일리아 시드니의 앤 리어든Ann Reardon은 2011년에 유튜브 채널을 시작했다. 매주 앤은 유튜브를 통해 세계 각지의 오디언스에게 눈이 번쩍 뜨이는 디저트 요리법을 담은 비디오를 공개했다(현재 구독자가 400만 명이 넘는다). 앤은 한꺼번에 여러 채널에 발을 담그지 않고 한 플랫폼에서 잘하는 데 초점을 맞춘 덕분에 성공했다.

4. 오디언스 모으기

플랫폼을 선택해 콘텐츠 토대를 만들면, 오디언스를 늘려 '일회성 독자'를 지속적으로 찾아오는 구독자로 바꿀 기회가 온다. 단순히 관심을 끄는 데서, 관심을 유지하는 단계로 나아가는 것이다.

소셜 미디어를 핵심 유통수단으로 활용하고, 검색엔진최적화SEO, Search Engine Optimization를 진지하게 고려하는 시점이 바로 이때다. 이 시기에 할 일은 단지 웹트래픽을 늘리는 것만이 아니다. 웹트래픽 자체는 의미 없는 수치일 뿐이다. 목표는 트래픽을 늘려 오디언스를 확보할 기회를 늘리는 것이다.

소셜 미디어 이그재미너Social Media Examiner, SME의 CEO, 마이클 스텔츠너Michael Stelzner는 이 단계를 다음과 같이 설명한다.

이메일 확보가 핵심 측정지표라는 것을 알고 있었고, 이메일 구독자가 최소 1만 명이 되기 전까지는 어떤 촉진활동('판매활동'을 의미)도 하지 않기로 했습니다. 목표한 수치에 워낙 빠르게 도달했기 때문에 우리가 '뭔가 해내겠구나!' 싶었습니다.

현재 SME의 순수 방문자수는 매달 2,400만 명에 이릅니다. 매주 3회 우리가 보내는 이메일을 받아보는 구독자가 41만 6,000명입니다. 현재 우리는 매주 기사 네 개, 팟캐스트 두 개, 비디오 세 개를 제작하고 있습니다.

여기서 핵심은 이렇다. 콘텐츠 성공 여부를 분석하는 여러 측정지표가 있지만 그중에 최고는 구독자 수다. 우선 독자가 행동을 취해 콘텐츠를 '구독하게' 하지 않고서는 수익을 내고 오디언스를 늘리기란 불가능하다.

5. 매출

이제 때가 되었다. 여러분은 그동안 자신의 스위트 스폿을 찾아냈다. 그리고 콘텐츠 경쟁이 없는 영역을 찾아내는 콘텐츠 틸트 작업도 마무리했다. 이어서 플랫폼을 선택하여 토대도 구축했다. 구독자를 모으기 시작했다. 이제 플랫폼을 활용해 돈을 벌 때다.

이쯤 되면 (질적으로나 양적으로나) 충분한 구독자 정보로 무장하고 있으므로 매출을 창출할 다양한 기회들이 나타날 것이다. 그것은 컨설팅일 수도 있고 소프트웨어나 행사 등등 다양한 형태도 가능하다.

콘텐츠 마케팅 연구소의 매출 모델을 위해, 우리는 처음에는 들어가는 비용을 충당하고 회사를 계속해서 운영하기 위해 후원을 받았다. 이후 2년에 걸쳐 웹세미나, 라이브 행사, 지면 광고들을 추가했다. 〈도표 1.2〉는 5년에 걸친 콘텐츠 마케팅 연구소의 매출 성장을 보여준다.

6. 다각화

일단 특정 콘텐츠 비즈니스 모델이 확고하고 충성도 높은 오디언스를 늘려가면, 핵심 콘텐츠의 흐름을 살피고 다각화를 모색하여 브랜드 확장을 도모할 때다. 여덟 개의 다리 하나하나가 콘텐츠 채널이 되는 문어 같은 모델을 생각해보라. 그런 다리를 얼마나 많이 활용해 독자들을 에워싸고, 우리에게서 멀어지지 않게, 그리고 더 많은 것을 얻기 위해 계속 돌아오게 할 수 있을까?

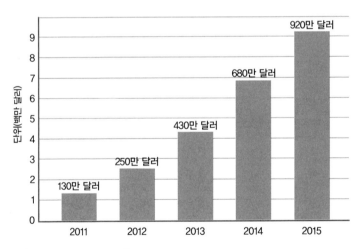

도표 1.2 | 콘텐츠 마케팅 연구소 매출

ESPN은 원래 1979년 빌 라스무센Bill Rasmussen과 스콧 라스무센Scott Ras-mussen 부자父子가 투자한 9,000달러를 자본금으로 스포츠만 다루는 케이블 텔레비전 방송국으로 출발했다. 거의 40년 뒤인 지금 ESPN은 디즈니 재무재표에 따르면(현재 ESPN은 디즈니 계열사가 되었다) 110억 달러가 넘는 매출을 올리는 세계에서 가장 수익성이 좋은 미디어 브랜드가 되었다.

초기 13년 동안 ESPN은 오디언스 확보에 100퍼센트 초점을 맞추고 하나의 채널, 즉 케이블 텔레비전에만 온 관심을 쏟았다. 그리고 1992년을 기점으로 다각화를 위한 문을 활짝 열었는데 ESPN 라디오 발족이 시작이었다. 원래 ESPN스포츠존SportsZone이라고 불렸던 ESPN닷컴이 1995년에 처음 만들어졌고, 그로부터 3년 뒤에 잡지 〈ESPN 더 매거진ESPN the Magazine〉이 나왔다.

현재 ESPN은 지구상의 이용 가능한 거의 모든 채널에 자산을 하나씩 가지고 있다. 트위터부터 팟캐스트, 다큐멘터리까지. 1980년대와 1990년대에는 지금과 비교하면 확장할 수 있는 채널 자체가 제한적이기도 했지만 그와 무관하게 ESPN은 핵심 플랫폼(케이블 텔레비전)이 성공하기 전까지는 다각화에 나서지 않았다.

7. 매각 혹은 키우기

내가 2015년 처음으로 콘텐츠 비즈니스 모델을 공개했을 때는 과정이 여섯 단계로만 되어 있었다. 이번 개정판에서 매우 중요한 일곱 번째 단계를 추가했다. 일단 모델의 여섯 단계를 성공적으로 통과한다면 몇 가지 흥미로운 선택을 할 수 있다.

첫 번째 선택은 자산을 보유하고 키워 가는 것이다. 예를 들어 유튜브에 〈게임 이론Game Theory〉이라는 엄청난 인기 채널을 만든 매슈 패트릭Matthew Patrick은 수백만 달러를 준대도 자신의 채널을 팔지 않기로 했다. 대신에 〈필름 이론Film Theory〉, 〈푸드 이론Food Theory〉 등을 시작했고, 작은 사업체를 빠르게 성장하는 미디어, 상품판매 및 서비스 회사로 탈바꿈시켰다.

〈안트러프러너 온 파이어Entrepreneur On Fire〉라는 잘나가는 팟캐스트를 만든 존 리 뒤마John Lee Dumas는 매각하지 않고, 오히려 작게 유지하기로 했던 또 다른 사례다. 존은 이렇게 말한다. "우리는 (월급이 3,000달러 이하인) 세 명의 가상 비서virtual assistant를 두고 있고, 순이익률이 70퍼센트가 넘고, 매년 200만 달러의 매출을 유지하고 있습니다. 나는 콘텐츠 대기업을 만들려는 욕심은 전혀 없습니다. 그보다 오히려 생활 방식 설계에 초점을 맞추고 싶습니다. 행복, 건강, 자유가 중심이 되는 생활 방식 말입니다."

두 번째 선택은 2016년 아내와 내가 했던 것처럼 회사를 떠나는 것이다. 처음 시작할 때부터 우리 부부의 목표는 항상 회사를 매각하는 것이었다. 우리는 처음부터 목표금액을 정해놓고, 그 숫자에 가까운 시점이 되자 매각 과정을 시작했다. 이 책 후반부에서 여러분이 자신의 콘텐츠 자산을 다른 조직에 매각하고 걱정 없이 경제적인 자유를 누리며 여생을 즐기기를 바라는 경우 알아야 할 모든 것을 세세하게 설명할 것이다.

모든 조직은 콘텐츠에 관심을 가져야 한다

하버드 경영대학원 교수 하워드 스티븐슨Howard Stephenson은 40여 년 전에 기업가 정신entrepreneurship을 다음과 같이 정의했다.

"기업가 정신이란 현재의 한정된 자원에 얽매이지 않고 기회를 추구하는 것이다."

이 책 초판을 집필하기 전까지만 해도 나는 '기업가 정신'이라는 단어가 신생 기업, 흔히 쓰는 표현으로 스타트업 기업과 관련되는 말이라고 생각했다. 그러나 위의 정의에 따르면 그간의 내 생각은 정확하지 않았다. 에릭 리스Eric Reis가《린 스타트업The Lean Startup》에서 주장하는 것처럼 기업가를 본다면 "회사의 크기, 분야, 발전 단계와는 상관이 없어야" 한다.

동시에 리스는 "스타트업은 극도로 불확실한 상황에서 새로운 상품이나 서비스를 창출하기 위해 만들어진 인적 조직"이라고 설명한다. 이상과 같은 '기업가 정신'과 '스타트업'의 핵심 정의가 결합된 관점이 둘 중 어느 것도 신생 회사에만 해당하는 용어는 아니라는 리스의 주장을 뒷받침한다.

이런 관점에 따라 콘텐츠 비즈니스 모델 방법론을 활용하여 집필된 이 책은 조직의 규모에 상관없이 스타트업 및 사업가를 위한 검증된 디지털 사업 모델을 담고 있다. 이 책의 주된 오디언스는 다음과 같다.

1. 순수 스타트업 기업. 콘텐츠 사업가로서 '콘텐츠 먼저, 오디언스 먼저content-first, audience-first model' 모델에서 시작하여 새로운 조직을 만들려고 하는 중이다. 수익을 창출할 상품이나 서비스를 찾을 때까지 다양한 수입원을 통해 들어온 돈으로 사업을 유지하고 있다.

2. 대형 조직 내부의 스타트업 기업. 조직의 지원을 받아 현재 고객층을 중심으로 오디언스를 만들고 있다. 당장의 목표는 틈새 콘텐츠를 중심으로 높은 참여를 보이는 오디언스를 모으는 것이다. 일단 그것이 완료되면 해당 플랫폼을 신규 또는 기존 제품 판매로 수익화하거나

플랫폼을 이용해 고객의 충성도를 한층 끌어올리기를 기대하고 있다. 대부분의 대기업이 콘텐츠 마케팅을 통해 도달하려는 목표가 이것이다. 그들은 콘텐츠 플랫폼을 시작하면 지금 하는 사업에 도움이 되리라고 생각하지만, 구체적으로 어떻게 전개될지 혹은 궁극적으로 어떤 이득을 가져올지에 대해서는 100퍼센트 확신하지 못한다. 이런 경우에 적합한 조직 유형은 다음과 같다.

- **대기업.** 레드 불Red Bull(익스트림 스포츠 분야)과 전자제품 유통업체인 애로우 일렉트로닉스Arrow Electronics(전자 공학 분야) 같은 조직은 회사 성장에 도움되는 미디어 자산과 대규모 오디언스를 구축해왔다.

- **교육 기관.** 어떤 학교든 물류, 건강관리, 마케팅 등 특정 학문 분야에서 명성을 얻기를 바란다. 예를 들어 펜실베이니아주 이리에 위치한 머시허스트 대학교는 보안 분야 전문성을 키우는 데 이 모델을 활용한다. 기업 측면에서는 슈나이더 일렉트릭Schneider Electric이 소유한 에너지 대학교를 통해 20만 명이 넘는 졸업생을 배출하고 있다.

- **정부나 정치 활동 위원회.** 오늘날 정부 기관들은 작은 미디어 회사가 되고 있으며, 기본소득이나 경기부양책 같은 핵심 사안들을 중심으로 오디언스를 구축하고 있다. 예를 들어 정치 활동 위원회인 링컨 프로젝트Lincoln Project는 일부 전직 공화당원들을 통해 새로운 공화당의 미래를 제시하고 이에 공감하는 사람들을 모아 대규모 오디언스를 구축했다. 또한 콘텐츠 비즈니스 모델은 소셜 미디어와 다른 전통 미디어 채널들에 쌓여 있는, 점점 늘어나는 많은 허위 정보에 맞설 완벽한 방어수단이기도 하다.

- **비영리 조직.** 비영리 조직은 생존을 지속적인 자금 모금에 의존한다.

그러나 콘텐츠 비즈니스 모델이 조직의 대의에 대한 관심을 높이는 데 결정적인 기여를 할 수 있고, 이를 통해 궁극적으로 기부 증가를 유도할 수 있다.

3. 성장 동력을 잃은 기업. 현재 판매하는 다수의 상품과 서비스가 있지만 성장은 만족스럽지 못한 상태다. 콘텐츠를 중심으로 오디언스를 모으면 새로운 사업 기회로 연결될 것이라 생각한다. 이런 대표적인 사례가 레고ㅤLEGO다. 여러 해 전에 레고는 성장 측면에서 정체상태였으나 이를 계기로 오디언스와 플랫폼을 새로운 각도에서 보기 시작했다. 오늘날 레고는 나날이 성장하는 활기 넘치는 기업이 되었다. 이것은 상당 부분 회사가 만들어낸 다수의 콘텐츠 플랫폼 덕분이다. 레고라는 제조회사와 레고라는 미디어 회사 중에 어느 회사가 더 가치가 있겠는가?

4. 중소기업. 여러 해 전에 작은 회사를 하나 시작했다. 회사를 키우려면 지금보다 많은 상품과 서비스를 팔아야 하는데 오디언스에게 접근할 방법이 없다. 콘텐츠 비즈니스 모델을 시작하는 것이 분야에서 앞서가는 전문 기업으로 성장하게 도와주고 결과적으로 새로운 매출 기회들을 열어줄 것으로 믿는다.

이 책에서 나오는 대다수 사례가 새로운 기업이나 작은 조직의 탄생을 중심으로 전개된다. 꾸준한 콘텐츠 제작과 유포를 통해 충성도가 높은 신규 오디언스를 확보하는 데 집중하는 조직들이다. 솔직히 말해 책을 집필하는 동안 내가 마음속에 그리는 오디언스는 이런 모습이다. 그렇지만 《콘텐츠 바이블》이 위에서 열거한 모든 기업에 적용할 수 있다고 생각한다. 목표에 따라 구체적인 모습은 달라지지만 어떤 규모의 조직에서도 활용할 수 있다.

이 책의 사용법

―

일부 장들은 길이가 긴데 이는 그만큼 깊이가 필요하다고 생각하기 때문이다. 상대적으로 짧은 장들도 있다. 각 장의 시작 부분마다 어떤 내용을 담고 있는지 요약해서 말해줄 것이다. 콘텐츠 비즈니스 진행 과정에서 독자 여러분이 지금 어느 단계에 있는지 내가 알 수 없기 때문이다. 그러므로 각 장 도입부에 나오는 개요를 보고 자신이 나오는 내용을 이미 숙지하고 있다는 생각이 들면 해당 장을 건너뛰고 다음 장으로 넘어가도 된다.

마지막으로 이 책은 개인적인 회고록은 아니지만 나와 아내가 그동안 상품이 아닌 콘텐츠를 우선하는 접근법을 활용하여 사업을 키워온 모든 비법이 담겨 있다. 또한 다수의 사례 결과를 공유하면서 콘텐츠 비즈니스 방법론이 히트곡이 하나뿐인 반짝 스타를 만드는 것이 아님을 보여줄 작정이다. 어느 분야에 종사하든 여기서 제시하는 몇 가지 핵심 단계를 따름으로써, 무엇보다 먼저 오디언스를 모으고 나중에 상품을 개발하는 전략에 초점을 맞춤으로써, 성공적으로 사업을 시작하고 발전시킬 수 있다.

더불어 이 여정을 함께해준 여러분에게 감사의 마음을 전하고 싶다.

오늘이 당신 생의 마지막 날이라도, 지금 하려는 일을 하고 싶은가?

_ 스티브 잡스 Steve Jobs

Content INC.

누구든 지금 당장 더 나은 세상 만들기에 나설 수 있다니!
이 얼마나 멋진 일인가!
_ 안네 프랑크 Anne Frank

PART 1

새로운 부의 시작

콘텐츠 비즈니스 모델에 착수해 성공하려면
올바른 목표와 계획을 세워야 한다. 이제부터 함께 시작해보자!

끝을 염두에 두고 시작하라

목표가 있으면 변화 방향을 자신에게 유리하게 통제할 수 있다.
_ 브라이언 트레이시 Brian Tracy

이번 장에서는 각자의 목표를 정리하고 자신에게 중요한 것이 무엇인가를 파악하는 내용을 담고 있다. 각자의 "왜"라는 질문에 답을 찾는 과정이라고 보면 된다.

나는 상당히 오랫동안 성공하지 못했다는 느낌을 가지고 시간을 보냈다. 돌이켜 보니 당시에는 성공이 무엇인지도 제대로 몰랐다는 말이 더 정확하겠지만 아무튼 그때는 그렇게 느꼈다.

나는 오하이오주 털리도 바로 남쪽에 위치한 볼링그린 주립대학교에서 대인커뮤니케이션 학위를 받았다. 3학년이 될 때까지도 내 전공은 '미정' 상태였다. 내가 대인커뮤니케이션을 고른 유일한 이유는 제때 졸업하면서 딸 수 있는 유일한 학위였기 때문이다.

졸업이 가까워지자 나는 스포츠마케팅이 맞는 분야라는 생각이 들었다. 운도 따라주어 졸업 후에 프로 농구팀인 클리블랜드 캐벌리어스Cleveland Cavaliers에서 인턴으로 일하게 되었다. 그러나 모든 돈이 선수들에게 간다는 것을 알고(운영팀은 엄청 오랜 시간을 일하지만 엄청 적은 돈을 받는다) 대학원에 진학하기로 마음먹었다.

가을학기가 시작되기 2주 전에 누군가 펜실베이니아 주립대학교 조교 과정을 중간에 그만두어서 나한테도 자리가 생겼다. 나는 네 학기에 걸쳐 대중연설을 가르쳤고 결국 커뮤니케이션 분야 석사학위를 취득했다.

학력은 넘치고 경험은 부족한 상태에서 나는 오하이오주 클리블랜드로 일자리를 구하러 갔다. 수백 번은 되지 않을까 싶을 정도로 많은 이력서를 보냈지만 일자리를 구하지 못하자 이력서에서 석사학위 기록을 지워버리고 임시직으로 일을 시작했다. 몇 달 동안 그렇게 일한 뒤에 보험회사에서 사내 커뮤니케이션 업무를 하는 정규직 일자리를 얻을 수 있었다.

새 일을 시작한 직후 나폴레온 힐Napoleon Hill의 《생각하라 그리고 부자가 되어라Think and Grow Rich》라는 책을 읽었다. 힐의 책은 내가 성공을 정의하는 방식과 인생에서 진정으로 원하는 것이 무엇인가에 크나큰 영향을 미쳤다. 앞표지부터 뒤표지까지 책 전체를 꼼꼼히 읽었지만 특히나 잊을 수 없는 강렬한 대목이 하나 있었다. "당신 앞에 기회들이 흩뿌려져 있다. 앞으로 나아가 원하는 것을 선택하고, 계획을 세우고, 실행에 옮기고, 끈질기게 완수하라." 내가 인생 목표를 세우기 시작한 것이 바로 이때부터다.

다음에 나는 스티븐 코비Stephen Covey의 《성공하는 사람들의 7가지 습관The 7 Habits of Highly Effective People》을 읽었다. 두 번째 습관이 "끝을 염두에 두고 시작하라"였는데 의미는 다음과 같다. "바람직한 방향과 목표에 대한 명확한 비전을 가지고 하루를, 업무를, 계획을 시작하고, 항상 주도적인 자세로 실행하라." 내가 목표를 기록하기 시작한 것이 바로 이때부터다.

3년이 지나고 보험회사에서 몇 번의 승진을 거친 후에 나는 새로운 기회를 찾아 펜톤 미디어Penton Media로 옮겼다. 펜톤 미디어는 북아메리카 최대 규모의 B2B 미디어 회사였다. 펜톤에서 나는 미디어 커뮤니케이션, 마케팅 커뮤니케이션, 기업 관련 콘텐츠 작성 등을 익히면서 많은 것을 배웠다. 또한 오디언스 의견 청취의 효과를 깨닫고, 미디어 회사를 움직이게 하는 다양한 사업 모델에도 익숙해졌다.

2007년 3월 나는 고객 미디어 부문 부사장으로 있던 펜톤 미디어를 떠나기로 결심했는데 주된 이유는 내가 회사의 방향에 어떤 실질적인 영향도 미치지 못한다고 느꼈기 때문이다(내가 기록한 목표 중에 하나는 무엇이 되었든 현재 하는 일에 영향을 미치고 존재감을 갖는 것이었다). 그래서 나는 떠났고 훗날 콘텐츠 마케팅 연구소의 토대가 될 일을 시작했다.

같은 해에 캘리포니아 도미니칸 대학교의 게일 매슈스Gail Matthews 박사가 수행한 연구결과가 발표되었는데, 자신의 목표를 기록하고, 친구와 공유하고, 매주 내용을 업데이트하여 친구에게 보낸 사람들이 단순히 목표를 세우기만 한 사람보다 목표 달성 면에서 평균 33퍼센트 더 성공적이라는 내용이었다.

그래서 나는 다른 사람들과 내 목표를 공유하기 시작했다. 그보다 중요한 것은 목표를 매일매일 검토하게 되었다는 점이다. 그렇다. 나는 날마다 내가 정해놓은 목표들을 읽고 제대로 달성하고 있는지 확인했다.

나는 목표를 다음 여섯 가지 범주로 분류했다.

- 재정적 목표

- 가족과 관련된 목표

- 영적 목표

- 정신적 목표

- 육체적 목표

- 자선활동 관련 목표

목표를 공유하고부터 내 삶에 일어난 방향의 변화는 상상 이상이었다.

| 이상적인 자아 발견하기 |

제임스 클리어James Clear는 저서 《아주 작은 습관의 힘Atomic Habits》에서 성공하는 습관을 키우는 일환으로서 자신의 진정한 정체성 발견에 관해서 이야기한다. 나는 이것을 '이상적인 자아 발견하기'라고 부른다.

무엇을 성취하고 싶은가를 생각하기에 앞서 자신이 어떤 사람이고, 어떤 사람이 되고 싶은지에 대해 생각하는 시간을 가져야 한다.

- 운동선수가 되고 싶은가?

- 성공한 사업가가 되고 싶은가?

- 훌륭한 남편/아내 혹은 아빠/엄마가 되고 싶은가?

- 받는 것보다 더 많이 주는 사람이 되고 싶은가?

살짝 섬뜩하지만 자신이 죽은 뒤에 **부고에 어떤 내용이 들어갈지 생각해보라.** 생전에 무엇을 이루었는가? 사람들은 여러분에 대해 무슨 말을 했는가? 50살에 피아노를 배우기 시작했는가? 말년에 철인 3종 경기 선수가 되었는가? 어떤 식으로든 지역사회 변화에 영향을 주었는가? 세상을 좀 더 살기 좋은 곳으로 만들었는가?

사나흘쯤 이런 질문들을 붙잡고 씨름해보라고 권하고 싶다. 그리고 가능하다면 잠자리에 들기 전에 이 질문들을 읽어보라. 무의식의 효과는 경이롭다!

변화를 부르는 두 가지 행동

돌이켜 생각해보면 두 가지 일상적인 행동이 내게 더없이 중요한 변화를 가져왔다. 바로 **목표 기록하기와 꾸준히 목표 검토하기다.**

뜬금없이 개인사를 왜 이렇게 늘어놓느냐고? 이런 이야기가 콘텐츠 마케팅, 그리고 이 책과 무슨 상관이 있느냐고? 엄청난 관련이 있다.

매년 콘텐츠 마케팅 연구소와 마케팅프로프스MarketingProfs는 세계 각지의 콘텐츠 마케팅 현황을 비교분석한 조사 결과를 발표한다.

나는 훌륭한 콘텐츠 마케터와 다른 이들의 차이가 무엇인지 알고 싶었다. 조사 결과 여러 가지 특징이 드러났지만 핵심 차별화 요소는 딱 두 가지였다. 훌륭한 콘텐츠 마케터들은 다음의 두 가지 차이점이 있었다.

- 종이 문서든 전자기기를 통해서든 어떤 식으로든 자신의 콘텐츠 마케팅 전략을 기록한다.
- 정기적으로 계획을 검토하고 지속적으로 언급한다.

콘텐츠 마케팅 성공 여부에 가장 큰 영향을 미친 것은 위의 두 가지 행동이었다. 아주 간단해보이지만 사실 이 두 가지를 꾸준히 실천하는 마케터는 아주 드물다.

개인적인 것에서든 업무적인 것에서든 이 두 가지 핵심 습관이 최고가 되게 해준다.

기록하고 반복하고 멀리하라

목표를 만드는 것은 중요한 일이다. 그러나 실제로 목표를 달성할 수 있도록 이들 목표를 중심으로 행동전략을 개발하고 잡다한 방해요소들을 제거하는 것은 또 다른 일이다. 이를 시작할 때가 되었다. 나는 이런 목표설정 과정을 영어 단어 앞 글자를 따서 "3R"이라고 부른다. 바로 기록record-반복repeat-제거remove다.

- 기록. 자신의 욕망을 기록하라.
- 반복. 기록한 내용을 매일 꾸준히 검토하라.
- 제거. 자신의 생활을 어지럽히는 잡동사니를 멀리하라.

기록

'기록'은 자신의 욕망을 글로 남긴다는 의미다. 조사 연구 결과에 따라 차이는 나겠지만 대략 100명 중에 3명이 실제로 자신의 목표를 글로 쓴다.

집을 지으려고 한다고 해보자. 만약 이를 지금 자신의 삶을 짓는 것처

럼 한다면, 무턱대고 시공사, 전기기술자, 배관공, 미장이, 석고보드 작업
팀, 지붕 이는 사람을 불러 그들이 모여서 알아서 해보라고 하는 격이다.

설계도 없이 집을 짓는 데서 오는 혼돈을 상상할 수 있는가? 그런데 자
신의 삶에 대해서 우리는 그렇게 하고 있다. 바라는 바를 실현하기 위한
계획을 세우지 않는 것이다.

1930년대 나폴레온 힐은 포드, 루스벨트, 카네기를 비롯해 500명의 크
게 성공한 사람들을 인터뷰해 그들의 성공 비결을 알아내고자 했다. 그가
찾아낸 답은 정말 의외였다. 크게 성공한 사람들의 핵심 공통점은 믿기지
않을 만큼 간단했다. 그들은 자신들의 욕망을 기록했다.

그런데 어떤 종류의 목표와 욕망인가?

억만장자 투자자 워런 버핏은 이렇게 말한다. "타율 1,000퍼센트를 얻
으려면, 중요한 많은 것들을 이루지 못할 것입니다. 그러나 기꺼이 몇 번
쯤 삼진 아웃을 당하고자 한다면, 세상을 바꿀 수 있을 것입니다."

그러므로 여기서 우리는 사소한 목표를 이야기하는 것이 아니다……**나
는 세상을 바꿀 거야** 식의 큰 목표를 이야기하고 있다. 나는 내 목표가 터무
니없다 싶을 만큼 컸으면 좋겠다. **여기서 문제는 어떤 사람들은 이런 전망에
압도되어 아무것도 하지 않을 수도 있다는 것이다.**

큰 목표라도 결국은 매일의 습관을 통해 달성된다

나는 목표를 달성할 수 있도록 내 습관을 추적하여 기록하는 해빗
불HabitBull이라는 앱을 사용한다. 예를 들어 예전 내 목표 중에 하나는 첫 소
설을 집필하는 것이었다. 그래서 나는 어떤 습관들이 그 목표를 이루도록
해줄까에 대해 곰곰이 생각했다.

작가들은 어떤 일을 할까? 그들은 글을 쓴다. 매일. 그래서 나는 매일 최소 1시간 글을 쓴다는 목표를 세웠다. 3개월에 걸쳐 연속 44일 동안 최소 1시간씩 집필을 했고 소설을 끝냈다. 그러므로 큰 목표를 세우고 (이 경우 소설을 집필하는 것), 현재 시제 혹은 과거 시제로 기록하라(마치 지금 왕성하게 그것을 하고 있는 것처럼, 혹은 이미 그것이 성취된 것처럼).

나는 2019년에 내 소설을 끝냈다.

그런 다음 목표 달성에 도움이 될 구체적인 습관을 더하라.

나는 매일 1시간씩 집필을 해서 2019년에 내 소설을 끝냈다.

이거면 끝이다.

반복

여기서 말하는 '반복'의 의미는 무엇인가?

매일 아침과 저녁에 목표를 재검토한다. 각자의 욕망(정신의 집을 위한 계획)을 재검토하는 데 하루의 1퍼센트 정도(15분 미만)가 들 것이다.

필리파 랠리Phillipa Lally와 공동 저자들이 〈유럽 사회심리학 저널European Journal of Social Psychology〉에 발표한 흥미로운 연구 결과가 있다. 해당 연구에서 96명의 참가자들은 각자의 행동과 습관을 바꾸기 위해 노력한 내용을 12주간 보고했다. 참가자 각각은 자신의 습관으로 만들고 싶은 하나의 행동을 선택하고, 매일 자신이 그 행동을 했는지 안 했는지 여부, 어느 시점에 그런 행동이 자동으로 나오게 되었는지를 보고했다.

어떤 이들은 '하루에 물 세 병 마시기'나 '디저트 먹지 않기' 같은 아주 간단한 것을 선택했다. 어떤 이들은 '저녁 먹기 전에 15분 동안 운동하기'

같은 조금 더 어려운 과제를 선택했다. 12주가 끝난 뒤에 연구자들은 그간의 자료를 분석해 각 개인이 새로운 행동을 시작해서 자동으로 하게 되기까지 어느 정도의 기간이 걸리는지를 판단했다.

평균적으로 **새로운 행동이 자동으로 이뤄지는 습관이 되기까지 66일이 걸렸다.** 우리가 자신의 성공 목표를 장기간에 걸쳐 매일 검토해야 하는 이유가 바로 여기에 있다. 우리는 자신의 정신을 길들여 목표를 이룰 수 있다고 믿게끔 해야 한다. 그런 믿음은 성공적인 목표 달성으로 이끌어줄 습관을 만들도록 동기부여를 하고 스스로를 격려하는 데 많은 도움이 된다.

사람들이 모르는 중요한 아이디어가 여기 있다. **목표 달성에서 가장 중요한 것은 그것이 가능하다고 믿는 것이다.** 더 많은 돈, 기술, 능력 혹은 더 좋은 일자리 따위가 필요한 것이 아니다.

일단 우리가 스스로의 정신을 목표에 맞춰 길들이면, 우리의 하루는 알아서 그에 맞춰 틀을 잡기 시작할 것이다.

나의 경우 소설가가 되기 위해서 글을 써야 했다. 하루에도 여러 차례 그 목표를 재검토하는 과정에서 매일 글을 쓸 의욕이 생겼다.

제거

기록과 반복이 효과가 있으려면 자신의 욕망 달성을 방해하는 어수선한 쓰레기를 치워버려야 한다.

마이크로소프트 창업자 빌 게이츠는 내심 워런 버핏과의 만남을 원치 않았다. 서로 간에 공통점이 없다고 생각했기 때문이다. 그러나 〈워싱턴 포스트 Washington Post〉 편집자 멕 그린필드 Meg Greenfield의 요청으로 1991년 7월 5일 두 사람이 만났다. 게이츠는 만남이 부담스러워서 잔뜩 긴장했다.

그린필드가 두 남자에게 종이를 주고 자신의 성공 비결이라고 생각하는 한 단어를 써보라고 했다. 공교롭게도 두 사람은 같은 단어를 썼다. 바로 '집중'이었다. 이후 둘은 가장 친한 친구가 되었다.

성공하기 위해서는 집중이 필요하고, 규율이 필요하고, 주변의 집중을 방해하는 요소들을 '제거해야' 한다.

당장 눈앞의 핸드폰을 치워라

몇 달 전 어떤 사람이 내게 커피를 마시면서 회의를 하자고 했다. 사업 모델과 관련해서 매우 중요한 질문들이 있는데 내가 도움을 줄 수 있을 것 같다는 것이었다. 우리는 클리블랜드 서쪽에 위치한 파네라 브레드에서 만났다.

내가 자리에 앉은 뒤 탁자 위에 커피를 올려놓았다. 상대도 자리에 앉은 뒤 탁자 위에 커피를 올려놓고 (자기 왼쪽에는 핸드폰을 화면이 보이도록 액정을 위로 하여 올려놓았다). 대화를 나누는 내내 계속 핸드폰을 보았다. 인스타그램, 트위터, 메신저……각종 알림들을 보았다. 분명 그는 우리 대화에 주의를 기울이고 있지 않았다.

액정 화면을 위로 하든 뒤집어 놓든 대화를 나누는 동안 핸드폰을 옆에 두고 있는 사람들을 볼 때마다 그들의 집중도에 문제가 있다는 것을 나는 이미 알고 있었다.

잠깐 우물쭈물하더니 그가 물었다. "제가 가장 먼저 해야 할 일이 무엇일까요?" 나는 지금 당장 핸드폰을 쓰레기통에 넣어 버리라고 말했다.

정말 우리는 시간이 없을까?

"목표를 이룰 시간이 없어요."

내가 항상 듣는 말이다. 미국 노동통계국에 따르면 대부분의 미국인은 하루에 3시간 동안 텔레비전을 시청한다.

여러분이 그런 사람이고, 복을 받아 80세까지 천수를 누린다고 해보자. 이는 합쳐서 거의 10년이라는 시간을 텔레비전 시청에 바친다는 의미가 된다. 서른 살에 텔레비전을 켜서 마흔 살까지 *끄지* 않는 것이나 마찬가지다. 이것이야말로 잃어버린 10년이 아닌가!

텔레비전 시청 대신 혹은 여가 시간을 생각 없이 보내는 대신 그 시간을 의미 있게 채운다면 어떨까? **기록-반복-제거**……더할 나위 없이 쉬운 공식을 바탕으로 말이다.

| 워런 버핏의 규칙 |

워런 버핏은 연간 목표 설정을 포함하여 많은 것들로 유명하다. 그를 따라해보라.

첫째, 이루고 싶은 25가지 목록을 작성하라. 1~2주 걸릴 것이다. 자신의 삶의 모든 영역을 살펴보라. 스스로에게 물어보라.

- 일에서 이루고 싶은 것은 무엇인가?
- 도전해보고 싶은 경제적인 목표는 무엇인가?
- 내 건강은 어떤가? 내가 지금보다 잘할 수 있는 것은 무엇인가? 32인치 바지를 계속 입으려면 어떻게 해야 하는가?(이건 내 목표다)
- 가족은 어떤가? 가족과 좀 더 많은 시간을 보내려면 어떻게 해야 하는가?
- 자선활동 관련한 목표는 어떤가? 내가 뜻을 함께하고 싶은 대의가 있는가?

25가지를 찾을 때까지 멈추지 말고 계속하라.

◆ 다섯 가지로 좁혀라
작성한 전체 목록을 살펴보고 가장 중요한 다섯 가지 목표를 선택하라.
일단 다섯 가지를 선택하면, 각각에 동그라미를 그려라. 기억하라, 다섯 개
다. 더 많지도, 적지도 않은 다섯 개.

◆ 다섯 가지를 달성할 계획을 상세하게 짜고 나머지는 잊어라
당연히 가장 중요한 다섯 가지를 달성할 세부계획을 내놓고 싶을 것이다. 여
기에서 성공에 결정적인 것은 각각을 어떻게 측정할 것인가이다. 목표가 어
떤 프로젝트를 완료하는 것이라면, 어떻게 이룰 것인가? 여기서 정말 좋은
점은 다섯 가지를 추리는 작업을 단계를 완료하고 나면 목록에 있는 다른
20가지는 잊으라는 것이다.
그렇다. 워런 버핏의 계획을 따르려면, 다른 20가지는 결코 신경 쓰지 않겠
다고 맹세해야 한다. 무슨 일이 있어도 피해야 한다. 왜냐고? 만약 자신이 다
섯 가지 이상을 달성할 수 있다고 느낀다면, 자만이다. 그래도 약간의 자만
은 허락해주었으면 한다. 워런 버핏의 의견에 동의하지만 여섯 개의 목표까
지는 괜찮지 않을까 싶다. 다음에 소개하는 여섯 분야에서 하나씩 말이다.
콘텐츠 플랫폼을 구축할 때도 같은 절차가 적용된다. 이에 대해서는 나중에
다룰 것이다.

가능성 있는 목표와 구체적인 계획

이 책은 콘텐츠 비즈니스 계획을 세우고 실행 방법에 관한 지극히 현실적
인 내용들로 채워져 있다. 그러나 우리가 먼저 자신의 인생 방향을 설정하

지 않는다면 이 내용들이 무슨 소용이 있겠는가?

그동안 나는 세상을 바꿀 수 있을 거라 생각한 아이디어를 가지고 사업을 시작했지만 우선순위를 분명히 하지 않아 결국 실패하고 마는 이들을 많이 보았다. 여러분의 여정은 이제 시작이다. 나와 여정을 시작하기에 앞서 각자의 분야별 목표를 분명하게 정리할 필요가 있다. 여기 구체적인 방법을 소개하겠다.

분야별로 최소 두 가지의 실행 가능성 있는 목표를 정하고, 구체적인 숫자와 일정을 곁들여 기록하라. 그렇다고 목표가 완벽해야 하는 것은 아니다. 지금 이 책을 읽고 있는 사람이라면 어쩌면 '직업' 관련 목표는 명확히 밝힐 준비가 덜 되어 있을 수도 있다. 그렇다고 걱정할 필요는 없다. 어떤 부분은 이 책을 읽어나가면서 차근차근 채워도 된다.

무엇을 감수해야 하는가?

내가 사업을 시작하겠다며 '멀쩡한 직장'을 그만두었을 때 수많은 친구와 가족이 걱정했다.

"정말로 그렇게까지 위험을 감수하면서 직장을 떠나고 싶은 거니?"

충분히 이해가 되는 질문이다. 당시 나는 어린아이가 둘이나 있는 집안의 가장이었다. 사실 이들만이 아니었다. 사업가이거나 회사 소유주인 친구들마저도 고액 연봉에 탄탄한 복리후생제도까지 갖춘 직장을 떠나는 내 행동을 이해하지 못했다.

문제는 남들 눈에는 회사에서 내 지위가 '안전하게' 보였을지 모르지만 실제로 회사 운영과 관련한 내 발언권은 미미하였다. 회사가 무엇을 하고 무엇을 하지 않을지에 대해 내가 갖고 있는 통제권이 없었다. 당시 회사에

| 실전 콘텐츠 비즈니스 : 여섯 가지 분야별 목표 |

◆ **재정적 목표**
원격으로도 관리할 수 있는 회사를 여럿 소유하겠다.

1. _____

2. _____

3. _____

◆ **가족과 관련된 목표**
아이들이 무엇이든 이룰 수 있다고 믿도록 키우겠다.

1. _____

2. _____

3. _____

◆ **영적 목표**
매일 저녁 가족과 함께 기도하겠다.

1. _____

2. _____

3. _____

◆ **정신적 목표**
매달 사업과 무관한 책을 한 권씩 읽겠다.

1. _____

2. _____

3. _____

◆ **육체적 목표**

매주 세 번 달리기를 하겠다.

1. _____

2. _____

3. _____

◆ **자선활동 관련 목표**

전국 50개 주에 있는 아이들에게 언어치료 서비스를 제공하도록 지원하겠다.

1. _____

2. _____

3. _____

서 내 지위 자체가 위태로웠는지는 잘 모르겠지만, 내가 하는 업무와 복리후생을 포함한 모든 것이 위태로웠다.

당신은 위험한 도박 중

《부자 아빠 가난한 아빠Rich Dad》 시리즈로 유명한 로버트 기요사키Robert Ki-yosaki의 책을 한 권이라도 읽어 본 사람이라면 위험을 보는 시각이 대다수 사람들과는 조금 다를 것이다. 기요사키의 생각을 살펴보자면 이렇다.

만약 회사 운영에 영향을 줄 만한 전화를 하거나 이메일을 보낼 수 없다면, 그 회사에 투자하는 것은 카지노에서 도박하는 것과 다를 바 없다.

나는 주식투자를 하고 있다. 아마존, 구글, 애플을 비롯해 여러 회사의 주식을 소유하고 있다. 그러나 솔직히 말해서 내가 이 회사들의 CEO에게 전화를 해서 그들의 결정에 영향을 줄 수는 없으므로 이런 투자는 위험한 투자다. 뚜렷한 근거 없이 어떤 회사의 향후 실적이 좋아지고 가치가 증가하리라고 믿으며 주식에 투자하고 있으니 도박과 다를 게 있겠는가?

당장 골키퍼를 빼라

말콤 글래드웰이 클리포드 아스네스Clifford Asness와 아론 브라운Aaron Brown의 〈풀링 더 골리 : 하키와 투자에서의 함의Pulling the Goalie : Hockey and Investment Implications〉라는 논문을 읽은 뒤에 세운 삶의 원칙이 있다.

'풀링 더 골리'(아이스하키에서 골키퍼를 빼고 공격수를 대신 투입하는 일-옮긴이)는 하키 경기에서 쓰는 표현이다. 1931년 어느 하키 경기에서 보스턴 브루인스Boston Bruins 팀이 몬트리올 캐나디언스Montreal Canadiends 팀에 1:0으로 뒤지고 있었다. 경기 종료 1분을 남겨두고 브루인스 코치인 아트 로스Art Ross는 골키퍼를 빼고 공격수 한 명을 더 투입했다. 경기는 추가골 없이 끝났지만 아트 로스는 이런 과감한 작전을 처음 도입했다는 명성을 얻었다. 지금은 이런 작전이 흔하게 사용된다. 그러나 경기 종료까지 1분 혹은 채 1분도 되지 않는 시간이 남은 상태에서 쓰인다.

논문에서 아스네스와 브라운은 해당 작전에 대해 꼼꼼히 계산을 해보았다. 그들이 밝혀낸 바에 따르면 풀링 더 골리는 분명 적절한 작전이었지만 코치들이 그렇게 과감하지는 않았다. 계산에 따르면, 사실 팀이 불과 1점 차이로 뒤지고 있을 경우 코치는 경기 종료까지 6분을 남겨두고 골키퍼를 빼고 공격수를 추가 투입해야 한다. 2점 차이로 뒤지고 있을 경우에는 11분을 남겨두고 그렇게 해야 한다.

미친 짓 아니냐고? 어쩌면 그럴지도 모른다. 골키퍼를 빼면 상대 팀이 추가 점수를 낼 확률이 4배나 올라간다! (이것은 분명 큰일이지만) 이런 상황에서 상대 팀이 추가점수를 낼 경우 팀이 입는 손해는 미미하다. 이미 지고 있는 상황이 아닌가? 2점이 아니라 3점 혹은 4점 차이로 진다고 해서 무슨 차이가 있는가? 패배는 여전히 패배일 뿐이다.

동시에 해당 전술을 사용하면 추가 공격수 덕분에 득점 가능성이 거의 2배로 올라간다. 수학적인 계산에 따르면 이는 옳은 결정이며 '경기 종료 1~2분을 남겨두고 이런 작전을 쓰는' 하키 코치들은 '과감하기는커녕' 무척 보수적이라고 말해야 옳다.

논문은 계속해서 코치들이 망설이는 이유를 상세하게 설명한다. 결론은? 수학(올바른 결정)이 다른 사람에게 어떻게 보여질까 하는 우려에 밀리는 경우가 대부분이다. 바로 이것이 우리가 목표 도달에 실패하는 이유다. 우리는 불필요한 방어를 위해 골키퍼를 골대에 남겨둔다. 안전을 위해서. 우리가 어울리는 사람들에 따르면 이것이 옳은 결정이니까.

복리후생이 보장되는 좋은 일자리를 가져라. 진정 좋아하는 어떤 것이 아니라 일자리를 갖게 해줄 대학 전공을 골라라. 콘텐츠로 창업 같은 것은 절대 하지 마라. 사람들이 미쳤다고 할 테니까. 우리는 사회적으로 괜찮다고 생각되거나 위험을 최소화해줄 것에 근거하여 결정을 내린다. 그러나 이것은 틀린 수학이다.

내가 2007년 임원으로 있던 직장을 떠날 때도, 친구와 친지들은 내가 너무 많은 위험을 감수한다고 생각했고 내 앞에서도 그런 생각을 숨기지 않았다. 내 앞에서도 그러는데 내가 없는 자리에서 얼마나 노골적인 말들이 오갔을지는 상상에 맡길 수밖에.

그러나 당시 나는 회사에서 일하는 것이 훨씬 위험하다고 생각했고 그 생각은 지금도 변함이 없다. 사실 우리는 회사가 무엇을 할지, 혹은 그동안 제공하던 복리후생을 언제 끊어버릴지 통제하지 못한다. 누군가의 밑에서 일하는 경우, 거의 언제나 잠재 수입에 상한이 있을 수밖에 없고 자유도 제한된다.

나도 수학적인 계산을 해보았다. 수학은 내게 그만두고 떠나라고 말했다. 그러나 모든 '분별 있는' 사람들은 떠나지 말라고 말했다. 그리고 수학이 내게는 정말로, 정말로 잘 풀렸다(이에 대해서는 뒤에서 다룰 것이다).

여러분의 콘텐츠 비즈니스 전략에 대해 수학은 뭐라고 말하고 있는가?

그로 인한 최악의 상황? 기껏해야 사람들이 여러분을 미쳤다고 생각하는 정도다. 어쩌면 사람들이 여러분을 얕볼지도 모른다. 등 뒤에서 험담을 할지도 모른다.

그렇다면 최고의 상황은? 자신의 모든 꿈을 이룰 것이다. 모든 것에서 승리할 때까지 승리하고 또 승리할 것이다.

이제 골키퍼를 뺄 시간이다.

콘텐츠가 기본인 시대

무엇이 되었든 할 수 있거나 꿈꾸는 것이 있다면 당장 시작하라.
비범한 재능, 힘, 마법. 이 모든 것이 시작하는 용기에서 나온다.
_ 요한 볼프강 폰 괴테 Johann Wolfgang von Goethe

이번 장에서는 새로운 기술과 변화하는 소비자 행동이라는 두 가지 측면 모두에서 콘텐츠 창업이 오늘날 비즈니스 환경에 들어맞는 이유를 설명한다. 콘텐츠-우선·오디언스-우선 커뮤니케이션은 상품 우선 사고와는 대조적으로 이제 막 주류가 되기 시작했다.

월리 코발 Wally Koval 은 세계 여행을 하고 싶었다. 그래서 인스타그램, 레딧, 구글 등을 돌아다니면서 여러 가지 아이디어를 찾기 시작했다. 웨스 앤더슨 Wes Anderson 감독의 열렬한 팬이기도 했던 월리는 '웨스 앤더슨 영화 스크린에서 나온 것 같은' 장소들을 여행하고 싶었다.

그러나 이것저것 알아보던 월리는 한 가지 난관에 맞닥뜨렸다. 월리가 찾은 모든 근사한 사진에 제대로 된 설명이 없었다. "'사진들을' 찾는 데 지극히 일반적인 캡션 이외에 제공되는 정보가 없었습니다." 월리의 말이다.

그래서 월리는 놀라운 사진들 이면의 정보들을 조사하기 시작했고, 인스타그램을 이용하여 목적지 리스트를 만들기 시작했다. "사람들이 영화 리스트를 만들 듯이 나는 여행 희망지 리스트를 만들었습니다. 이리저리 헤매는 대신에 넷플릭스에서처럼 이런 리스트가 있었으면 싶었습니다. 덕분에 나와 아내 아만다의 휴가가 다가오면, 우리는 '리스트에 있는' 장소들만 살펴보면 되었지요."

처음에는 월리의 친구들이 관심을 가졌다. 사진들은 숨이 멎을 만큼 근사했고 친구들은 추가된 세부설명을 좋아했다. 그래서 월리는 꾸준히 웨스 앤더슨 영화의 한 장면처럼 보이는, 자신이 방문하고 싶은 장소들 사진을 올렸다.

점점 많은 사람들이 월리의 인스타그램을 좋아하기 시작했다. 당연히 월리는 더욱 열정적으로 훨씬 많은 배경 정보를 추가하고, 해당 사진이나 관심 분야와 관련된 특정 해시태그들을 달기 시작했다. 월리는 자신의 인스타그램에 〈우연히 웨스 앤더슨 Accidentally Wes Anderson〉이라는 이름을 붙였다.

〈우연히 웨스 앤더슨〉은 시작하고 2년이 조금 넘은 시점에 3,000명의 팔로어를 모았고, 몇몇 주요 국가의 해외 관광청과 미디어 회사들까지 팔로어 대열에 동참했다. 심지어 〈보그Vogue〉 잡지도 관심을 보였다. 2017년 8월에 〈보그〉지에 인터뷰가 실렸고 팔로어 수는 10배로 뛰었다.

현재 월리와 아만다 부부의 〈우연히 웨스 앤더슨〉은 100만 명이 넘는 팔로어를 거느리고 있다. 부부는 2020년 10월 《우연히 웨스 앤더슨》이라는 책도 출판했는데, 나오자마자 〈뉴욕타임스〉 베스트셀러가 되었다. 그리고 다양한 형태의 매출이 쏟아졌다.

무엇보다 월리는 지금까지 매우 견고하고 성장성 있는 사업을 키워왔다. 가족과 함께 보내는 시간을 즐기면서. 비록 월리와 아만다 부부는 아직 백만장자는 아니지만 그곳을 향해 순조롭게 나아가고 있다.

월리와 아만다 부부가 이룬 것은 20년 전이라면 불가능했을 일이다. 그러나 오늘날 이런 모델은 완전히 가능하다. 그뿐만이 아니다. 나는 월리는 포함하여 이 책에서 소개할 사람들이 오늘날, 부를 향한 최소 위험에 최대 잠재력을 가진 사업 모델을 찾아냈다고 믿는다.

수천 개의 채널이 열렸다

———

1990년 이전에는 어떤 회사가 고객과 소통하는 과정에서 활용 가능한 채널은 여덟 가지가 전부였다. 행사, 팩스, 우편, 전화, 텔레비전, 라디오, 광고판, 인쇄 잡지나 소식지다(도표 2.1 참조). 그러나 2021년에는 고객이 콘텐츠를 접하는 채널이 글자 그대로 수천 가지는 된다.

1990년 이전에는 대형 미디어 회사가 가장 막강한 권력을 가지고 있었다. 그들이 정보 유통 채널을 통제하고 있었기 때문이다. 말하자면 그들이 오디언스에게 다가가는 접근권을 통제하고 있었던 것이다. 그로부터 30년 넘게 흐른 지금은 그 권력이 거의 완벽하게 오디언스에게로 이동했다. 지금 오디언스들은 어디서 어떻게 콘텐츠를 소비할 것인가라는 주제에 대해 거의 무제한의 선택권을 가지고 있다. 이는 요즘은 누구든 어디서든 콘텐츠 제작자가 되고 오디언스를 모을 수 있다는 의미다(아주 적은 돈

밖에 없다고 해도). 이것이 규모에 상관없이 모든 기업에 영향을 주는 커뮤니케이션 시장에서의 핵심 변화다.

이런 권력 이동이 일어난 데는 다음 다섯 가지 이유가 있다.

1. 기술 장벽이 없다. 과거에는 출판publishing(여기서 출판은 전통적인 인쇄 출판만이 아니라 블로그 포스트, 유튜브 동영상 같은 각종 디지털 콘텐츠 제작 및 유통까지 포함하는 넓은 개념이다–옮긴이) 과정이 복잡하고 비용도 많이 들었다. 이 때문에 전통적인 미디어 회사들은 복잡한 콘텐츠 관

1990년 이전	1990년대	1999년
	인스턴트 메신저	인스턴트 메신저
	이메일	이메일
행사	행사	행사
팩스	팩스	팩스
우편	우편	우편
전화	전화	전화
TV	TV	TV
라디오	라디오	라디오
인쇄물	인쇄물	인쇄물
전시	전시	전시
	케이블 TV	웹사이트
	웹사이트	검색
	검색	온라인 전시
	온라인 전시	유료 검색
		랜딩 페이지
		마이크로사이트
		온라인 동영상
		웨비나
		제휴 마케팅

도표 2.1 | 1990년에는 고객과 소통할 수 있는 채널이 여덟 가지에 불과했지만 지금은 수백 가지가 된다.
이미지 출처 : 제프 로어스Jeff Rohrs

스냅챗/위챗
앱/푸시 알림
단체문자
소셜 미디어 광고
음성 마케팅

모바일 이메일	모바일 이메일
SMS	SMS+MMS
인스턴트 메신저	인스턴트 메신저
이메일	이메일
행사	행사
팩스	팩스
우편	우편
전화	전화

2000년대   **2020년대** ⟶

TV	TV
라디오	라디오
인쇄물	인쇄물
전시	전시
웹사이트	웹사이트
검색	검색
온라인 전시	온라인 전시
유료 검색	유료 검색 광고
랜딩 페이지	랜딩 페이지
마이크로사이트	마이크로사이트
온라인 동영상	온라인 동영상
웨비나	웨비나
제휴 마케팅	제휴 마케팅
블로그	블로그
RSS	RSS
팟캐스트	팟캐스트
문맥광고	문맥광고
위키	위키
소셜네트워크	소셜 네트워크
모바일 웹	모바일 웹
	개인화 스마트 광고 시스템
	소셜미디어와 광고
	가상 세계
	인게임 광고
	라이브 영상
	모바일 앱
	위치정보
	AI 기반 콘텐츠
	사물인터넷IoT
	소셜 오디오

도표 2.1 | 앞쪽에서 이어짐

리 및 제작 시스템에 수십만 달러의 돈을 들였다. 그러나 지금은 누구든 온라인에서 무료로 5분(혹은 5초?)도 안 되어 출판을 할 수 있다. 미국 시장조사업체 퓨 리서치Pew Research 조사 결과에 따르면 81퍼센트의 미국인이 스마트폰을 가지고 있으며, 미국 통계청 발표에 따르면 미국 가정 75퍼센트가 인터넷 사용이 가능하다. 간단히 말해서 누구든 콘텐츠를 제작 유포할 수 있고, 받아볼 수 있는 세상이 되었다.

2. 인력 활용이 쉬워졌다. 20여 년 전 내가 출판 사업을 시작했을 무렵에는 특정한 전문성을 갖춘 작가를 비롯해 콘텐츠 제작자를 찾는 일이 어려울 때가 많았다. 지금은 그때와 비교하여 두 가지가 달라졌다. 첫째, 믿을 만한 실력을 갖춘 기자, 작가, 프로듀서들이 비非미디어 회사와도 기꺼이 일하려 한다. 과거에는 많은 콘텐츠 제작자가 미디어 회사가 아닌 곳과 일하기를 꺼려했다. 권위가 떨어진다고 여겼기 때문이다. 그런 낙인이 이제는 사라졌다. 둘째, 구글을 비롯한 수십 개의 콘텐츠 시장과 소셜 미디어를 통해 직접 연락할 수 있으므로 콘텐츠 제작자를 찾기가 한결 수월해졌다. 이는 규모에 상관없이 어떤 회사라도 세계 최고의 실력을 갖춘 콘텐츠 제작자와 연락이 가능하다는 뜻이다.

3. 사람들이 콘텐츠 수용에 개방적이다. 달라진 소비자 행동의 현주소를 살펴보자.

- 70퍼센트 소비자가 회사 대표와 직접 소통하면서 스스로 상품 정보를 찾는 쪽을 선호한다(젠데스크Zendesk).
- 소비자들이 광고보다 회사의 글을 보면서 보내는 시간이 22배나

많다(프레스보드_Pressboard).

- 70퍼센트의 소비자가 광고보다는 콘텐츠를 통해 회사에 대해 알고 싶어 한다(콘텐츠플러스_Content+).
- 64퍼센트의 소비자가 브랜드와 직접 소통하기를 바란다(스프라우트 소셜_Sprout Social).

각자 제작한 콘텐츠에 대중의 관심을 끌기 위해 〈뉴욕타임스〉나 몸담고 있는 산업 분야를 주도하는 업계 잡지에 기댈 필요가 없다는 의미다. 독자들은 지금보다 나은 생활, 나은 일자리, 특정 과제 해결 등에 도움이 된다면 어떤 콘텐츠든 받아들이고 관심을 보이는 열린 태도를 갖는다. 따라서 우리는 유용한 콘텐츠 전달 기회라는 측면에서도 다른 누구에게도 뒤지지 않을 만큼 충분한 기회가 있다.

4. 소셜 미디어를 활용할 수 있다. 시선을 끄는 가치 있는 정보가 지속적으로 창출되고 배포되지 않는다면, 소셜 미디어는 효과가 없을 것이다. 어떤 회사든 소셜 미디어에서 성공하려면 먼저 눈길을 끄는 스토리를 말해야 한다. 재미있고 유용한 스토리는 소셜 미디어를 통해 저절로 퍼져 나가는데, 이는 다른 사람들이 우리의 콘텐츠 마케팅을 도와준다는 의미가 된다. 물론 연료를 공급해주는 콘텐츠가 없다면 소셜 미디어는 무용지물이다.

5. 검색을 활용할 수 있다. 구글에서 검색 알고리즘을 업데이트할 때마다 가장 유용한 정보가 맨 위로 올라온다(텍스트 검색이든 음성 검색이든 마찬가지다). 구글은 자체 트래픽을 보다 많이 유지하려 하지만, 영리한 사업가들은 다양한 전략을 활용하여 각자의 콘텐츠가 효과적으

로 자주 검색되게끔 한다. 아주 작은 회사라도 디지털 콘텐츠 제작과 유포 방법을 제대로 알면, 정당한 방법으로 대형 미디어 회사를 얼마든지 제칠 수 있다.

오늘날은 어디에 있는 누구든 책을 출판하고, 미디어 사이트를 개발하고, 장편 영화를 만들 수 있으며, 콘텐츠를 통해 오디언스와 직접 소통이 가능하다. 예를 들어 작가 겸 감독인 션 베이커Sean Baker는 2015년 선댄스 영화제에서 최신작 〈탠저린Tangerine〉을 발표해 평단의 극찬을 받았다. 그게 뭐 대수냐고? 당시 베이커는 영화 전체를 아이폰을 사용해 제작했다! 그뿐이 아니다. 스티븐 소더버그Steven Soderbergh도 아이폰만으로 많은 영화를 찍고 있다(2018년 작품 〈언세인Unsane〉과 2019년 작품 〈높이 나는 새High Flying Bird〉가 그렇게 제작되었다).

그야말로 곳곳에서 기존 질서의 붕괴가 일어나고 있지만 가장 두드러지는 분야를 꼽으라면 단연코 콘텐츠 제작 및 유포 분야가 아닐까 싶다.

사업가와 소기업주 입장에서는 반갑기 그지없는 현상이다. 현대 기술을 이용하면 어느 산업 분야의 어떤 회사든 지속적인 스토리텔링을 통해 오디언스를 모을 수 있다. 마케팅 예산이 가장 큰 회사에 가장 많은 대중의 관심이 쏠리던 시대는 지났다. 오늘날 회사들은 메시지의 내용, 그리고 꾸준한 정보 유통을 통해 확보한 오디언스에 따라 보상을 받는다.

콘텐츠 비즈니스 모델이란

영국 버밍엄 출신 애덤 배리Adam Barrie와 리 윌콕스Lee Wilcox, 죽마고우인 두 젊은이는 2014년 어느 여름 밤 맥주를 마시며 신세한탄을 하다가 독창적이고 획기적인 아이디어를 생각해낸다. 배리는 12년 동안 인테리어 업계에서 일을 해왔고, 당시 미장이를 찾느라 애를 먹고 있었다. 한편 윌콕스는 이혼 후에 거의 파산상태가 되어 부모님 집에 얹혀살고 있었다.

두 사람은 장인들과 관련 회사들을 연결해줄 필요가 있다고 생각했다. 그러나 영국 B2B 시장에서는 그렇게 할 방법이 없었다.

둘은 1만 달러 정도를 들여 〈온 더 툴스On The Tools〉라는 페이스북 페이지를 만들었다. 건축업자들과 장인들이 재미있는 영상들을 공유하는 곳이었다. 서너 달 안에 25만 명의 팬을 확보하게 되었다. 2016년 말에는 무려 150만 명의 팔로어가 모였다.

애덤과 리는 자신들의 작은 아이디어를 88명의 직원과 함께 수백만 달러 매출을 올리는 다각화 미디어 회사(일렉트릭 하우스Electric House)로 바꾸었다.

애덤과 리는 어떻게 이런 일을 해낸 것일까? 이 책에서 소개된 사업가와 중소기업들은 또 어떻게 이런 일을 해낸 것일까? 다들 천운이라도 따라주었던 것일까, 아니면 그들이 각자의 사업을 시작하고 자리를 잡는 방법과 관련하여 우리가 배우고 모방할 만한 것이 있을까? 그들이 그런 사업 모델을 찾아낸 것은 순전히 우연일까? 전혀 자본 집약적이지 않고 교육적인 정보나 오락을 판매하여 핵심 매출을 올리는 그런 모델을?

우리는 10년 넘게 무수히 많은 인터뷰를 하면서 콘텐츠 비즈니스 모델을 낱낱이 해체하고 분석한 다음 재설계했다. 각 사업가가 거친 단계들을 확인했고, 이것들을 통합해 스타트업에 적합한 새롭고 현실적인 비즈니스 모델을 만들었다(도표 2.2 참조).

- 스위트 스폿. 지식 분야 혹은 기술과 오디언스가 원하는 것을 결합하기.
- 콘텐츠 틸트. 여러 방해 요인들을 돌파할 수 있고 경쟁이 거의 혹은 전혀 없는 영역 찾아내기.
- 토대 쌓기. 하나의 핵심 채널에 지속적으로 콘텐츠를 공개하기.
- 오디언스 모으기. 콘텐츠 제작 배포 활동을 구독자라는 자산으로 전환하기.
- 매출. 오디언스가 기꺼이 돈을 지불하거나 후원업체들이 접근하고 싶을 만한 콘텐츠 경험 만들어내기.

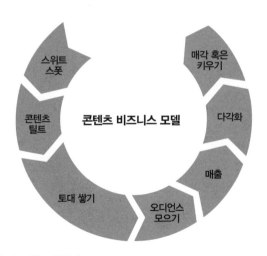

도표 2.2 | 콘텐츠 비즈니스 모델 소개

- 다각화. 적절한 시기에 콘텐츠 제작 및 유포 채널을 다각화하거나 브랜드를 확장하기.
- 매각 혹은 키우기. 성공한 뒤에 회사를 더욱 키우고 순수 '라이프스타일' 기업 lifestyle business(경영자가 자신의 생활방식을 영위하는 데 필요할 정도의 이익만을 추구하는 기업)으로 갈지, 아니면 경제적 자유를 위해 사업을 접고 떠날지 결정하기.

이어지는 몇몇 장에서 이들 단계 하나하나를 세심하게 들여다볼 예정이다. 전체를 둘러보고 나면 여러분도 콘텐츠 비즈니스 모델에 맞게 단계들을 실행할 수 있을 것이다.

콘텐츠 비즈니스 모델이 성공적인 이유

───

통합마케팅의 아버지이자 《통합마케팅 커뮤니케이션 Integrated Marketing Communications》이라는 책의 저자인 돈 슐츠 Don Schultz는 세계 어디에 있는 어느 회사든 다른 회사에서 하는 모든 행동을 모방하고 따라할 수 있다고 말한다. 단 한 가지, 커뮤니케이션 방식만 빼고. 잠재고객 및 고객과 소통하는 방식이 우리가 자신을 현실적으로 차별화할 수 있는 유일한 방법이라는 말이다.

로버트 로즈 Robert Rose와 카를라 존슨 Carla Johnson은 공저인 《경험 : 제7시대의 마케팅 Experiences : The 7th Era of Marketing》에서 궁극적인 차별화 요인은 콘텐츠와 콘텐츠에 대해 고객들이 가지고 있는 경험이라고 주장하면서 슐츠의 논리를 한 단계 더 발전시킨다.

그렇기 때문에 콘텐츠 비즈니스 전략을 따르는 사업가는 다른 기업보다 전략적인 우위에 있게 되는 것이다. 비즈니스 모델 전체가 상품을 판매하는 것이 아닌 콘텐츠 경험을 축적하고 오디언스를 모으는 데 맞춰져 있기 때문이다.

상품이 없다고? 잘됐네!

———

때로는 상품이 콘텐츠 비즈니스 모델에 도움은커녕 방해가 되기도 한다. 인쇄 잡지 산업을 예로 들어보자. 오랫동안 인쇄 잡지 출판사들은 인쇄 광고수익 유지에 집착한 나머지 디지털화, 행사 혹은 구독상품에 대한 오디언스의 욕구를 무시했다. 이런 변화에 귀를 기울이지 않은 인쇄 잡지 업자들은 이제는 사라지고 없다.

보통은 상품이 아니라 자신이 잘 아는 오디언스에 모든 관심을 집중할 때 좋은 일들이 일어난다. 오디언스의 이야기를 경청하면 저절로 새로운 제품 개발 기회가 찾아온다. 여기서 어려운 부분은 언제쯤 모델이 모양새를 갖출지 알 수 없을 때가 많다는 것이다. 콘텐츠 비즈니스 모델에서 인내심이 핵심인 이유가 여기에 있다. 〈더 백팩 쇼The Backpack Show〉를 만든 크리스 브로건Chris Brogan은 오디언스는 자신들의 생활이 어떤 식으로든 변화하기를 갈망한다고 말한다. 그러므로 오디언스의 니즈에 집중하는 것이 콘텐츠 창업과 비즈니스에 크게 도움이 된다.

이쯤에서 여러분에게 진지한 경고를 하나 하고 싶다. 콘텐츠 비즈니스

| 나폴레온 힐에게 배우는 교훈 |

나폴레온 힐의 걸작 《생각하라 그리고 부자가 되어라》는 1937년에 처음 세상에 나왔다. 출간하고 오랜 세월이 지났지만 여전히 적절하고도 귀중한 가르침을 준다.

◆ 욕망
마음으로 상상하고 믿는 것이라면 무엇이든 이룰 수 있다.

콘텐츠 회사들이 고객의 관심을 끌고 유지하기 위해 해야 하는 온갖 것들에 대해 얼마든지 말할 수 있다. 콘텐츠 전략, 기획, 조직, 통합 등등. 그러나 그중에 으뜸은 '욕망'이다. 내가 콘텐츠 강연을 할 때마다 듣게 되는 반대 의견이 있는데, 바로 대다수 회사는 고객과 잠재고객을 위한 최고의 정보제공자가 되려는 욕망이 없다는 말이다. 즉, 회사들이 그것을 간절히 원하지 않는다는 것이다. 콘텐츠 제작을 회사 생존에 반드시 필요한 핵심 서비스가 아니라 따분한 잡일처럼 이야기하는 회사도 많다.

◆ 믿음
믿음은 생각이라는 충동에 생명과 힘을 불어넣고 행동으로 이어지게 만드는 '영원한 묘약'이다!

자신이 몸담고 있는 분야에서 최고의 정보 전문가가 되기를 원하는 것과 그렇게 될 수 있다고 실제로 믿는 것은 다른 문제다. 콘텐츠 마케팅 연구소를 처음 시작했을 때 우리는 업계 최고의 정보원이 되리라고 굳게 믿었다. 의심의 여지가 없었다. 단지 시간과 에너지, 끈기의 문제일 뿐이었다.

콘텐츠 제작과 관련된 스타트업에서는 이런 믿음을 좀처럼 보기 힘들다. 그런데 내가 펜톤 미디어에서 일하면서 소속 브랜드의 편집장들을 만나며 이런 믿음을 만날 수 있었다. 그들은 각자가 맡은 브랜드가 해당 분야를 이끄는 정보제공자라는 데 한 치의 의심도 없었다. 너무 당연한 일이라 신경 쓸

거리조차 아니었다. 여러분이 각자의 분야에서 최고가 되려면 바로 이런 믿음이 필요하다.

◆ 전문 지식
양적으로 혹은 다양성 면에서 아무리 대단하다고 해도 일반 지식은 별로 쓸모가 없다.

콘텐츠 자체를 놓고 보면 가장 큰 실패 요인 중 하나는 전문성 부족이다. 온냉방기 회사에서 다음 주에 있을 마을 축제를 다룬 블로그 글을 올리고, 제조업체가 모범적인 인력관리 사례를 논하는 영상을 제작하는 모습을 보면, 솔직히 마음이 아프다.

분야 전문가가 되려면, 먼저 고객의 고충을 파악하고 업계의 빈틈을 찾아야 한다. 고객의 고충을 해결하고 빈틈을 채우는 콘텐츠를 제작하면 사업이 달라지고, 고객들의 삶이 바뀐다. 레이저를 쏘듯 한 곳에 집중하라. 스스로가 업계 전문지라고 생각하라. 업계 관련 내용을 다루어라. 분야 최고 전문가가 돼라. 대기업이라면 누구에게도 영향을 미치지 못하는 포괄적인 콘텐츠 전략이 아니라 고객에 따라 세분화된 복수의 콘텐츠 전략이 필요할 것이다.

◆ 상상력
사람은 자신이 상상할 수 있는 것은 무엇이든 만들어낼 수 있다.

나폴레온 힐에 따르면 아이디어는 상상의 산물이다. 콘텐츠 우선 접근법이 효과가 있으려면, 우리는 콘텐츠 공장뿐만 아니라 아이디어 공장이 되어야 한다. 언론사에서 '오늘의 뉴스'를 다루듯이 각자의 '틈새 콘텐츠'와 관련된 뉴스를 다뤄야 한다(틈새 콘텐츠에 대해서는 뒤에서 좀 더 다룰 예정이다). 보유한 콘텐츠에 시각 이미지, 텍스트, 소리 등등을 넣어 사람들의 시선을 사로잡는 신선한 방식으로 제시할 스토리텔링 개념을 창의적으로 생각하라.

◆ 결정
결정을 내리지 못하고 꾸물거리는 버릇은 반드시 물리쳐야 할 공동의 적이다.

책에서 나폴레온 힐은 세계 각지에서 가장 성공한 수백 명의 이야기를 들려준다. 이들은 모두 결정은 신속하지만 수정은 천천히 하는 습관이 있었다. 반면 성공하지 못한 사람들은 정반대였다. 그들은 결정을 내리지 못하는 경우가 많았고, 내리더라도 속도가 아주 느렸다. 그리고 이미 내린 결정을 짧은 시간에 자주 바꾸는 버릇이 있었다.

◆ 끈기
의지력과 욕망이 적절하게 결합되면 그야말로 무적의 2인조가 된다.
콘텐츠 마케팅이 실패하는 가장 큰 이유는 중간에 포기하기 때문이다. 그동안 나는 블로그나 뉴스레터, 백서프로그램, 팟캐스트 등을 시작했다가 몇 달 뒤에 그만두는 회사들을 수도 없이 목격했다. 콘텐츠 마케팅은 일종의 '지구전'이고 과정이다. 하룻밤 사이에 성공을 이룰 수 없다. 성공하고 싶다면 많은 시간과 노력을 들여야 한다.

모델에는 이런저런 어려움도 따른다. 고려해야 할 것들을 생각해보자면 다음과 같다.

- 인내. 비즈니스 모델이 효과를 보려면 시간이 걸린다. 이 책에서 이야기하는 많은 사례가 1년이나 2년, 때로는 그 이상이 지난 뒤에야 꽃을 피웠다. 보상은 크지만 거기에 이르기까지 시간이 걸릴 수 있다.
- 자금 부족. 콘텐츠 비즈니스는 금방 '벼락부자'가 되는 일이 아니다. 분명 귀중한 자산을 키우고 있지만 그동안 수입을 얻기는 어려울 것이다. 가능한 한 지출을 줄이고 군살을 빼면 결국은 결승선을 통

과할 수 있다.

- **상식을 벗어난다.** 콘텐츠로 창업하는 일은 대다수 전문가가 격렬하게 반대하는 철학이다. 여러분은 지금 그렇게 해봐야지 하고 생각해본 사람조차 거의 없는 일을 하고 있다는 사실을 명심하라. 따라서 사람들의 비판에 맞설 수 있어야 한다.
- **작게 가야 커진다.** 많은 이들이 작은 틈새 콘텐츠를 고르지 않아서 실패한다. 틈새가 너무 작으면 수익이 안 될 거라 걱정한다. 하지만 나는 지금까지 그런 경우를 본 적이 없다. 오히려 대부분의 실패는 사업가가 충분히 좁지 않은, 말하자면 너무 넓은 영역을 택하는 바람에 초래된다.

이제 경고도 들었으니 자신의 인생을 바꿀 비즈니스 모델을 만날 준비를 하라. 인내심을 가지고 꾸준히 모델을 따르고 부정적인 요소들과 싸워 이긴다면, 성공은 분명 여러분의 몫이다.

Content INC.

전략의 핵심은 하지 말아야 할 것을 고르는 일이다.
_ 마이클 포터 Michael Porter

PART 2

스위트 스폿

전문성과 욕망이 교차하는 지점

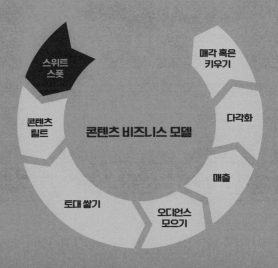

스위트
스폿

매각 혹은
키우기

콘텐츠
틸트

콘텐츠 비즈니스 모델

다각화

매출

토대 쌓기

오디언스
모으기

모든 성공한 콘텐츠 제작자는 자기만의 스위트 스폿을 가지고 있다.
여러분도 각자의 스위트 스폿을 찾을 시간이다.

나의 강점부터 발견하라

우리가 할 일은 자신의 일을 찾고 열과 성을 다해 매진하는 것이다.
_ 석가모니

이번 장에서는 콘텐츠 비즈니스 모델의 첫 번째 단계인 스위트 스폿에 대해서 정의하고 요점을 설명하고자 한다. 스위트 스폿은 자신의 전문성(지식 혹은 기술 분야)과 오디언스의 욕망이 교차하는 지점이다. 콘텐츠 비즈니스 전략은 여기서 시작된다.

매슈 패트릭은 오하이오주 클리블랜드 외곽, 메디나라는 작은 도시에서 자랐다. 그의 기억에 따르면 그는 항상 게임에 열심이었다. 꼬맹이 시절부터 슈퍼마리오 테마로 꾸민 침실에서 밤늦게까지 친구들과 '던전 앤드 드레곤Dungeons & Dragons'을 했던 기억이 지금도 생생하다. 고등학교 시절, 대부분의 남학생이 운동을 하러 밖으로 나갈 때 매슈는 춤추며 노래하는 쇼콰

이어show choir 합창단에 가입하고, 오케스트라에서 비올라를 연주하고, 학교에서 열리는 모든 무대쇼에 참가했다.

그렇다. 매슈는 무대에 서는 것을 무척 좋아했다. 동시에 그는 천재이기도 해서 SAT(미국 대학입학 자격시험)에서 1,600점 만점을 받고 신경과학 전공을 택해 대학에 들어갔다. 대학에 들어가서도 주말마다 회원제 사교 클럽 파티에 참석하는 남학생들과는 달랐다. 금요일 밤에는 친구들을 집으로 초대해 인기 비디오 게임 〈젤다의 전설zelda〉을 하며 밤을 보냈다.

대학 졸업 이후 매슈는 연극배우를 꿈꾸며 뉴욕으로 갔다. 그곳에서 여러 무대를 전전하며 2년 동안 어떤 역이든 마다하지 않고 열심히 했지만 브로드웨이의 배고픈 배우 수준을 벗어나지 못했다. 힘든 시기였고 뉴욕의 연극무대는 매슈가 꿈꾸던 모습이 아니었다.

2011년 매슈는 배우가 되겠다는 꿈을 접고 '어엿한' 직업을 찾기로 마음먹었다. 하지만 안타깝게도 연기나 감독 경력은 혁신적인 기업에서 선호하는 기술이 아니었다. 이후 2년 동안 매슈는 수많은 이력서를 냈다. 그동안 그는 실직 상태였고 더욱 심각한 문제는 바닥에 떨어진 자신감이었다. 아무도 그에게 기회의 문을 열어주지 않았다.

매슈는 어떻게든 홀로서기를 해야 했고, 회사들이 무시하지 못할 확실한 '무엇'을 추가해 이력서를 업그레이드하기로 결심했다. 매슈는 자신이 오디언스를 모으는 방법을 알고 있다는 사실, 새로운 미디어의 작동방식을 이해하고 있다는 사실을 보여주면, 기업들이 자신의 가치를 알아보리라고 생각했다.

그리고 매슈는 게임 방법을 배우는 온라인 프로그램을 보다가 게임 이론 동영상을 만들자는 아이디어를 떠올렸다. 이렇게 만들어진 〈게임 이론〉은 매주 업데이트되는 유튜브 동영상 시리즈로, 매슈의 수학 및 해석학 기술과 특이한 비디오 게임을 좋아하는 오디언스를 연결시켜주었다.

매슈는 1년여에 걸쳐 56개의 동영상을 올렸다. 매슈가 날카롭게 포착한, 게임 안의 독특한 수학 공식과 음모론에 흥미를 가진 50만 명의 유튜브 구독자가 그의 오디언스가 되었다. 예를 들어 '퓨디파이PewDiePie는 어떻게 유튜브를 정복했나?'라는 에피소드는 조회수가 850만 회를 넘어섰다(퓨디파이는 유튜브에서 활동하는 유명한 게임 리뷰 채널 운영자다. '공식 젤다 연대기가 옳지 않은 이유'라는 에피소드는 다운로드 횟수가 800만 회를 넘어섰다).

현재 매슈 패트릭의 동영상 시리즈 〈게임 이론〉은 1,300만 명이 훌쩍 넘는 구독자를 확보하고 있다. 덕분에 매슈는 어떻게 하면 유튜브 내에서 오디언스를 모으고 조회수를 높일지를 조언하는 컨설턴트로서도 인기가 높다. 내로라하는 유튜브 스타들이 직접 매슈를 고용해 조회수 높일 방법에 대한 조언을 얻고 있다. 심지어 막강한 힘을 가진 유튜브 채널 자체도 맷팻MatPat(매슈의 인터넷상의 활동명)을 고용해 오디언스를 유지하고 확장할 방법을 자문하고 있다.

다양한 스위트 스폿

지금 있는 곳에서 시작하라. 지금 가지고 있는 자원을 활용하라. 할 수 있는 일을 하라.

_ 아서 애쉬Arthur Ashe

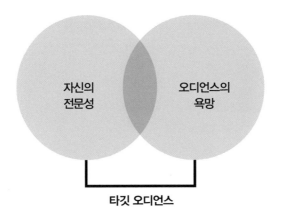

도표 3.1 │ 스위트 스폿은 자신의 전문성과 오디언스의 욕망이 교차하는 지점이다.

콘텐츠 비즈니스 모델의 성패는 우선 스위트 스폿을 찾아내는 데 달려 있다. 간단히 말해서 스위트 스폿은 자신이 가진 전문성(지식 혹은 기술 분야)과 오디언스의 욕망 혹은 고충이 교차하는 지점이다(도표 3.1 참조).

다양한 콘텐츠 비즈니스 스위트 스폿에 대해서 살펴보도록 하자.

엔지니어들의 네트워크

앤서니 파사노Anthony Fasano는 항상 엔지니어들에게 대인관계에 대한 기술을 알려주고 싶었다. 엔지니어의 직업적인 부분에 대해서 유용한 정보는 많았지만, 엔지니어들이 원활하게 소통할 수 있는 방법에 대한 정보는 많지 않았다.

앤서니에게는 독특하고도 가치 있는 커리어가 있었다. 그는 대학과 대학원에서 토목공학을 공부한 엔지니어이면서 동시에 학업을 마치고 첫 몇 년 동안 다른 엔지니어들에게 어떻게 네트워크를 형성하고, 신규 사업을 유치하고, 팀을 관리하는지를 교육하는 일을 했다. 앤서니는 몇 년 동안 엔지니어들을 교육하는 일을 해보니 스스로 뭔가를 해볼 수 있겠다는 생각이 들기 시작했다. 그래서 〈엔지니어링 매니지먼트 인스티튜트Engineering Management Institute, EMI〉를 세웠다. 현재 EMI는 2만 명이 넘는 엔지니어에게 (주로 팟캐스트를 통해서) 정기적으로 교육 정보를 제공하고 있다. 〈도표 3.2〉는 EMI의 스위트 스폿을 보여준다.

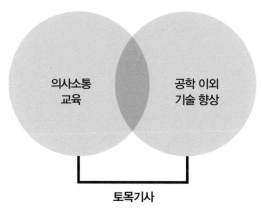

도표 3.2 | EMI의 스위트 스폿은 EMI의 의사소통 교육에 대한 전문성과 대인관계 기술에 대한 토목기사들의 욕망 사이의 교차점이다.

출판을 원하는 초보 작가들을 위한 프로그램

알레산드라 토레Alessandra Torre는 지금까지 총 23권의 소설을 발표해서 〈뉴욕타임스〉 베스트셀러 목록에 일곱 번이나 오르는 기염을 토했다. 속사정을 모르는 사람들은 알레산드라를 성공한 소설가 정도로만 생각할 것이다.

　글 쓰는 일을 시작하고 대략 5년 뒤에 알레산드라는 정말 많은 작가들이 자신에게 던지는 질문에 주목하기 시작했다. "어떻게 시작하셨나요?"

"어떤 출판 도구를 사용하고 있습니까?" "에이전트와 함께해야 할까요, 아닐까요?" "어떻게 해야 〈뉴욕타임스〉 베스트셀러를 만들어낼 수 있을까요?"

처음에는 몇 달에 한 번씩 이런 질문에 개별적으로 답을 해주다가 작가 지망생들에게 도움을 줄 더 효과적인 방법을 떠올렸다.

"알려줄 내용들을 한데 모은 다음 동영상을 만들기 시작했습니다. 출판, 글쓰기, 마케팅 관련하여 내가 알고 있는 모든 것을 알려줄 수 있도록이요." 알레산드라의 말이다. 바로 그렇게 해서 〈알레산드라 토레 잉크Alessandra Torre Ink〉가 탄생했다. 여기에는 성공적인 〈잉커스 콘Inkers Con〉이라는 작가 컨퍼런스, 다양한 회원제 및 교육 프로그램들이 포함되어 있다.

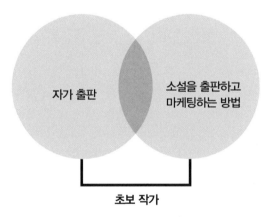

도표 3.3 | 〈토레 잉크〉의 스위트 스폿. 〈토레 잉크〉는 도서 출판 분야에서 탁월한 전문성을 자랑하고, 초보 작가들은 책을 출판하는 방법을 알고 싶어 한다.

닭을 키우는 방법을 알려주다

앤디 슈나이더Andy Schneider는 닭에 관해서라면 무엇이든 알고 있는, 분야 최고의 믿음직한 정보원으로 통한다. 앤디는 애틀랜타 지방 뒤뜰에서 닭을 키우기 시작했고 처음에는 친구들에게, 이어서 온라인 벼룩시장 크레이그 리스트Craigslist에 내다 팔기 시작했다. 직접 닭을 기르고 싶어 하는 사람이 많았지만 막상 시작하려면 상당한 지식이 필요했다. 그래서 앤디는 애틀랜타에서 '모임'을 마련하고 닭치기에 관심이 많은 사람들의 질문에 답변을 해주었다(도표 3.4 참조).

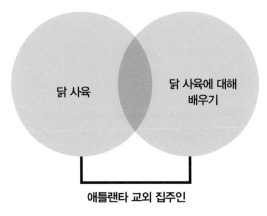

도표 3.4 | 앤디 슈나이더는 자신의 스위트 스폿을 발견했다. 애틀랜타 교외 집주인들은 닭을 키우는 방법을 알고 싶어 했다.

앤디의 말을 들어보자. "이들은 모두 애틀랜타 대도시 지역에서 왔습니다. 우리는 한 달에 한 번 만나 식당 뒷방에 마련된 모임실에서 같이 식사하고 서로의 경험을 나누고 배우면서 정말 즐거운 시간을 보냈습니다. 그러다가 인터넷을 접하게 되었고 밋업닷컴Meetup.com이라는 정말 좋은 공간을 찾아냈습니다. 전국 방방곡곡에서 여러 취미를 가진 사람들이 모인 수백만 개의 모임meetup이 있는 유명한 소셜네트워크 사이트였습니다."

앤디의 클럽은 한 달에 대여섯 번씩 만났고, 규모가 커지면서 지역 언론이 관심을 갖기 시작했다. 현지 CBS 지부에서 앤디를 인터뷰했고, 이 인터뷰 기사를 보고 애틀랜타 유력 신문인 〈애틀랜타 저널 컨스티튜션Atlanta Journal Constitution〉에서 관심을 보였다. 이때부터 앤디는 〈치킨 위스퍼러Chicken Whisperer〉라는 플랫폼을 책, 잡지(6만 명이 넘는 구독자 확보), 라디오 쇼 등으로 확장했다. 라디오 쇼는 10년 넘게 진행되었는데 1,200회를 넘겼다. 또한 앤디는 전국을 돌아다니며 '로드 쇼road show', 즉 순회 공개 방송도 진행한다. '로드 쇼'에 들어가는 모든 비용은 앤디의 핵심 후원자인 가축사료 제조업체 터커 밀링Tucker Milling에서 부담한다.

갖고 있는 지식을 공유하라

———

다양한 콘텐츠 주제들을 살펴보면 기본적으로 모델은 핵심 지식 분야를 찾아냄으로써 작동한다. 내 친구 JK 칼리노프스키JK Kalinowski는 록밴드인 KISS, 미국 풋볼팀 피츠버그 스틸러스Pittsburgh Steelers, 슈퍼히어로superhero, 위스키 잭 다니엘스를 포함한 다방면에 풍부한 지식을 가지고 있다.

JK는 다방면의 지식을 갖고 있을 뿐만 아니라 전문 그래픽디자이너이기도 하다. 최근 JK는 다양한 모습의 슈퍼히어로 캐릭터를 디자인함으로써 스위트 스폿을 찾았다. 디자이너로서 기술과 슈퍼히어로들에 대한 지식을 활용하여.

| 어디서 시작할까? |

자신이 일반 사람들과 비교해 기술이 뛰어나거나 지식이 많은 분야를 나열하는 것에서 시작하라. 일종의 브레인스토밍 시간이므로 이 시점에는 목록이 많을수록 좋다.

◆ **지식 분야**

◆ **특별한 기술**

위의 작업을 제대로 마무리했다면 보통은 기술보다 지식 분야 목록이 훨씬 많을 가능성이 높다.
아래는 내가 작업한 결과다.

◆ **지식 분야**
주식 시장
빌리 조엘 Billy Joel 노래
사업 모델
클리블랜드 지역 스포츠 팀
1980년대 야구카드

◆ **특별한 기술**
대중 강연
논픽션/픽션 글쓰기
출판 모델 구축
가르치기

어쩌면 여러분의 상황은 인듐Indium과 비슷할지도 모른다. 인듐은 뉴욕 북부에 본부를 둔 글로벌 제조회사로 전자제품 조립 업계에서 주로 사용하는 재료를 개발하고 제조한다. 특히 인듐은 전자제품의 부속들을 고정시키는 납땜 재료를 개발한다.

인듐의 마케팅 커뮤니케이션 총괄책임자인 릭 쇼트Rick Short는 인듐 직원들이 산업용 납땜에 대해서라면 세계 어느 회사 직원에게도 뒤지지 않는 지식을 가지고 있다는 사실을 알고 있었다. 충분히 일리 있는 이야기다. 인듐에서 생산하는 제품 대부분이 납땜과 관련되어 있기 때문이다. 동시에 인듐은 지식은 물론 성장 이익도 공유하는 기업 문화를 갖고 있다. 소셜 미디어를 통한 지식 공유에 신이 난 마케팅팀은 물론이고 사내 전문가들도 납땜 기술과 관련한 지식 공유에 적극적이었다. 릭도 지적했듯이 전문성보다 중요한 것은 엔지니어들의 교육에 대한 강한 열정이었다. 그들은 납땜 공정과 관련한 지식들을 배우고 싶어 했다.

이런 스위트 스폿에 맞춰 회사에서 선택한 플랫폼은 블로그였다. 〈엔지니어가 엔지니어에게From One Engineer to Another〉라는 이름의 인듐 블로그는 꾸준히 글을 쓰는 2명의 블로거에서 29명의 전문 블로거로 집필진을 키웠다. 현재 이 블로그는 인듐 최고의 신사업 생성기이다.

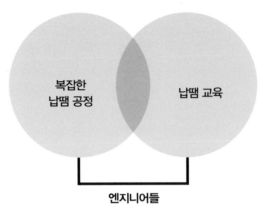

도표 3.5 | 인듐 회사의 스위트 스폿

열정이 아닌 전문성에 투자하라

스티브 잡스의 2005년 스탠퍼드 대학교 졸업식 연설 동영상은 지금까지 조회수가 1,200만 회를 넘어서고 있다. 당시 연설에서 그는 다음과 같은 충고를 한다. "자신이 사랑하는 일을 찾아야 합니다. 위대한 일을 달성하는 유일한 길은 자신이 하는 일을 사랑하는 것입니다. 아직 찾지 못했다면 계속 찾고 결코 안주하지 마십시오."

《열정의 배신So Good They Can't Ignore You》의 저자 칼 뉴포트Carl Newport는 스티브 잡스가 자신의 충고를 따랐다면 애플 컴퓨터는 결코 탄생하지 못했을 것이라고 본다. 뉴포트의 이야기를 들어보자. "만약 젊은 시절의 스티브 잡스가 나의 충고를 받아들여 자신이 좋아하는 일만 하기로 했다면, 아마도 지금 우리는 그를 로스 앨터스 선원Los Altos Zen Center에서 인기 최고인 선생님으로 알고 있을 것이다."

어떤 사람들은 콘텐츠 사업가/창작자 산업을 '열정 경제 Passion Economy'라고 부른다. 나는 이런 표현은 정확하지 않다고 본다. 뉴욕대학교 교수 스콧 갤러웨이 Scott Galloway가 끊임없이 강조하는 것처럼 "열정이 아닌 자신의 재능을 좇아라." 콘텐츠 비즈니스 모델도 마찬가지다.

예를 들어 어떤 사람이 내연기관 엔진이나 64비트 컴퓨터 사용에 깊은 열정을 가지고 있다고 해보자. 문제는 콘텐츠 비즈니스 모델을 통해 이런 분야를 개발할 기회가 사실상 없다는 것이다. 그보다는 자신이 전문성과 재능을 가지고 있는 것을 찾아라. 그리고 거기에 투자하라. 그와 관련된 것들을 공부하라. 그렇게 시간이 흐르면 콘텐츠 비즈니스에 적합한 기회를 발견하게 될 것이다.

자신이 콘텐츠 비즈니스를 하는 산업이나, 오디언스, 플랫폼에 열정을 갖는 것이 도움이 될까? 절대적으로 그렇다. 그렇다면 그런 열정이 필수일까? 전혀 그렇지 않다.

성공하기 위해 자신이 하고 있는 모든 일에 열정적일 필요는 없다…… 그저 한 부분이면 족하다. 사실 많은 콘텐츠 종사자들이 자신이 몸담고 있는 산업, 오디언스, 콘텐츠에 열정적이지 않다. 열정은 한 분야에 대한 것이면 충분하다.

오디언스가 없으면 소용없다

스위트 스폿을 설명한 예들을 다시 보라. 그들이 성공 사례가 되는 이유는 사업가가 오디언스의 특정한 욕망을 이해했기 때문이다.

스위트 스폿은 어딘가에 있는 누군가가 무언가를 욕망하기 때문에 효과가 있다. 사람들은 채워지거나 해결되어야 하는 구체적인 욕망 혹은 고충을 가지고 있다.

각자가 가지고 있는 지식 혹은 기술은 자신에게는 중요할지 몰라도, 오디언스에게 도움을 주지 못한다면 아무런 의미가 없다. 스위트 스폿을 완성해주는 것은 각자가 알고 있는 것과 오디언스가 필요로 하는 것의 결합이다. 그러므로 이제 오디언스를 알아볼 차례다.

오디언스 파악이 성공 열쇠

누구나 말할 스토리 혹은 판매할 상품을 가지고 있다.
하지만 오디언스를 파악하기 전에는 입을 열지 말아야 한다.
_ 작자 미상

지식은 위대하다. 그러나 그 지식을 활용해 뭔가를 도모하려는 경우 먼저 목표로 하는 상대를 알아야 한다. 그렇지 않으면 아무리 좋은 지식이 있어도 콘텐츠 비즈니스 모델에서는 그리 유용하지 않다. 이 장에서는 우선 어떤 집단과 관계를 맺게 될지를 알아보도록 하자.

몇 해 전에 나는 토론토에서 열리는 대기업 마케터들이 참가하는 워크숍에 함께할 기회가 있었다. 워크숍 도중 10억 달러 규모의 매출을 올리는 기술회사의 블로그 관리자가 자기네 블로그에 문제가 있다고 볼멘소리를 했다.

자신이 매일 블로그에 올리는 콘텐츠는 늘어나는데, 웹사이트 트래픽은 정체상태이고, 신규 가입자를 포함해 구독자가 크게 줄고 있다는 이야기였다.

이야기를 들은 내 첫 번째 질문은 이것이었다. "선생님 블로그의 오디언스는 누구입니까?"

블로그 관리자가 대답했다. "우리는 18가지 다른 유형의 오디언스를 목표로 하고 있습니다."

내가 말했다. "문제가 뭔지 알겠네요."

공식의 완성 조건

수많은 회사가 자신 있는 분야에서만 오디언스와 커뮤니케이션하기 때문에 콘텐츠 비즈니스에 실패한다. 자신 있는 분야가 아닌 오디언스가 필요하는 것과 오디언스에 집중해야 한다.

자신만 중요하게 여기고 오디언스의 욕망에 대해 관심 없이 지식을 공유하는데, 누가 진심으로 관심을 갖겠는가?

스위트 스폿 공식을 완성하려면 오디언스가 '누구인가'를 알아야 한다. 누가 여러분 콘텐츠의 오디언스인가? 콘텐츠 비즈니스 모델이 작동하려면 특정 틈새시장에 놀라운 콘텐츠 경험을 전달할 엔진을 만들 방법을 찾아야 한다. 그러려면 우선 가능한 한 구체적이고 상세하게 오디언스와 그들의 니즈를 규정해야 한다(도표 4.1 참조).

이를 위해 다음 질문들을 던져라.

1. 콘텐츠의 대표적인 오디언스는 누구인가? 그는 평소에 어떻게 살고 있는가를 생각해보라.

2. 오디언스가 원하는 것은 무엇인가? "오디언스는 왜 우리 상품이나 서비스를 원하는가?"가 아니라 "우리가 말하려는 스토리와 관련하여 이 사람은 무엇을 원하고 어떤 문제를 해결하고 싶어하는가?"를 묻는 질문이다.

3. 오디언스가 우리와 우리 상품 및 서비스에 관심을 갖는 이유는 무엇인가? 오디언스가 우리에게 신경을 쓰게 혹은 관심을 가지게 만드는 것은 우리가 제공하는 정보다.

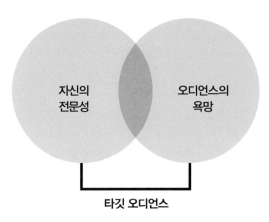

도표 4.1 | 이 모델은 안팎의 오디언스를 알지 못한 상태에서는 효과가 없다.

'누구'에 대한 생각이 완벽할 필요는 없지만, 콘텐츠를 제작하는 동안 머릿속에 그의 이미지를 선명하게 그릴 수 있을 정도로 상세하고 구체적이어야 한다.

영국 에이전시 '벨로서티 파트너스Velocity Partners'의 공동 설립자인 더그 케슬러Doug Kesler는 스위트 스폿이란 "당신 회사에서 세계의 다른 어떤 사람보다 더, 혹은 적어도 같은 수준으로 잘 아는 것"이라고 말했다. 목표로 하는 대상 즉 '누구'를 이해하면, 실제 작동에 필요한 환경이 갖추어진다.

마커스 셰리든Marcus Sheridan과 '리버 풀스 앤드 스파스River Pools & Spas'는 유리섬유 수영장 구매를 고려하는 고객의 정보제공자로는 세계 최고로 꼽힌다. 만약 마커스가 유리섬유 수영장 제작자들을 대상으로 했다면 콘텐츠는 엄청나게 달라졌을 것이다. 이처럼 콘텐츠 성공에 필요한 중요한 조건이 바로 '누구', 즉 대상에 대한 명확한 규정이다.

| 최고의 정보제공자가 되어라 |

버지니아와 메릴랜드주를 무대로 운영하던 직원 20명 규모의 유리섬유 수영장 설치 회사인 '리버 풀스 앤드 스파스'는 2009년 말 경제적 위기에 처했다. 심각한 경기침체가 계속되면서 집주인들이 유리섬유 수영장을 사용하지도 구매하지도 않았다. 그보다 심각한 것은 수영장을 구매할 예정이었던 고객들마저 계약금을 돌려 달라고 요구하는 상황이었다. 어떤 경우에는 환불금이 5만 달러가 넘었다.

이미 몇 주 전에 예금은 바닥났고 빚을 내서 비용을 충당하는 상황이었다. 직원들 월급도 주기 힘들어졌으며 이대로는 회사가 문을 닫을지도 모른다는 위기감이 회사 곳곳에서 느껴졌다.

'리버 풀스 앤드 스파스'의 CEO 마커스 셰리든은 회사가 살아남을 유일한 방법은 경쟁자로부터 시장 점유율을 가져오는 것이며, 이를 위해 마케팅 방식을 바꿔야 한다고 생각했다.

변화를 모색하던 무렵 리버 풀스 앤드 스파스는 연간 매출 400만 달러에 마케팅 비용으로 대략 25만 달러를 쓰고 있었다. 리버 풀스 앤드 스파스보다 시장 점유율이 높은 경쟁사가 버지니아 지역에만 네 곳이 있었다. 2년 뒤인 2011년 리버 풀스 앤드 스파스는 북미 전체를 통틀어 가장 많은 유리섬유 수영장을 판매하는 회사로 우뚝 섰다. 마케팅 비용이 25만 달러에서 4만 달러로 줄었지만 경쟁 입찰에서 낙찰 받는 확률이 15퍼센트 늘었고, 판매 주기 역시 절반으로 줄었다. '리버 풀스 앤드 스파스'가 매출을 500만 달러 넘게 늘리는 동안에 일반 수영장 설치업자들은 매출의 50퍼센트에서 75퍼센트를 잃었다. 당연히 문을 닫아야 할지 모른다는 위기감은 옛날이야기가 되었다. 마커스는 어떻게 이런 일을 해냈을까? 마커스는 블로그에 예상할 수 있는 모든 고객의 질문을 쓰고 성실하게 답변했다. 현재 검색결과부터 소셜 미디어 공유까지 각종 자료를 보면, 유리섬유 수영장 관련해서는 마커스와 리버 풀스 앤드 스파스가 세계 최고의 정보제공자라는 데 의심의 여지가 없다.

◆ 알려지지 않은 이야기

리버 풀스 앤드 스파스의 극적인 성공스토리는 세상에 널리 알려져 있다. 그러나 알려지지 않은 이야기도 많다. 리버 풀스 앤드 스파스는 콘텐츠 제작 덕분에 세계적인 회사가 되었다. 세계 각지의 회사들에서 수영장 설치 요청이 쇄도했고, 설치 감독을 위해 마커스에게 직접 비행기를 타고 와달라고 부탁하는 회사도 있었다. 그러나 안타깝게도 당시 리버 풀스 앤드 스파스는 가까운 지역에 있는 회사에만 서비스를 제공하고 있어서 세계 각지에서 들어오는 추가 요청에 대응하지 못했다.

결국 리버 풀스 앤드 스파스는 자체 유리섬유 수영장을 제작하기로 하고 제조업에 뛰어들었다. 이는 콘텐츠 노출의 직접적인 영향으로 일어난 변화였다. 리버 풀스 앤드 스파스는 이제 유리섬유 수영장 설치 겸 제조 회사로 자리를 잡았고, 과거에는 전혀 예상하지 못했던 방향으로 사업을 확장하고 발전시켰다. 이처럼 콘텐츠를 중심으로 오디언스를 끌어모으면 추가 상품을 판매할 기회는 무궁무진하다.

생명력 불어넣기

채드 오스트로프스키Chad Ostrowski는 록스타가 되겠다는 꿈을 포기한 뒤에 교사가 되기로 결심했다. 기분 좋은 변화는 아니었다.

"아마 채드는 생애 최악의 해를 보냈다고 말할 겁니다." 채드의 동업자이자 친구인 제프 가르개스Jeff Gargas의 말이다. "채드는 학생들을 더 잘 가르칠 수 있도록 스스로 달라지거나 그럴 수 없다면 아예 교사 일을 그만두어야 한다는 결론에 도달했습니다. 그만큼 힘들고 버거웠던 겁니다."

채드는 너무나 절박한 상태에서 스스로 '그리드 방식 Grid Method'이라는 것을 만들어냈다. 자기 진도에 맞춘 능력 기반 교육 방법이었다.

그리드 방식은 효과를 보이기 시작했다. 처음에는 같은 학교의 교사들, 나중에는 그가 속한 학구의 교사들, 그리고 교육당국도 효과를 인정하고 관심을 보였다. "복도를 걷다가도 마주치는 '교사들에게' 많은 질문을 받았습니다. 채드가 교실에서 바꾼 것들에 대한 질문을요"라고 가르개스는 말했다.

채드는 자신이 무언가 중요한 것을 하고 있다고 느꼈지만 정확히 무엇인지는 몰랐다. 그래서 온라인 마케팅 비즈니스를 시작한 가르개스를 만났다. 두 사람은 그 만남 후 (나중에 레이 휴거트Rae Hughart가 합류한다) 그리드 방식을 활용해 미국 각지의 교사들을 도울 수 있을 것이라는 믿음을 가지게 되었다.

이 만남은 세계에서 가장 성공적인 교직 관련 사이트인 티치 베터Teach Better의 탄생으로 이어졌다. 현재 티치 베터는 미국 전역은 물론, 세계 각지의 교사들과 함께 일하고 있다.

티치 베터는 모든 교사를 위한 공간이 아니라 매우 특수한 교사들을 위한 공간이다. 가르개스는 말한다. "처음 콘텐츠를 제작할 때 우리는 자신의 열정을 되찾거나 재점화할 필요가 있다고 느끼는 교사, 교육시스템에서 많은 부분이 망가졌으며 이를 대신해 학생들의 눈높이에서 만나고 싶다고 생각하는 교사에 초점을 맞추고 있습니다."

티치 베터의 스위스 스폿을 분석해보자. 우선 지식 및 기술은 그리드 방식이다. 티치 베터 사이트에 따르면 "그리드 방식은 학생 중심의 능력 기반 시스템이며 교실 현장의 눈높이에 맞춰 탄생했다. 모든 교실과 교과 과정에 있으며 어떤 교사의 스타일에도 맞게 설계되었다." 스위트 스폿의 첫 번째 단계는 완성이다.

그럼 이제 오디언스 욕망으로 가보자. 채드와 가르개스는 자신의 변화를 절실히 필요로 하는 교사들을 대상으로 정했다. 더 좋은 교수방법을 찾거나 아예 교직을 떠나야 하는 절박한 상황에 있는 교사들이다.

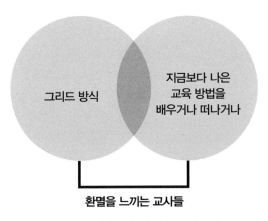

도표 4.2 | 티치 베터의 그리드 방식은 교사라는 직업에 환멸을 느끼고 있는 교사들을 대상으로 한다.

말하자면, 그리드 방식이라는 새로운 교육 방법과 현 상태에 환멸을 느끼는 다수의 교사가 보다 나은 방법을 모색하고 있다는 인식의 교차지점이 티치 베터의 스위트 스폿이 되었다(도표 4.2 참조).

이제 우리의 친구 치킨 위스퍼러 이야기로 돌아가 보자. 앤디 슈나이더의 원래 스위트 스폿은 뒤뜰 마당에서 닭을 키우는 지식과 기술을 배우려는 집주인들의 욕망이었다. 그리고 앤디가 자신의 오디언스, 즉 애틀랜타 지역 교외 집주인들과 소규모로 모임을 시작함으로써 스위트 스폿이 실제로 움직이기 시작했다.

이제 우리는 한 문장으로 스위트 스폿을 표현할 수 있을 만큼 충분한 정보를 얻었다. 이는 미디어 회사들이 콘텐츠 미션을 만드는 방식과 유사하다.

앤디 슈나이더의 '미션'을 문장으로 표현하자면 아래와 같은 내용일 것이다.

교외에 사는 집주인들이 집에서 닭 키우기와 관련한 모든 질문에 답을 찾을 수 있도록 한다.

종합하기

—

스위트 스폿의 분명한 사례를 살펴보았으므로 모델에 살을 붙이는 작업을 해보도록 하자. 전략 구상 초기 단계에서 활용할 유용한 템플릿을 소개한다.

미션 :

핵심 오디언스(가능한 구체적으로) :

직함/역할 예시 :

이 집단이 중요한 이유(이들이 가진 구매력을 생각하는 데 있어 중요한 첫 단계다. 매출을 다루는 장에서 보다 상세히 설명할 예정이다) :

주제 분야 예시(답변이 필요한 질문들) :

2010년 공식 출범할 때 콘텐츠 마케팅 연구소의 경우 이런 부분을 어떻게 하고 있었는지 소개하고 싶다. 당시 우리의 중요한 결정 중 하나는 모든 조직이 아니라 대규모 조직의 콘텐츠 담당자들에 집중하는 것이었다.

| 콘텐츠 마케팅 연구소 |

- **미션** : 대기업 마케터들에게 상세한 콘텐츠 마케팅 정보를 제공하여 그들이 오디언스를 모으고 마케팅 업무에서 성공하도록 돕는다.
- **핵심 오디언스** : 대기업 콘텐츠 마케팅 실무자와 콘텐츠 제작자.
- **직함/역할 예시** : 콘텐츠 마케팅 총괄책임자, 콘텐츠 마케팅 매니저, 디지털 전략 매니저, 마케팅 부사장, 디지털 마케팅 매니저, 홍보 매니저/총괄책임자, 소셜 미디어 총괄책임자, 커뮤니케이션 총괄책임자.
- **이 집단이 중요한 이유** : 현재 조직에서 진행되는 마케팅의 대부분이 여전히 유료 미디어와 관련되어 있다. 콘텐츠 마케팅 연구소는 향후 10년이 지나면 마케팅의 대부분이 외부 자산에 의존하는 광고나 후원이 아니라 브랜드에서 직접 만든 콘텐츠를 통해 이루어질 것이라고 믿는다. 그러나 지금 기업들은 이런 변화에 대처할 준비가 전혀 되어 있지 않으므로 콘텐츠 마케팅 전략과 전술에 대해서 많은 교육과 훈련이 필요하다.
- **주제 분야 예시** : 전략 수립, 오디언스 확보, 과정 운영(임원 설득, 지속적으로 정당성을 알리고 소통하는 과정 포함), 콘텐츠 제작, 콘텐츠 홍보 및 배포, 측정 지표 및 투자수익률.

〈그랜드 부다페스트 호텔The Grand Budapest Hotel〉이라는 영화에서 호텔의 '로비 보이'가 하는 일은 고객에게 무엇이 필요할지 미리 예측할 정도로 고

객에 대해 샅샅이 파악하는 것이다. 콘텐츠 비즈니스를 준비하는 사람의 역할이 바로 이것이다. 오디언스가 감동할 좋은 콘텐츠, 그들 스스로도 필요성을 인지하지 못했지만 알고 보면 그들에게 반드시 필요한 콘텐츠를 지속적으로 개발할 수 있도록 오디언스에 대해 샅샅이 조사하고 파악하는 것이다.

Content INC.

상상력이 흐려졌다면 눈에도 의존하지 마라.
_ 마크 트웨인 Mark Twain

PART 3

콘텐츠 틸트

최고의 차별화 전략

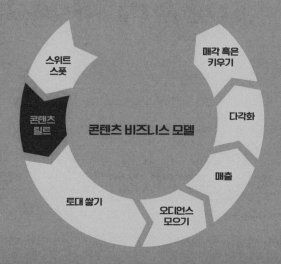

스위트 스폿

매각 혹은 키우기

콘텐츠 틸트

콘텐츠 비즈니스 모델

다각화

매출

토대 쌓기

오디언스 모으기

세상에는 똑같은 콘텐츠가 많고도 많다.
콘텐츠로 성공하려면 똑같은 무리에서 빠져나와야 한다.

콘텐츠 비틀어보기

송어가 미끼를 물 때는, 평소처럼 지느러미를 젖히고 헤엄치지 않고
수직으로 세워 쏜살같이 움직인다.
_ 조셉 모닝거 Joseph Monninger

안타깝게도 스위트 스폿만으로는 충분하지 않다. 오디언스가 각종 유혹과 방해 요인들을 뚫고 수많은 콘텐츠 중 우리 콘텐츠를 볼 수 있도록 차별화가 필요하다. 이런 작업은 콘텐츠 틸트 없이는 불가능에 가깝다.

키아누 리브스Keanu Reeves와 로렌스 피시번Laurence Fishburne이 주연했던 영화 〈매트릭스The Matrix〉에서 키아누 리브스가 맡은 네오는 자신이 신탁에서 말하는 '구원자'인지를 알아보는 시험을 받는다. 네오가 밖에 대기실에서 기다리는 동안 오라클의 어린 제자는 숟가락을 하나씩 하나씩 들어올려 구부리는 동작을 반복한다. 네오가 옆에 와서 앉자 소년은 네오에게 숟가락을 다르게 보아야 한다고, 사실 숟가락은 존재하지 않는다고 말한다.

잠시 후 네오는 자기 머리를 옆으로 '기울여tilt' 천천히 숟가락을 구부린다.

다른 스토리로 승부하라

———

피터 틸은 대부분의 기업은 다른 기업을 모방하기 때문에 실패한다고 생각한다. 저서 《제로 투 원》에서 틸은 "누구도 하지 않은 것을 찾아내 그동안 발전되지 않은 분야에서 독점체제를 만들 생각을 해야 하며, 다른 사람이 풀지 못한 문제를 발견하고 해법을 제시해야 한다"라고 말한다. 그러나 안타깝게도 대부분의 회사는 남들과 다르지 않은 콘텐츠를 제작하고 비슷비슷한 스토리를 이야기한다.

구글에 '클라우드 컴퓨팅cloud computing'이라고 쳐보면 4억 6,200만 개가 넘는 검색 결과가 나온다. 이어서 아마존, 오라클, 세일즈포스, 마이크로소프트 등으로 가서 클라우드 컴퓨팅에 관한 콘텐츠를 살펴보라. 거의 같은 정보들일 것이다. 누가 과연 클라우드 컴퓨팅 전문가일까? 아무래도 이들 네 기업은 아닌 것 같다.

같은 것을 같은 방식으로 이야기하는 기업들이 많다. 경쟁자들과 똑같은 방식으로는 결코 주변의 온갖 방해를 뚫고 오디언스에게 도달하지 못한다. 더그 케슬러Doug Kessler는 이를 "영 별로인 것들의 산"이라고 부르는데, 그곳에서 기업들은 알고 보면 공장에서 찍어낸 듯 똑같은 콘텐츠를 만들어내느라 애를 쓴다. **그야말로 영 별로인 것들을.**

고추의 '매운맛' 뒤에 숨겨진 이야기를 하는 고추 블로그는 수백 개나 있다. 고추로 성공한 슈퍼스타라 할 만한 클라우스 필가르드Claus Pilgaard는 고추 시식을 다룸으로써 경쟁자들과는 근본적으로 다른 스토리를 이야기할 방법을 찾아냈다. 현재 클라우스는 새로운 방식으로 접근한 덕분에 세계적인 고추 유명인사가 되었다. 클라우스의 콘텐츠 틸트가 결국 크나큰 차이를 가져온 것이다.

콘텐츠가 달라야 한다

———

콘텐츠를 효과적으로 운영하려면 콘텐츠가 달라야 한다. 다른 사람들은 채우지 않은 콘텐츠 틈새를 메워야 한다. 누구도 해결하지 못한 문제 영역을 찾아내고, 가치 있는 정보로 해당 분야를 개척해야 한다. 이것을 우리는 콘텐츠 틸트를 만들어낸다고 한다.

콘텐츠 틸트란 웹상에서 경쟁이 거의 혹은 전혀 없어서 사실상 온갖 잡음을 뚫고 효과를 볼 수 있는 가능성을 제공하는 영역이다. 다른 콘텐츠 제공자들과 차별화하여 결과적으로 오디언스의 주목을 받는 보상을 얻게 해주는 것이 콘텐츠 틸트다.

스위트 스폿을 파악하는 일은 콘텐츠 사업 과정에서 대단히 중요하기는 하지만, 그렇게 선택한 시장에서 경쟁자들과의 차별성을 확보하는 방법이 바로 '콘텐츠 틸트'다. 《지역사회와 함께 성장하기Town Inc.》의 저자 앤드루 데이비스Andrew Davis는 이를 갈고리라고 부르는데, 오디언스를 사로잡도록 설계된 주제를 가볍게 '비틀기'한 것이라고 할 수 있다. 스토리를 차별화할 만큼 충분히 콘텐츠를 비틀어주지 않으면, 여러분의 콘텐츠는 수많은 잡동사니 속에 묻혀 결국 잊히고 말 것이다.

사례 : 현실에서는 보기 힘든 디저트

───

2011년 셋째 아들을 낳은 뒤에 앤 리어든은 〈저건 어떻게 요리할까How to Cook That〉라는 요리 사이트를 시작했다. "매주 요리 방법을 한 가지씩 포스팅하고 동영상을 찍어 웹사이트에 올렸습니다. 그런데 동영상은 용량이 너무 크더군요. 그래서 생각한 방법이 유튜브에 올리고 제 사이트에 링크를 거는 것이었습니다."

아이를 낳기 전에 앤은 식품학자이자 영양사로 일했다(이것이 앤이 가진 기술이다). 동시에 그녀는 아이들을 가르치고 함께 시간을 보내는 일에 열정을 가지고 있었다. 그래서 앤은 직업을 바꿔 웨스턴오스트레일리아주의 빈민 지역에서 청소년들과 함께하는 일을 시작했다.

앤은 말한다. "일은 정말 즐거웠습니다. 좋은 기억이 정말 많아요. 하지만 예산이 너무 빠듯해 돈을 아끼려고 청소년 선교용 동영상 편집 방법을 독학하고, 여러 행사에서 제가 직접 음식을 만들었습니다. 그러다 보니 몇몇 젊은 사람들이 요리법을 가르쳐줄 수 있느냐고 부탁을 하더군요. 그래서 사람들을 집으로 불러 함께 빵을 구우면서 즐거운 시간을 보냈습니다."

요리 블로그를 운영하면서 유튜브에 빵 굽는 '방법'을 보여주는 동영상을 올리는 일이 특별히 새로운 것이 있느냐고? 맞는 말이다. 그것만으로는 새로운 것이 없다. 앤을 차별화시켜준 것은 그녀의 콘텐츠 틸트였다.

앤은 자신의 요리법과 제빵의 초점을 '현실에서 보기 힘든 디저트'를 만드는 데에 맞춘다. 하나에 1.5kg이나 되는 초코바 모양 케이크, 밥 로스Bob Ross의 그림 같은 케이크 등등.

"많은 이들이 유튜브 채널을 시작하면서 이미 다른 사람들이 하고 있는 콘텐츠를 따라합니다. 하지만 이는 배가 떠난 뒤에 손을 흔드는 것과 같습니다." 앤의 설명이다. "우리가 한 번 숨을 쉬는 짧은 시간에도 유튜브에는 8시간 분량의 동영상이 새로 올라옵니다. 그러니 사람들이 내 채널을 다시 찾아와서 보게 하려면 충분한 이유를 제공해야 하겠지요."

2012년 1월 앤은 100번째 유튜브 채널 구독자를 맞았고 기뻐서 어쩔 줄 몰랐다. 그로부터 8년 뒤에 앤의 유튜브 콘텐츠 다운로드 수는 거의 10억 회에 달한다. 현재 앤이 운영하는 모든 플랫폼을 합치면 앤은 매달

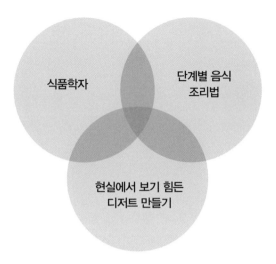

도표 5.1 │ 앤 리어든의 콘텐츠 틸트는 '현실에서 보기 힘든 디저트 만들기'였다.

대략 100만의 사람들과 만나고 있다.

앤은 음식에 대한 자신의 지식과 음식 만들기를 차근차근 단계별로 배우고 싶어 하는 오디언스의 관심을 결합하여 스위트 스폿을 찾았다. 그러나 확실한 차별화를 만들어준 것은 불가능해 보이는 디저트를 만든다는 콘텐츠 틸트였다(도표 5.1).

│ 스타트업이 콘텐츠를 보는 묘한 관점 │

마케팅 쇼러너스 Marketing Showrunners의 사장 제이 아컨조 Jay Acunzo는 많은 기술 분야 스타트업과 콘텐츠 마케팅과 관련한 작업을 해오고 있다. 그런데 기업들 대부분이 각자가 찾은 틈새시장에서 세계 최고의 제품을 만들고 싶어 하면서도 콘텐츠에 대해서는 그렇게 의욕적이지 않다는 이상한 점을 발견했다. 어느 인터뷰에서 제이는 이렇게 지적한다.

저는 스타트업들에게 이렇게 묻곤 합니다. "지금이든 미래에든, 당신의 제품이 당신이 시장에서 발견한 문제를 해결할 최고의 해결책이 되리라고 생각합니까?" 그것이 기술 기업 창업자들이 회사를 시작하는 진정한 이유니까요. 그들은 문제를 발견하고 기존에 있는 것보다 좋은 해결책을 내놓으려 합니다. 그러므로 이런 창업자들은 자기 회사가 경쟁자보다 우수한 제품을 내놓을 것이라고 믿어 의심치 않습니다. 따라서 위의 질문에 망설임 없이 그렇다고 답을 합니다. 한 명의 예외도 없이 100퍼센트가 그렇습니다. 그러면 저는 이렇게 말하지요. "제품에 대해서는 그렇게 생각하면서 왜 콘텐츠는 그렇게 생각하지 않습니까?" 내가 보기에 문제는 항상 사고방식과 태도입니다. 그들은 '마케터들이' 생각하는 식으로 콘텐츠를 생각하지 않습니다. 콘텐츠를 여기저기서 재활용하는, 무작위로 뽑은 우수사례 모음집 정도로만 생각합니다. 그들은 말합니다. "블로그는 차고 넘칩니다. 모두가 블로그를 하는데, 왜 우리까지 해야 합니까?"
다들 하고 말고는 문제가 아닙니다. 핵심은 '남다른 방법으로 문제를 해결할 수 있느냐?'입니다. 당신의 제품은 그렇게 할 겁니다. 하지만 당신의 콘텐츠도 그렇게 해야 합니다. 모두가 이론적으로 마케팅 방법을 이야기합니다. "엄청 어렵네요. 마케팅을 정말정말 간단하게 만들어줄, 말하자면 전원을 꽂기만 하면 작동되는 기기처럼 만들어줄 그런 제품을 만들 겁니다"라고 말하는 것 같습니다. 그거 좋죠! 당신이 만든 제품이 그런 일을 가능하게 할 것이라 확신하는군요. 자, 그런 태도가 콘텐츠에도 필요합니다. 콘텐츠를 만들 생각이라면, 그냥 블로그질만 해서는 곤란합니다. 다른 무언가를 하십시오. 스타트업 기업은 자신들의 제품이 일찍이 누구도 본 적이 없는, 대단한 일을 해낼 수 있고, 세상을 깜짝 놀라게 할 것이라고 확신합니다. 생각해보면 이미 많은 사람이 그들이 지금 하고 있는 일을 해왔습니다. 그런데도 그들은

'아니, 상관없어. 나는 더 잘할거야'라고 말하는 것 같습니다. 그렇지만 콘텐츠 이야기가 나오면 태도가 달라집니다. '아니. 남다르게 할 자신이 없어'라고 말하는 것 같습니다. 결국 사고방식과 태도가 이런 반응을 야기한다는 것이 내 생각입니다.

……틈새시장을 선택하는 법, 그리고 제품으로 해결하려는 문제를 어떤 각도에서 볼 것인가에 대해 더욱 치열하게 고민해야 합니다.……그런 고민이 콘텐츠에도 적용되어야 합니다. 예를 들어 콘텐츠가 제품을 잘 반영하고 있지만 충분히 혁신적이지 않다면, 결과적으로 제품이 성공적이지 않을 가능성도 있습니다. 그렇다면 사업의 실제 취지 자체를 다시 생각해보고 싶을 수도 있습니다. 이는 항상 느끼지만 이상한 일입니다. 사업가들은 모두 자신들의 제품으로 이 문제를 다른 누구보다 훌륭하게 해결할 수 있다고 굳게 믿습니다. 당연히 콘텐츠를 통해서도 그런 점이 표현되어야 하는데, 그들은 그렇게 생각하지 않습니다.

사례 : 친환경적이고 과학적인 화장품

2016년 메이크업 아티스트 티네 에밀리에 스벤드센Tine Emilie Svendsen은 갑자기 심각한 알레르기 반응을 경험했다. 재채기가 나고 얼굴에 붉은 자국들이 생겼다. 뭔가를 삼키기도 어려웠다. 피부과 전문의는 그녀가 쓰는 화장품 중에 특정 화학물질들 때문이라고 말했다.

몇몇 친구들과 대화를 나눠보니 의외로 많은 사람이 같은 이유로 화장품 사용에 어려움을 겪고 있었다.

머지않아 에밀리에는 '환경을 생각하는 지속가능한 저자극성 화장품을 만든다'는 아이디어를 가지고 친구 타냐 그레게르센Tanja Gregersen, 마케팅 전문가 니키 라르센Nicki Larsen과 동업을 했다. 대담한 발상이었고 완성된 제품을 시장에 내놓기까지 몇 년이란 시간이 필요했다. 그들은 '콘텐츠 우선 접근법'을 활용했다.

라르센은 다음과 같이 말한다.

"화장품 산업은 정말 문제가 많았고 전혀 투명하지 않았습니다. 우리가 처음 한 일은 '오염되지 않은 깨끗함'이라는 의미로 'thisispure.dk'라는 블로그를 만들어 흔히 사용하는 화장품의 문제점들을 밝히고 화장품 선택에 도움을 주고자 했습니다."

그들은 다수의 채널에서 콘텐츠를 테스트하기 시작했고, 결과적으로 인스타그램이 핵심 플랫폼이 되었다. 기존에 화장을 하는 데 어려움을 느끼는 젊은 여성들이 그들의 지속적인 조언에 귀를 기울였고, 오디언스의 수가 늘어남에 따라 채널miildbeauty은 빠른 속도로 성장했다. 화장품과 알레르기의 과학적인 측면에 초점을 맞춘 전략이 콘텐츠를 차별화해주었다.

현재 마일드는 인스타그램, 활발한 이메일 뉴스레터 제공, 페이스북, 유튜브 등 다양한 채널과 방법을 활용하고 있다. 그들은 콘텐츠 비즈니스 모델을 활용함으로써 덴마크의 저자극화장품 산업에 관한 최고의 정보제공자로 자리매김할 수 있었고, 덕분에 회사는 2017년 시작과 동시에 엄청난 성공을 거두었다. 급증하는 수요로 인해 2017년 한 해에만 다섯 번이나 재고가 바닥이 났을 정도였다.

2020년 봄, 덴마크에서 약 80퍼센트에 달하는 시장 점유율을 가진, 다채널 소매업체인 메타스Metas가 마일드 지분의 40퍼센트를 매입했다(매입 가격은 공개되지 않았다). 이밖에도 최근에는 노르웨이와 독일의 주요 소매체인점들과 제휴관계를 맺었다.

결국 세 명의 창업자들은 처음에 목표했던 바를 이루었다. 그들은 콘텐츠 우선 접근법을 통해 공인받은 저자극 화장품을 내놓은 세계 최초의 브랜드가 되었다.

마일드는 콘텐츠 창업 여정에서 많은 것을 제대로 잘 해냈다. 환경친화적이고 지속가능한 화장과 사용법에 대한 조언을 원했던 덴마크 여성들의 욕망과 저자극 제품에 대한 창업자들의 전문성과 지식이 교차하는 지점이 마일드의 스위트 스폿이었고 훌륭한 출발점이었다. 그러나 그것만으로는 충분하지 않다. 차별화를 만들어준 것은 과학적 관점에 초점을 맞추어 화장품과 알레르기를 다루었다는 점이었다(도표 5.2).

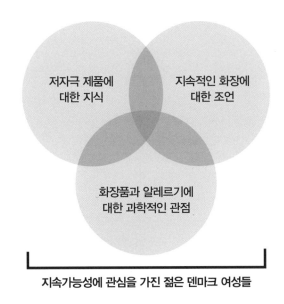

지속가능성에 관심을 가진 젊은 덴마크 여성들

도표 5.2 | 마일드의 콘텐츠 틸트는 화장품과 알레르기에 대한 과학적 관점을 강조한 것이었다.

어느 날 내 콘텐츠가 사라진다면?

———

어떤 사람이 여러분의 콘텐츠를 싹 긁어모아 아무도 보지 못하게 상자 깊숙이 넣었다고 해보자. 마치 콘텐츠가 이 세상에 존재하지 않는 것처럼 말이다. **누군가가 그것을 그리워하고 찾을까? 그로 인해 시장에 공백이 생겼을까?**

위 질문에 대한 답이 '아니오'라면 이는 매우 심각한 문제다.

우리는 고객과 잠재고객이 우리 콘텐츠를 필요로 하며 더 나아가 갈망하기를 바란다. 우리 콘텐츠가 그들의 생활과 일의 일부가 되기를 바란다.

사람들의 관심을 끌기가 점점 어려워지는 시대다. 그래도 온갖 방법으로 노력해서 어떻게든 관심을 얻어야 한다. 고객이 항상 찾을 가장 효과적이고 강력한 정보를 전달함으로써 오늘, 내일, 그리고 5년 뒤에도 그들의 관심을 얻어라. 현실의 편안함에 안주하지 말고 사업을 한 단계 성장시킬 '불편한' 목표를 설정하라.

1장에서 세운 목표를 다시 살펴보라. 목표들이 편안하게 느껴진다면, '충분히 괜찮은' 정도에 안주하는 것이다. 그러나 '충분히 괜찮은' 정도로는 요즘처럼 치열한 고객 관심 쟁탈전에서 승리할 수 없다. 누군가의 말처럼 위대해져야 한다!

콘텐츠 틸트 테스트

나는 다르다는 것, 사회의 결을 거스른다는 것이야말로
세상에서 가장 위대한 일이라고 생각한다.
_ 일라이저 우드 Elijah Wood

콘텐츠 틸트를 찾기가 쉽지 않을 때가 많다. 지금 여러분이 그런 상황이라면, 이번 장이 도움이 될 것이다. 콘텐츠 틸트를 찾아내고 효과가 있는지 없는지를 테스트하는 방법을 다루기 때문이다.

콘텐츠 비즈니스에 성공하려면 각자가 찾은 틈새 콘텐츠에서 정보성이든 오락성이든 최고의 자료제공처가 되는 플랫폼을 구축해야 한다. 이것은 쉬운 일이 아니다. 대부분은 자신이 제작하려는 콘텐츠가 무엇인지 분명하게 알고 있다. 다만 경쟁자들 사이에서 자신의 콘텐츠를 차별화할 추가적인 노력을 하지 않을 뿐이다.

이번 장은 그런 작업이 가능하도록 돕는 내용으로 꾸며졌다. 콘텐츠 틸트를 찾아내는 데 유용할 여러 전략과 전술들이 소개된다.

아마존닷컴의 보도자료 활용법

———

아마존의 자선기부 프로그램인 아마존스마일AmazonSmile의 총괄팀장 이안 맥알리스터Ian McAllister는 신제품 개발 준비 단계에서 아마존 직원들이 거치는 흥미로운 과정을 이야기한다. 신제품 개발에 착수하기 전에 CEO 제프 베조스Jeff Bezos가 제품이 완성되어 출시를 앞두었을 때를 가정하고 온전한 보도자료를 써보라고 한다는 이야기였다.

"보도자료 작성 반복이 실제 제품 제작 반복보다 훨씬 싸게 먹힙니다. 그리고 훨씬 빠르지요." 맥알리스터의 말이다.

이런 식의 접근은 콘텐츠 비즈니스 전략을 머릿속에 그려보고 경쟁자와의 차별화 방법을 찾는 데 아주 중요하다. 이것이 바로 우리가 말하는 차별화 방법이다. 〈머쿼다 데일리Mequoda Daily〉의 편집장 어맨다 맥아더Amanda MacArthur는 아마존의 보도자료 활용에 포함되는 핵심 내용을 상세히 설명한다. 이렇게 하면서 콘텐츠 틸트를 찾는 것이다.

- 제목. 해당 콘텐츠 분야의 독자가 이해하기 쉬운 이름을 붙여라.
- 부제. 누구를 겨냥한 콘텐츠 시장이며, 그들이 어떤 이익을 얻게 되는지를 설명하라.
- 요약. 콘텐츠와 콘텐츠 덕분에 얻는 이익을 요약하여 제시하라.
- 문제. 콘텐츠가 해결해주는 문제를 설명하라.

- **해결방법.** 콘텐츠가 어떻게 위의 문제를 매끄럽게 해결해주는가를 설명하라.
- **내부자 인용.** 회사 홍보담당자의 말을 인용하라.
- **시작 방법.** 시작이 얼마나 쉬운가를 설명하라.
- **고객 인용.** 직접 경험한 이점을 설명하는 가상의 고객 의견을 제공하라.
- **마무리와 행동촉구.** 글을 끝내면서 독자가 나아갈 다음 목표를 제시하라.

비즈니스 잡지를 발간하는 패스트 컴퍼니Fast Company에 따르면 여기서 "핵심은 이런 과정은 아마존 직원들이 고객을 생각하면서 아이디어를 다듬고 부합하는 목표를 뽑아내도록 돕는다는 것이다."

당연히 이런 방법은 여러분과 여러분의 콘텐츠 비즈니스 전략에도 같은 효과를 가져다줄 수 있다.

구글 트렌드 활용

───

구글 트렌드는 키워드 검색 결과와 유형을 보여주는 구글에서 제공하는 무료 툴이다(조건 설정에 따라 세계적인 흐름이나 특정 지역에 한정한 흐름을 볼 수도 있다). 예를 들어 구글 트렌드에 '주방 믹서'를 찾으면 매년 12월에 해당 단어 검색이 최고조에 이르는 것을 볼 수 있다. 크리스마스와 연말연시로 이어지는 연휴와 선물 시즌이 코앞이기 때문이다(도표 6.1).

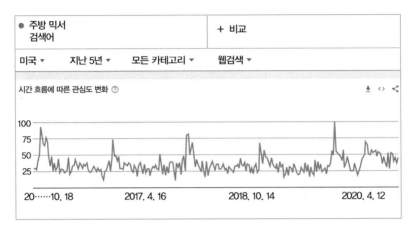

도표 6.1 | 구글에서 '주방 믹서kitchen blender'를 찾는 검색 결과는 매년 12월에 최고조에 이른다.

구글 트렌드를 이용하면, 그에 맞는 교육 자료가 거의 없는 소외된 단어들도 찾아낼 수 있다. 다음은 〈뉴욕타임스〉 선정 베스트셀러 작가인 제이 배어Jay Baer의 책에 나온 내용이 좋은 사례가 된다.

보통은 이런 식이다. "뜨개질을 좋아하니까 뜨개질 블로그를 시작하려고 해." 그런데 세상에! 다른 뜨개질 블로그가 27개나 있다. 그렇다면 그렇게 많은 뜨개질 블로그 중에서 하필 당신의 블로그를 읽으려고 할까? 당신의 블로그는 무엇이 다른가? 어떤 부분이 독특한가? 흥미로운가? 혹은 어떤 사람이 지난 3년 동안 찾아보던 뜨개질 블로그를 놔두고 당신의 것을 일부러 읽으려 할까? 이런 질문에 명확한 답을 알지 못한다면 처음부터 다시 시작해야 한다. 그리고 이런 작업을 한동안 해본 적이 없는 대부분의 사람들은 복잡한 경쟁 방정식을 풀지 못하는데 이는 매우 큰 위험을 안고 있다.

뜨개질이라는 주제는 너무 범위가 넓다. 여러분이 앞서가는 콘텐츠 제 공자가 될 수 있을, 콘텐츠 서비스가 충분하지 못한 특정 뜨개질 유형이 있을까?

구글 트렌드가 위력을 발휘하는 지점이 바로 이곳이다. 구글 트렌드에 서 '뜨개질'이라는 단어 검색 현황 전체를 보면(도표 6.2) 전반적으로 검색 빈도가 낮아지고 있음을 알 수 있다(결코 좋은 징조는 아니다).

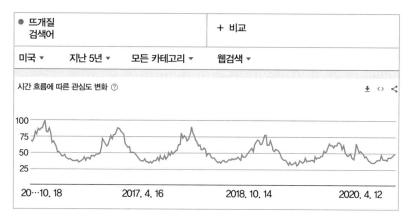

도표 6.2 | 구글에서 '뜨개질knitting'을 찾는 검색 결과는 지난 5년간 하향 추세다. 일반적인 뜨개질 콘텐 츠 사이트들에게는 좋은 소식은 아니다.

그렇지만 좀 더 깊이 파보면 금맥을 발견하게 된다. 결과 페이지 아래 로 내려가면 다음의 〈도표 6.3〉에 나오는 것처럼 '하위지역별 관심도'와 '관련 검색어'라는 부분이 나온다. 바로 여기서 콘텐츠 틸트를 발견할 수 있 다. '관련 검색어' 부분을 보면 '티 안 나게 뜨개질 실 연결하는 방법' 관련 정보 검색이 70퍼센트 증가하고 있다. 그리고 '하위지역별 관심도' 아래를 보면 뜨개질이 뉴잉글랜드 지역에서 인기가 있다는 것을 확인할 수 있다.

하위지역별 관심도 ⑦		하위지역 ▼ ↧ ‹› ≪
1 버몬트	100	▄▄▄▄▄
2 메인	96	▄▄▄▄▄
3 아이다호	78	▄▄▄▄
4 뉴햄프셔	72	▄▄▄▄
5 알래스카	67	▄▄▄▄

‹ 51개 하위 지역 중 1–5번 표시 중 ›

관련주제 ⑦	급상승 ▼ ↧ ‹› ≪	관련검색어 ⑦	급상승 ▼ ↧ ‹› ≪
1 The Sims 4—비디오 게임	급등	21 뜨개질 바늘땀 유형들	+70%
2 The Sims – 비디오 게임	급등	22 뜨개질 바늘코 만드는 법	+70%
3 The Sims—비디오 게임 시리즈	+4,700%	23 가터 뜨개질	+70%
4 십자수—주제	+100%	24 티 안 나게 뜨개질 실 연결하는 법	+70%
5 단추구멍—주제	+70%	25 뜨개질 패턴 읽는 법	+70%
‹ 12개 주제 중 1–5번 표시 중 ›		‹ 25개 검색어 중 1–5번 표시 중 ›	

도표 6.3 | '티 안 나게 뜨개질 실 연결하는 방법magic knot knitting' 검색이 70퍼센트 증가하고, 버몬트주
와 메인주에서 뜨개질에 대한 관심이 증가하고 있다.

제이의 예로 돌아가 보면, 구글 트렌드 검색 결과는 전통적인 뜨개질에
만 초점을 맞추지 말고, (뉴잉글랜드 지역 소비자들을 목표로) **티 안 나게 뜨개질
실을 연결하는 혁신적인 방법에** 초점을 맞추고 콘텐츠를 개발하라고 말해
주고 있다.

구글 신도 모르는 질문을 던져라

드루 데이비스Drew Davis는 구글 트렌드를 무척 좋아하고 세계 각지에서 기

조연설을 할 때도 구글 트렌드를 이야기한다. 그렇지만 드루는 콘텐츠 틸트를 찾는 가장 좋은 방법은 구글이 답하지 못하는 질문에서 시작하는 것이라고 믿는다. "세상에 전문가들은 많고도 많습니다." 드루는 말한다. "군계일학이 되기 위해 여러분은 전문가에서 선지자 단계로 나아가야 하는데, 이는 전통적인 사고에 도전한다는 의미입니다. 어떻게 그렇게 할까요? 구글이 답하지 못하는 질문을 던지세요."

드루는 '속성 퀼트의 여왕'으로 불리는 제니 돈_{Jenny Doan}을 사례로 든다(제니 돈에 대해서는 13장에서 좀 더 살펴볼 예정이다). 전문가들은 모두 바느질해서 퀼트 작품을 하나를 완성하는 데 9개월이 걸린다고 말했다. 제니는 이에 "퀼트 작품 하나 바느질하는 데 왜 9개월이나 걸리지?"라는 간단한 질문을 던졌다. 그리고 하루 만에 퀼트 작품 하나를 완성하는 법을 가르치는 유튜브 쇼를 시작했다. 제니는 매주 목요일에 영상을 올리는데 구독자 절반 이상이 제니의 영상을 기다렸다가 올라오자마자 시청한다.

전통적인 생각에 도전하지 않는 질문들을 던지고 답을 모색해야 한다. 그렇지 않으면 진정한 콘텐츠 틸트를 찾고 발전시키기가 쉽지 않다.

유데미 활용하기

────

스탠드업 코미디언으로 활동하는 브렌든 레몬_{Brendon Lemon}은 작더라도 꾸준한 수입원이 절실하게 필요했다. 그는 온라인 교육 플랫폼인 유데미_{Udemy}에서 교육 프로그램을 진행하기로 결심했다. '스탠드업 코미디언이 되는 법', '코미디언처럼 판매하는 법' 같은 과정이었다. 현재 브렌든은 든든한 수입원이자 꾸준히 성장하는 여섯 가지 교육과정을 운영하고 있다. 여기서 핵심은 브렌든이 각각의 교육 프로그램을 제작하는 데 돈을 전혀 쓰지 않았다는 점이다(그저 시간만 썼을 뿐이다).

브렌든이 성공한 요인 중에서는 유데미닷컴에서 무료 검색 도구를 찾아낸 것도 일정 부분 공로가 있다. 무료 검색 도구를 통해 학생들이 검색해도 결과가 몇 개 나오지 않는 과정과 학생들이 원하는 만큼의 수준이 나오지 않는 교육과정이 무엇인지 알 수 있었기 때문이다. 더욱 좋은 것은 유데미 교육과정을 개설해야만 무료 검색 도구를 사용할 수 있는 것은 아니라는 점이다. 검색 도구는 교육과정 개설 전에도 언제든 사용이 가능하다.

잠재 독자에게 묻기

———

워낙 쉬운 일이라 다들 알고 있으리라고 생각해서 예전에는 이것을 전략에 포함시키지도 않았다. '고객이나 잠재 독자에게 물어보는 것'은 분명 간단하고 쉬운 일처럼 보인다. 그러나 안타깝게도 이를 실천하는 이들은 거의 없다.

세계 최대 규모의 제조회사 중에 한 곳에서 워크숍을 진행한 적이 있었다. 구체적인 콘텐츠 미션 만들기 순서가 되었을 때 베테랑 마케터들에게 색다르면서도 사람들의 가려운 곳을 긁어주는 이야기를 들려주려면 콘텐츠 공백 지점을 파악해 기회를 만들어야 하는데, 이를 위해 기존 고객에게 설문조사를 받거나 직접 물어본 적이 있는지를 물었다.

안타깝게도 그들은 마케팅 팀에서 어떤 식으로든 오디언스의 고충, 필요, 욕망이 무엇인지 파악하는 조사를 하거나 직접 물은 적이 없다고 대답했다.

독자에게 말 걸기는 대규모 조직에서 잘하지 못하는 부분이므로 소규모 기업과 조직에게는 오히려 기회일 수 있다. 얼굴을 맞대고 직접 묻든, 구글 포럼 같은 툴을 사용하여 만든 설문조사지를 이메일을 통해 발송하든 잠재 독자에게 질문을 하라. 이런 노력이 일상적인 전략이 되어야 한다. 이런 노력은 자신만의 틈새를 찾기 위해 노력하는 초기 단계에서 특히나 중요하다.

예전에 어떤 프로젝트를 진행하는데 콘텐츠 마케팅 전문가들이 필요한 것이 무엇인지에 대한 자료를 찾았던 적이 있다. 무료로 이용하는 구글 포럼을 이용해 질문 하나짜리 설문조사를 만들고 소셜 미디어를 통해 발송했다. 24시간 내에 200개가 넘는 답장을 받았는데 거기에는 기대 이상으로 훌륭한 피드백들도 많았다.

또 한 가지 전략은 메일 안에서 질문을 하는 것이다. 나는 발송하는 모든 이메일 뉴스레터에 안에 질문 하나를 포함시킨다. 독자들이 이메일을 통해 직접 회답할 수 있다. 지난 9월에 발송한 이메일 뉴스레터 하나에서만 100개 넘는 회신을 얻었다.

| 최대한 많은 피드백을 얻을 것 |

나는 2000년 2월 처음으로 출판 업계에 발을 디뎠다. 당시 멘토였던 짐 맥더멋Jim McDermott은 훌륭한 스토리텔링이 어떤 것인가를 가르쳐주었다. 짐은 '청음초소 listening post'의 중요성에 대해서도 꾸준히 강조했다. 청음초소는 다양한 정보원으로부터 가능한 많은 피드백을 얻어 진실을 파악하게 해주는 모든 수단을 말한다.

청음초소 세우기는 편집자, 기자, 리포터, 스토리텔러 모두에게 아주 중요하다. 자신이 속한 업계 현황을 정확하게 파악하도록 해주기 때문이다. 콘텐츠 비즈니스를 생각하는 사람에게 청음초소가 중요한 이유는 콘텐츠 틸트를 찾아 차별화를 하는 데 도움이 되기 때문이다. 고객들의 욕구를 정확하게 파악하려면 누구에게나 청음초소가 필요하다. 따라서 고객의 피드백을 얻는 다양한 방법, 말하자면 사실상 청음초소의 역할을 하는 것들을 소개하고자 한다.

1. **일대일 대화.** 오디언스 페르소나audience persona에 대한 대표적인 사상가 아델 레벨라 Adele Revella는 고객 또는 오디언스와 직접 나누는 대화를 대체할 것은 없다고 믿는다.

2. **키워드 검색.** 구글 트렌드, 유튜브 검색, 유데미, 검색엔진의 키워드 알리미 같은 툴을 이용하면 고객이 무엇을 찾는지, 인터넷상의 어디에서 시간을 보내는지를 추적할 수 있다.

3. **웹사이트 분석.** 각자의 웹사이트를 분석하라. 독자들이 어떤 콘텐츠에 흥미를 느끼는지, 어떤 콘텐츠에 흥미가 없는지를 아는 것은 성공에 큰 영향을 미친다.

4. **소셜 미디어 경청.** 링크드인이든 페이스북이든, 혹은 트위터의 해시태그나 키워드를 통해서든, 고객들이 어떤 내용을 공유하고 이야기하는지, 일상과 직장에서 어떤 어려움을 겪고 있는지 파악할 방법은 많다.

5. **고객 여론 조사.** 구글 포럼 같은 여론조사 툴을 이용하면 고객이 원하는 정보와 관련된 중요한 통찰을 얻을 수 있다.

어떤 것이 인기 있고 인기가 없는가

―――

마케팅 쇼러너스의 제이 아컨조는 새로운 콘텐츠 분야를 개척하기 전에 는 미리 테스트를 해본다. 최근에도 그는 '테스트 콘텐츠'를 제작한 뒤 여러 그룹에 발송했다. 그리고 콘텐츠를 열어보는 비율, 클릭률, 사이트 내 참여율, 구독거부율 등을 측정했다. 이런 작업을 6주간 진행한 끝에 특정 하위 콘텐츠 분야에서 '이거다!' 싶은 콘텐츠를 찾아냈다.

유튜브 쇼 〈게임 이론〉을 만든 매슈 패트릭도 테스트 작업을 통해 자신의 틈새를 찾았다. 콘텐츠 테스트와 관련한 매슈의 이야기를 들어보자. "사실 나는 아주 실험적인 방법으로 플랫폼에 접근했습니다. A/B 테스트 (콘텐츠를 두 가지 버전으로 제작하여 사이트 방문자에게 랜덤으로 보여주고, 결과를 비교해 어느 쪽이 나은지를 알아내는 방법)를 하곤 했습니다. 설명에 변화를 주는 식으로 소소한 실험을 진행했습니다. 그렇게 시간이 흐르면서 사용자들이 유튜브라는 플랫폼을 활용하는 방식은 물론이고, 유튜브와 이곳의 알고리즘이 시스템 전체에서 영상들을 분류하고 정리하는 방식, 배포하는 방식에 대해서도 확실히 파악하게 되었습니다."

매슈는 데이터를 통해 어떤 것이 인기가 있고 어떤 것이 그렇지 않은지를 파악한 뒤에 이에 근거하여 자신의 모델을 구축했고, 덕분에 그의 콘텐츠 비즈니스 모델은 크게 성공을 거둘 수 있었다.

새로운 분야 개척

나는 (훗날 콘텐츠 마케팅 연구소로 결실을 맺게 되는) 혁신적인 콘텐츠 마케팅 블로그를 2007년에 시작했다. 그 전에도 6년 동안 '콘텐츠 마케팅'이라는 단어를 이따금 썼지만 2007년 당시에도 그것은 여전히 새로운 마케팅 용어였다.

당시 업계에서 지배적으로 쓰이던 용어는 '커스텀 퍼블리싱custom publishing'이었다. 그런데 선임 마케팅 실무자들과 이야기를 나눠 보니 커스텀 퍼블리싱이 그들에게 와닿는 표현이 아니라는 결론을 얻을 수 있었다. 그렇다면 '콘텐츠 마케팅'이란 말에도 기회가 있지 않을까? 업계 용어를 바꾸는 것이 우리의 콘텐츠 틸트가 될 수 있지 있을까?

당시 나는 어설픈 솜씨로 구글 트렌드를 다루면서 여러 변형 표현들을 찾아보고 이리저리 비교해보았다. 그때 내가 지배적인 업계 용어(커스텀 퍼블리싱)와 신생 용어(콘텐츠 마케팅)와 관련하여 찾은 내용을 아래 소개한다.

- 커스텀 퍼블리싱. 매매하는 주식이라고 가정하면, CMI 입장에서는 결단코 사고 싶지 않을 주식이었다. 사람들이 커스텀 퍼블리싱을 검색하는 횟수는 해마다 줄어들고 있었다. 더구나 관련한 많은 글이 콘텐츠를 생산하는 브랜드라는 개념이 아니라 '맞춤 책 출판'을 언급하고 있었다. 이렇게 혼동을 줄 수 있는 요소도 문제였다.
- 콘텐츠 마케팅. 이 단어는 구글 트렌드에 등록조차 되어 있지 않았다. 만약 충분한 양의 올바른 콘텐츠가 만들어지면, 해당 용어로의 이동이 시작되지 않을까 하는 생각이 들었다. '브랜디드 콘텐

츠branded content', '커스텀 콘텐츠custom content' 같은 여러 단어가 함께 쓰이면서 생기는 혼란도 만만치 않았다. 때문에 업계에서 핵심 이론가들을 끌어모을 새로운 용어를 필요로 할 가능성도 있었다. 게다가 '콘텐츠 마케팅' 집단에 뚜렷한 선두주자가 없는 상황에서 제대로만 된다면 CMI가 재빨리 검색 시장 점유율에서 상위를 차지할 수도 있었다. 〈도표 6.4〉가 보여주는 것처럼 결과적으로 이런 전략은 성공적이었다. 말하자면 오디언스와 대화를 나누고 구글 트렌드 같은 무료 툴을 활용해 추이를 분석한 결과, CMI는 용어 변경을 중심으로 하는 틈새 콘텐츠와 '틸트'를 분명히 할 수 있었다.

마케팅 자동화 회사 허브스폿Hubspot은 '인바운드 마케팅inbound marketing'이

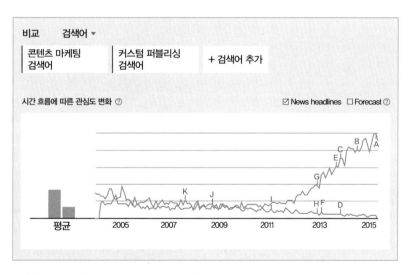

도표 6.4 | '콘텐츠 마케팅'이 '커스텀 퍼블리싱'을 대신하여 업계 용어 자리를 차지하게 되었다.

라는 단어로 같은 전략을 활용했다. 2006년 허브스폿은 해당 개념을 중심으로 블로그를 개설하고, 《인바운드 마케팅Inbound Marketing》이라는 제목의 책과 동영상 시리즈를 내놓고, '인바운드'라는 행사도 진행했다. 이런 노력 덕분에 '인바운드 마케팅'이라는 용어에 많은 사람들이 관심을 가졌고 허브스폿은 분야 선두주자로 우뚝 설 수 있었다. 현재 허브스폿은 가치가 130억 달러가 넘는 회사로 성장했다.

콘텐츠 틸트 사례들

오디언스

오디언스와 관련하여 정말로 충분히 효과적인 틈새를 찾는가? '반려동물 주인들'을 오디언스로 정한다면 너무 광범위하다. '레저용 차량을 타고 개와 함께 여행하면서 플로리다주 남서부에 살고 싶어 하는 집주인들'은 어떤가? 스토리가 진정으로 밀접한 관련성을 가지려면 매우 구체적인 독자 한 사람을 설정해 거기에 집중해야 한다. 스티븐 킹Stephen King이 저서 《유혹하는 글쓰기On Writing》에서 말했듯이 콘텐츠를 만들 때마다 항상 가상의 독자인 '이 사람'을 생각해야 한다.

《죽으려는 의지The Will to Die》라는 소설을 쓸 때 내 오디언스는 아내 팸Pam이었다. 자리에 앉아 글을 쓸 때마다 나는 어떤 콘텐츠에 아내가 흥미롭다고 느낄지를 곰곰이 생각했다. 특정한 고객 한 명을 향해 글을 쓸 수 있다면 더욱더 좋다.

베스트셀러 작가 앤 핸들리는 뉴스레터 〈토털 앤아키Total Annarchy〉를 제작하면서 이런 조언을 따랐다. 앤은 말한다. "모든 마케터를 향해 이야기한다고 하지만 사실 내가 말을 하는 상대는 구체적으로 설정한 한 명의 마케터입니다. 뉴스레터를 작성할 때면 나는 항상 한 번에 한 마케터, 즉 한 사람과 예전에 나눈 특정 대화를 떠올립니다. 그리고 구체적으로 그 사람을 향해서 뉴스레터를 작성합니다."

그래서일까? 시작하고 3년이 채 되지 않아 앤의 이메일 뉴스레터를 열어보는 비율은 40퍼센트가 넘고 4만 5,000명 이상의 독자가 앤의 오디언스가 되었다.

나와 함께 〈디스 올드 마케팅 This Old Marketing〉 팟캐스트를 진행하는 로버트 로즈 Robert Rose는 다음과 같이 말한다. "오디언스 콘텐츠 틸트는 구체적인 주제를 다루지만 일반적인 오디언스를 대상으로 할 수도 있고, 반대로 세밀하게 특정한 오디언스를 대상으로 일반적인 주제를 다룰 수 있습니다. 말하자면 광범위한 독자에게 맞춰서 협소한 주제를 다룰 수도 있고, 좁은 범위의 오디언스에게 맞춰서 넓은 주제를 다룰 수도 있지요."

제이 아컨조는 좋은 출발점을 다음과 같이 말한다. "결국 여러분은 두 가지 모두에서 '좁은 틈새'를 찾아 공략하고 싶을 것입니다. 매우 구체적인 주제와 매우 구체적인 오디언스를요. 그러나 둘 중 하나를 골라 중심으로 삼으세요. 콘텐츠를 제작하고 배우기를 반복하면서 다른 하나를 다듬어 가면서 말입니다."

플랫폼 틸팅

지난해 나는 냉방기 업자들을 대상으로 콘텐츠 워크숍을 진행했다. 참석한 모든 사람이 에너지 효율을 다루는 블로그를 운영하고 있었는데, 같은 주제로 팟캐스트를 제작하고 방송하는 사람은 없었다.

어떤 플랫폼에서 최초가 된다는 것은 강력한 콘텐츠 틸트로 작용할 수 있다. 선택한 틈새 콘텐츠가 새롭지 않아도, 혹은 목표로 하는 대상이 뚜렷하지 않아도 최초라는 점만으로 차별화가 된다. 예를 들어 각자 몸담고 있는 업계에서 최초로 오프라인 행사를 개최하는 것, 혹은 최초로 트위치Twitch TV 생방송을 진행하는 것은 파급력이 클 수밖에 없다. 콘텐츠 마케팅 연구소가 개최했던 콘텐츠 마케팅 월드Content Marketing World 포럼은 전자의 좋은 사례다. 그런가 하면 렉풀Reckful은 월드 오브 워크래프트world of warcraft 게임을 트위치 TV에서 처음으로 생중계해서 큰 관심을 끌었다.

재조합

애덤 알터Adam Alter는 두 차례나 〈뉴욕타임스〉 베스트셀러에 올랐던 저자이면서 뉴욕대학교 스턴 경영대학원의 부교수이기도 하다.

스콧 갤러웨이의 〈프로프 GProf G〉라는 팟캐스트에서 알터는 재조합recombination이라는 개념을 이야기했다. 오늘날 독창성을 찾기란 거의 불가능하다는 생각에서 착안한 개념이다. 알터는 음악가와 여타 예술가들을 연구한 결과 예술 창작을 둘러싼 모든 구성요소가 이미 개발되었다는 결론을 내린다. 그러므로 오늘날의 창작가는 이미 개발된 요소들을 재조합하여 새로운 어떤 것으로 만들어야 한다.

록음악이 처음 탄생했을 때 새로운 것이었을까? 1940년대 말 컨트리음악country music과 블루스blues가 엄청난 인기를 끌었다. 여기에 전자기타와 안정적인 드럼 소리, 그리고 프레스토presto 즉 '매우 빠르게'를 더하니, 로큰롤이 되었다!

재조합은 성공적이고 독립적인 개념 두 가지를 택한 뒤, 이 둘을 합쳐 새로운 것을 창조한다. 이것이 좋은 콘텐츠 틸트가 될 수도 있다.

예를 들어 수집이라는 한 가지 지식 분야를 택하고 이것을 짓이겨 암호화폐라는 또 다른 분야와 섞어라. 이런 일이 최근에 암호화폐 분야에서 대체 불가 토큰non fungible token인 NFT라는 형태로 나타났다.

또 다른 예는 롭 르라셰르Rob LeLacheur의 팟캐스트 〈톱 체더Top Cheddar〉인데 두 가지 다른 기술을 한데 으깨 넣은 것이다. 팟캐스트에서 르라셰르는 성공한 전직 하키 선수이면서, 하키를 그만둔 이후 성공적인 기업을 만들어 낸 사람들을 인터뷰한다. 하키를 좋아하면서 기업 경영에도 관심이 있는 사람들에게는 이 팟캐스트가 금광과 마찬가지다.

개성을 활용한 콘텐츠 틸트

조 로건Joe Rogan은 수백만 명의 다른 팟캐스터와 마찬가지로 매일 팟캐스트를 하고 있다. 그러나 조의 거침없는 논평, 흠잡을 데 없는 기억력, 익살스러운 성격은 단연 돋보인다.

말콤 글래드웰은 수십 명의 다른 사람들과 같은 주제를 다루지만, 인간 행동을 철저히 분석하는 글래드웰의 집요함은 누구도 따라올 수 없는 경지다. 또한 글래드웰은 최신작 《낯선 사람과 이야기하기Talking with Strangers》에서는 색다른 오디오북 경험까지 더했다. 수십 명의 전문가 논평까지 더해진 글래드웰의 오디오북은 마치 한 편의 드라마처럼 읽힌다.

세스 고딘Seth Godin은 마케팅 책을 집필한다. 다른 수천 명의 마케팅 저서 작가들도 마찬가지다. 하지만 세스처럼 단순명료하게 주제를 다루는 사람이 있을까? 내 생각엔 없는 것 같다.

사례 : MZ세대를 위한 주식 사이트

데이비드 포트노이David Portnoy는 2003년 다니던 회사를 그만두고 바스툴 스포츠Barstool Sports를 설립했다. 판타지 스포츠fantasy sports(이용자가 온라인에서 가상의 팀을 꾸려 스포츠 경기를 치르는 게임-옮긴이), 도박 예측, 스포츠 문화, 뜬금없는 모델 사진들을 다루는 미디어 회사다. 포트노이 스스로 〈바스툴 스포츠〉 콘텐츠를 스포츠 외설물이라고 표현했다. 초기에는 포트노이가 직접 지하철과 거리 모퉁이를 누비며 보스턴 주민들에게 판본을 나눠주었다.

이렇게 시작은 조촐했지만 이후 포트노이는 콘텐츠 비즈니스 모델을 완벽하게 실행했고 몸값이 커진 〈바스툴 스포츠〉의 지분을 2016년에 한 번, 2020년에 한 번 거액에 매각했다. 두 번째 매각 당시에는 그 가치가 무려 4억 5,000만 달러였다.

그러나 코로나 팬데믹으로 2020년 3월 중순에 모든 스포츠 행사가 중단되자 사이트에 올릴 콘텐츠 확보가 어려워졌다. 이에 포트노이는 주식시장에 뛰어들었다. 주식 단타 매매자가 된 수백만 명의 스포츠팬들에게 매일매일 자신의 주식매매를 온라인으로 생중계하기 시작했다. 포트노이는 워런 버핏 같은 거물급 투자자들을 비난하면서 주식은 '내기'라고 적극적으로 홍보했다. 그는 주식시장을 도박처럼 대했다. 포트노이와 그의 팬들은 주식과 도박이 차이가 없다고 생각했고 어쩌면 그들이 맞을지도 모른다.

〈블룸버그Bloomberg〉를 비롯한 많은 미디어 사이트들은 Z세대와 밀레니얼세대 주식 매매자들이 주식거래 사이트 로빈후드Robinhood를 통해 주도

한, 몇몇 주식종목 거래의 폭발적인 증가를 이르는 별칭인, 소위 로빈후드 랠리Robinhood Rally에 포트노이의 공이 적지 않다고 말한다.

포트노이의 콘텐츠 틸트와 관련하여 생각해볼 몇 가지를 정리하자면 다음과 같다.

- 포트노이는 기존 체제에 맞서 적극적으로 이야기를 했고 이것이 반체제 정서를 가진 20대와 30대로 구성된 그의 오디언스에게 완벽하게 맞아떨어졌다.
- 포트노이는 꾸미거나 여과되지 않은 날것 그대로의 모습을 보여준다. 그는 사람들이 어떻게 생각하는지 전혀 신경 쓰지 않는다.
- 포트노이는 매일 콘텐츠를 제공한다. 그는 항상 온라인 상태고 꾸준히 자신의 오디언스와 함께한다.
- 포트노이는 워낙 독특하다. 다른 웹사이트에서는 찾지 못할 색다른 이야기와 조언을 제공한다. 그는 눈에 띈다. 포트노이의 콘텐츠 틸트는 워낙 크고 두드러져서 보지 않으려 해도 보일 정도다.

포트노이는 범위가 뚜렷한 구체적인 집단의 사람들을 위한 아주 구체적인 메시지를 제작하고 꾸준히 전달한다. 그렇기에 그가 수백만 명의 오디언스를 아주 짧은 기간에 끌어모은 것은 당연한 일일 것이다.

오스트리아 회사 베누 Benu는 고객들에게 장례식장을 찾아주는 서비스로 사업을 시작했다. 시간이 흐르면서 회사는 5,000명의 구독자를 가진, 인상적인 이메일 뉴스레터를 만들었다. 독자들은 애도, 장례 전통, 장례 아이디어들을 어떻게 처리할지에 관한 정보를 받아 보았다.

주제가 주제이다 보니 아이디어가 민감한 부분을 건드리는 경우도 종종 있다. 해결책은? 베누는 특정한 포스트가 선을 넘지는 않는지를 보기 위해서 소규모 표본 집단을 꾸준히 체크한다. 매우 구체적인 스위트 스폿 이외에 회사의 콘텐츠 틸트에는 블랙 코미디도 포함되는데, 대다수 오디언스가 좋아한다.

이런 방법으로 대중적인 인기를 얻은 덕분에 현재 베누는 장례식장 소개에 그치는 것이 아니라 직접 장례식까지 관장하고 있다.

누구라도 시간이 걸린다

아이라 글래스 Ira Glass가 말하는 귀중한 교훈을 인용하는 것으로 이번 장을 서서히 마무리하려 한다. 그는 라디오 프로그램 〈디스 아메리칸 라이프 This American Life〉의 인기 진행자이자 제작자이다. 글래스의 말을 들어보자.

스스로 마감을 정하고 매주 한 가지 스토리를 완성하도록 하라. 완성된 작품이 원하는 수준이 되지 않아도 작업을 계속해라. 바라는 기준치와 현실 사이의 괴리를 좁힐 방법은 최대한 많은 작업을 해보는 방법밖에 없다. 나처럼 느리게 노하우를 터득한 사람도 없을 것이다. 누구라도 시간이 걸린다. 이는 지극히 정상적인 일이기 때문에 포기하지 않고 헤쳐나가기만 하면 된다.

반드시 특별한 뭔가를 해야만 콘텐츠 틸트를 찾을 수 있는 것은 아니다. 그저 일을 시작해서 해나가다가 기회를 발견하면 된다. 오스트레일리아에서 가장 인기 있는 소셜 미디어 전략가인 제프 불라스Jeff Bullas는 유명인사에 대한 뉴스를 작성하는 것으로 자신의 콘텐츠 플랫폼을 시작했다. 최초의 포스트는 제니퍼 애니스톤에 관한 것이었다. 그렇게 몇 달 동안 콘텐츠를 제작하다 보니 자신만의 강점을 찾을 수 있었다. 말하자면 제프는 특별한 시도를 하기보다 자신의 할 일을 하다가 콘텐츠 틸트를 찾은 경우다.

제이 베어의 상황도 마찬가지다. 제이는 처음에 주로 이메일 마케팅에 대해 다루는 블로그를 시작했다. 어느 인터뷰에서 그는 이렇게 말했다.

그러다가 알게 되었습니다. 이메일 마케팅에 대해 글을 쓰면 사이트 방문자가 150명이 되고, 소셜 마케팅에 대해 글을 쓰면 사이트 방문자가 1,000명으로 확 늘어난다는 것을요. 그런 상황이 한동안 계속되자 이런 생각이 들더군요. 그래……뭐, 통계학 학위 같은 것은 없어도, 분명한 트렌드가 보이는군. 그래서 누군가 그만 쓰라고 말릴 때까지 소셜 미디어에 대한 글을 써보자고 결심했습니다. 그때부터 소셜 미디어에 대한 글쓰기에 모든 시간을 투자했습니다. 그리고 소셜 미디어 컨설팅을 많이 했습니다. 그러다 보니 이런 생각이 들었지요. 정보에 대한 수요가 이렇게 크다면, 이것이 비즈니스의 중심이 되겠구나. 실제로 그렇게 되었지요.

제이가 콘텐츠 제작에 몰두하지 않았다면 이런 흐름을 결코 알지 못했을 것이다. 제이가 그랬던 것처럼 특정 콘텐츠 틸트에 최선을 다해본 다음 플랫폼을 구축하는 것도 좋은 방법이다. 그런 작업을 통해 자신을 성공으로 이끌어줄 콘텐츠 비즈니스 틈새를 찾을 수도 있다.

미션을 만들어라

하늘 아래 새로운 이야기란 없다. 새롭게 말할 방법을 찾아야 한다.
_ 헨리 윙클러Henry Winkler

과정을 형식화할 시기가 되었다. 스위트 스폿과 콘텐츠 틸트를 가지고 콘텐츠 미션을 만들어보도록 하자.

기본적인 사업 모델(어떻게 돈을 벌 것인가) 이외에 미디어 회사들이 콘텐츠 기획 단계에서 하는, 그러나 비미디어 회사들은 하지 않는 작업이 하나 있다. 그것은 바로 편집 미션을 공식화하는 일이다.

　미디어 회사들은 향후 콘텐츠 제작 지침이 되고 전체 사업의 등대 역할을 해줄 편집 미션을 만드는 일로 전략 구상의 첫걸음을 내딛는다. 나는 그동안 잡지부터 뉴스레터, 웹사이트, 웨비나webinar 프로그램까지 50가지가 넘는 다양한 형태의 미디어 상품을 만들어냈다. 매번 작업을 시작할 때면 어김없이 처음 며칠은 편집 미션을 만들고 다듬는 데 투자한다. 성공적인 전략 수립의 첫 단계이기 때문이다.

오늘날 대부분의 회사는 직접 콘텐츠 생산 및 유통에 참여하는 '출판인'이 될 기회를 가지고 있다. 그리고 똑똑한 회사들은 오래전부터 미디어 회사들이 성공적인 오디언스 확보에 활용해온 기본 전략들을 따르고 있다.

콘텐츠 미션

미션은 회사의 존재 이유이자 조직이 지금 하는 일을 하는 이유다. 예를 들어 아웃도어 용품 업체인 파타고니아의 미션은 최고의 제품을 만들고, 불필요한 피해를 만들지 않고, 기업 차원에서 환경 위기에 대한 해결책을 고무하고 실행하는 것이다. 전기차 업체 테슬라의 미션은 세계의 지속가능한 에너지로의 전환을 가속화하는 것이다. TED의 미션은 다양한 아이디어를 널리 퍼뜨리는 것이다.

콘텐츠 비즈니스 모델에서 미션이란 각자의 존재 이유이다. "왜?"라는 질문에 대한 답이다.

나는 대부분의 기조연설에서 콘텐츠 마케팅 미션을 다룬다. 미션은 오디언스를 구축하고 그런 오디언스를 통해서 혹은 오디언스 덕분에 수익을 창출하는 기조를 잡는 데 대단히 중요하다. 대기업이든 중소기업이든 마케팅 전문가들은 블로그, 페이스북, 틱톡 같은 채널들에만 집착한 나머지 애초에 '왜' 그 채널을 이용해야 하는가라는 근본적인 질문에는 대답하지 못하는 경우가 많다. 그러나 '무엇' 이전에 '왜'가 반드시 나와야 한다.

공들여 찾은 콘텐츠 틸트를 오디언스가 이해할 수 있도록 표현해야 한다. 이는 오디언스와의 소통에서 중요한 부분이다. 그런 의미에서 콘텐츠 미션은 영토에 깃발을 꽂고 오디언스에게 내가 존재하는 이유를 말하는 대담한 선언이다.

콘텐츠 미션에 들어갈 세 가지 요소가 있다.

- 구체적인 타깃 오디언스는 누구인가?
- 오디언스에게 무엇을 전달할 것인가?
- 오디언스가 얻는 이익은 무엇인가?

오빗 미디어Orbit Media의 앤디 크레스토디나Andy Crestodina는 이것을 'XYZ 방법'이라고 부른다. "우리 회사는 오디언스 X가 Z라는 이익을 위해 콘텐츠 Y를 찾는 곳이다."

대표적인 미디어 회사 미션 중에서 내가 특히 좋아하는 것은 〈잉크Inc.〉 잡지의 미션이다.

잉크닷컴Inc.com에 오신 것을 환영합니다. 이곳은 기업가들이 회사를 운영하고 성장시킬 유용한 정보, 조언, 통찰, 자료, 영감을 찾을 수 있는 곳입니다.

〈잉크〉의 미션에는 다음과 같은 내용이 포함된다.

- 핵심 타깃 오디언스 : 기업가
- 오디언스에게 전달할 내용 : 유용한 정보, 조언, 통찰, 자료, 영감

- 오디언스가 얻는 이익 : 회사를 운영하고 성장시킨다.

보시다시피 〈잉크〉의 미션은 놀라울 정도로 간결하며 오해의 여지가 있는 단어는 하나도 포함되지 않았다. 이런 단순 명쾌함이야말로 콘텐츠 마케팅 미션의 핵심이다.

〈잉크〉 미션 어디를 봐도 어떻게 돈을 벌지에 대한 내용은 없다는 사실을 명심하라. 대부분의 기업이 콘텐츠 제작과 관련하여 실수하는 지점이 바로 이 부분이다. 그들은 항상 자신들이 파는 것을 이야기하려고 한다.

〈잉크〉 편집장 스콧 오멜리어누크Scott Omelianuk는 〈잉크〉의 목적이 오디언스에 집중되도록 유지하는 것이 핵심이라고 생각한다. "우리는 매일의 생존과 구체적인 실행방법을 이야기합니다. 딱딱한 탁상공론보다 실용적인 관점에서, 전체 숲을 보는 관점에서요. 우리는 지난 40년 동안 〈잉크〉를 구독해왔는데 〈잉크〉가 자신들에게 지금처럼 중요했던 적이 없었다고 말하는 독자들을 대상으로 이야기를 하고 있습니다. 매일의 생존과 장기적인 생존에는 차이가 있습니다. 나는 우리가 사업가들과 함께 싸움의 최전선에 있다고 생각합니다."

콘텐츠 미션의 핵심 중에 핵심은 오디언스다. 그리고 팀원들이 단지 돈을 버는 것이 아니라 (물론 이것도 중요하긴 하지만 항상 부차적인 것이다) 좀 더 큰 무언가에 집중하도록 만드는 것이다. 오디언스가 진정한 의미에서 여러분의 오디언스가 되기 전까지는 결코 그들을 통해 돈을 벌 수 없다는 점을 명심하라.

사례 : 초보자에게 맞춘 뒤 확장하라

———

대런 로우즈Darren Rowse는 대박 난 콘텐츠 비즈니스 모델을 두 개나 구축한 인물이다. 하나는 프로블로거ProBlogger로 소기업이 블로그를 어떻게 활용해야 하는지 기법에 초점을 맞추었다. 다른 하나는 디지털 포토그래피 스쿨Digital Photography School로 초보 사진사들이 사진 촬영 기술을 최대한으로 활용하려면 어떻게 해야 하는지를 다루는데, 이쪽 분야에서는 최고의 정보원 중 하나로 꼽힌다.

그러나 처음 시작은 사뭇 달랐다. 대런의 설명을 들어보자.

프로블로거 전에 나는 카메라 리뷰 블로그를 시작했습니다. 내가 운영한 최초의 상업적인 블로그였고 전업으로 매달리는 단계까지 갔지만 결과가 썩 만족스럽지는 못했지요. 독자들은 어느 날 불쑥 찾아와 특정 카메라 관련 정보를 찬찬히 살펴본 다음 사라졌습니다. 그리고 다시는 돌아오지 않았지요. 나는 커뮤니티를 구축하지 못한 것에 항상 불만을 느끼고 있었습니다. 지속적으로 찾아오는 독자가 있어야 해소될 불만이었지요. 나는 항상 사람들이 장기적으로 찾아오고 그들에게 도움을 주는 블로그를 원했습니다.

성공적이지 못한 최초의 실험 이후에 대런은 카메라가 아닌 사진 블로그로 돌아왔다. 블로그 소재뿐만이 아니라 차별화 전략, 즉 콘텐츠 틸트에도 변화를 주었다. 대런의 경우 특정 오디언스에 초점을 맞추는 순간 '아하!' 하는 깨달음이 왔다.

"도중에 어디에 초점을 맞춰야 할지 고민이 있었습니다." 대런의 말이다. 그는 이렇게 회상한다.

처음 시작할 때는 초보자가 대상이었습니다. 그래서 아주 기본적인 콘텐츠를 다뤘지요. 시간이 흐르면서 중급 수준의 콘텐츠로 확장할지 여부를 고민했습니다. 그러나 초보자용 콘텐츠를 2년 동안 고수했고, 초보자였던 오디언스가 중급 단계로 성장하기 시작할 때까지 기다렸습니다. 지금 와서 생각해보면 성급하게 전문가용으로 확장하지 않은 것이 정말 잘한 일이었습니다.

대런의 결정은 보상을 받았다. 이메일 구독자를 포함한 블로그 구독자 총수가 100만 명을 훌쩍 넘어섰다.
디지털 포토그래피 스쿨의 콘텐츠 미션을 살펴보도록 하자.

디지털 포토그래피 스쿨에 오신 것을 환영합니다. 디지털 카메라 소유자들이 카메라를 최대한 활용하도록 도와주는 간단한 팁들이 있는 곳입니다.

이 미션을 해부해보자.

- 핵심 타깃 오디언스 : 디지털 카메라 소유자
- 오디언스에게 전달할 내용 : 간단한 팁
- 오디언스가 얻는 이익 : 자신의 카메라를 최대한 활용할 수 있다.

대런은 자신의 미션에 대해서 다음과 같이 부연 설명한다.

이 '학교'는 정규 학교와는 거리가 멉니다. 수업도 없고, 선생님도 없고, 시험도 없습니다. 오히려 이곳은 자기가 아는 지식을 생각나는 대로 말하고, 포럼에서 각자의 사진을 보여주면서 배운 내용을 공유하고, 서로 묻고 답하는 학습의 장입니다. 또한 대부분의 학교와 달리 이곳의 정보는 무료입니다.

이후로 이 사이트는 200만 명이 넘는 커뮤니티에 팁을 제공하는 글을 쓰는 세계 각지의 팀을 포함할 정도로 성장했다.

당연히 지금은 사진 초보는 물론이고 중급자까지 정기적으로 대런의 웹사이트를 찾는다. 대런의 콘텐츠 틸트는 초점을 초보자에게 맞추고 오디언스가 즉시 활용할 수 있는 유용한 팁을 꾸준히 제공하는 쪽으로 방향을 전환한 그의 통찰과 능력이었다. 이제 대런이 카메라 리뷰를 하던 시절은 옛날이야기가 되었다.

사례 : 경험 공유를 넘어 도움 주기

———

필립 베르너Philip Werner는 보스턴에 본사가 있는 소프트웨어 스타트업에서 20년 넘게 제품 매니저로 일했다. 필립의 전문성은 오픈소스 소프트웨어에 관한 지식에 있었고, 상사는 그에게 인기 블로그 제작 소프트웨어 워드프레스WordPress에 웹사이트를 구축하는 방안을 연구해보라고 시켰다. 이때 터득한 블로그 운영 능력 덕분에 섹션하이커닷컴sectionhiker.com이 만들어졌다. 필립의 설명을 들어보자. "20년 동안 배낭여행을 하지 않다가 막 다시 시작한 참이었습니다. 버몬트주의 롱 트레일을 걷다가 배낭여행을 다루는 블로그를 해야겠다고 마음먹었죠."

필립은 20년 동안 쌓은 마케팅 및 제품관리 경험에 도보여행과 배낭여행 경험을 결합하여 블로그를 시작했다. 얼마 지나지 않아 일주일에 다섯 번 블로그 포스팅을 했다.

초기 필립의 오디언스는 주로 초경량 장비를 이용하는 배낭여행자들이었는데, 시장에서 매우 작은 부분을 차지했다(그러나 좁은 범주의 소규모 오디언스에서 시작하는 것은 항상 도움이 된다). 블로그 운영이 성공 가도에 오르고 사람들이 자신의 블로그를 찾기 시작하자, 필립은 타깃 오디언스에 변화를 주고, 그에 맞는 콘텐츠에 집중하기로 했다. "내 경험을 공유하는 콘텐츠만이 아니라 도보여행과 배낭여행을 시작한 사람들에게 도움이 되는 교육적인 콘텐츠에 좀 더 집중하기로 했습니다. 또한 주로 뉴햄프셔 지방에서 도보여행을 했기 때문에 범위를 넓혀서 뉴잉글랜드 전체를 다루게 되었지요."

오디언스를 바꾸기로 한 필립의 결정은 효과가 있었다. 2018, 2019, 2020년 모두 어드벤처정키스닷컴 AdventureJunkies.com에서 섹션하이커닷컴을 온라인 최고의 도보여행 및 배낭여행 블로그로 선정했다.

필립의 콘텐츠 미션은 그의 성공의 핵심이었다. 섹션하이커닷컴의 미션 내용을 살펴보자면 다음과 같다.

> 지속적이고 안전하고 즐거운 도보여행 경험(이익)을 위해 뉴잉글랜드 지방 내부와 인근의 초보 도보여행자와 배낭여행자들(오디언스)에게 여행 방법에 대한 상세한 정보(콘텐츠)를 전달하는 사이트.

필요한 것이 아니라 원하는 것

―――

최고의 콘텐츠 비즈니스 프로그램은 고객의 '필요'보다 '욕망'을 중심으로 전개된다는 생각이 점점 커진다. 그동안 나는 마케터들에게 "고객의 고충에 초점을 맞추라"고 말하는 것에 죄책감을 느껴왔다. 고충에 초점을 맞추는 것은 탁월한 선택이지만 이를 통해서는 콘텐츠 비즈니스를 할 때 성공의 초입까지만 갈 수 있을 뿐이다.

고객 욕망의 핵심에 도달하려면, 그들이 되고자 하는 것에 초점을 맞추고 그들이 진심으로 가고자 하는 지점에 도달하도록 도와주어야 한다.

| 이름이 뭐가 중요하냐고? |

2008년 나는 미국 기업정보 제공 매체들이 만든 협회의 임원들이 모인 자리에 참석했다. 거기서 피터 호이트 Peter Hoyt는 흥미로운 이야기를 들려주었다. 피터는 가족 소유 회사인 호이트 퍼블리싱 Hoyt Publishing의 CEO였다. 호이트는 '호이트 퍼블리싱'이라는 이름이 회사 발전에 방해가 된다고 생각해 회사명을 인스토어 마케팅 연구소 In-Store Marketing Institute로 바꾸었다고 말했다 (이후 포인트오프퍼처스 연구소 Point-of-Purchase Institute로 한 번 더 바꿨다).

놀라운 것은 이름을 바꾸자마자 회사 매출이 급증했다. "연구소라는 명칭은 엄청 인기를 얻었고 생각보다 효과가 컸습니다." 호이트는 말한다. "덕분에 늘어난 신규 매출과 수익이 수백만 달러에 달했습니다. 순영업이익이 2006년 7퍼센트에서 2008년에는 19퍼센트로 뛰었지요. 해당 수익을 업계에 더 많이 기여하기 위해 계속 재투자하고 있습니다."

호이트의 경험을 보고 나는 우리 회사 이름을 콘텐츠 마케팅 연구소로 바꾸었다. 눈길을 끄는 자극적인 이름은 아니었지만 이렇게 바꾼 덕분에 우리는 금세 전문가 소리를 들을 수 있었다. 또한 우리 회사가 무슨 일을 하는지 설명하느라 시간을 낭비할 필요도 없어졌다. 이름만 들으면 금방 아니까.

이 이야기의 교훈이 있을까? 때로는 무슨 일을 하는지 정확하게 알려주는 빤한 명칭이 콘텐츠 미션을 알리기 위해 추가 마케팅을 해야 하는 근사한 브랜드명보다 낫다는 것이다. 디지털 포토그래피 스쿨, 섹션하이커닷컴 등은 이런 모델을 따르고 있고 모두 효과를 보았다.

'절약하기', '비용 줄이기' 같은 기본적인 미션 대신에 '고객이 더 많은 여유 시간을 누리며 원하는 삶을 살 수 있게 하기'나 '세상을 바꾸는 사람 되기' 같은 미션으로 기대치를 높여보자.

비주얼라이즈 밸류Visualize Value의 창립자 잭 부처Jack Butcher는 미션을 통해 이런 정신을 실천한 훌륭한 사례다. 그의 미션은 "자신의 정신건강을 챙기고 일하지 않아도 먹고살 만큼의 수입을 만들려는 야심찬 사람들을 돕는 것"이다. 자신의 정신적인 복지에 우선순위를 두는 사업가들을 위한 정보제공자? 이것이 바로 콘텐츠 틸트다!

진부한 이야기 같지만 더없이 중요한 부분이다. 고만고만한 무리의 일원이 아니라 가장 뛰어난 정보원이 되려면, 오디언스가 여러분의 콘텐츠가 자신들의 삶을 바꿀 수 있다고 믿어야 한다. 그러므로 피터 틸이 설파하는 것처럼 자칭 경쟁자들이 여러분 고객에게 무엇을 만들어 배포하는지는 신경 쓰지 마라. 그들보다 여러분이 낫다. 대신에 고객들이 간절히 원하는 콘텐츠를 제공하라. 진정한 차이를 만들려면 합당한 비전이 있어야 하는데, 이런 비전을 주는 것이 바로 고객의 간절한 욕망이다.

| 우리 집의 미션 |

우리 집 주방 벽에도 '미션'이 있다. 나는 물론이고 지금 열두 살과 열네 살인 아들 둘도 자주 보면서 되새기는 미션이다.

미션은 우리 가족의 목표다. 우리 가족이 현재도 그렇고, 미래에도 정진할 목표. 나는 지금까지 우리 가족의 성공과 행복에 이 미션의 역할이 더없이 중요했다고 생각한다.

여기 그 내용을 소개한다.

◆ 풀리지 가족 미션
풀리지 가족으로서 우리는 지속적인 목표의식을 갖고 다음 사항을 실천한다.

- 매일 신의 축복에 감사한다. 힘들었던 날이나 어려움을 겪었던 날에도 그렇다.
- 항상 가진 것을 남과 나누고, 곤경에 빠진 사람이 누구든 가능한 한 돕는다.
- 서로를 칭찬한다. 우리들 각각은 신의 축복을 받은 재능이 있으므로.
- 항상 자신이 시작한 일을 마무리하고, 두려울 때도 항상 노력하며, 지금 하고 있는 일에 온전히 집중한다.

요약 :
신께 감사하라. 항상 나눠라. 서로에게 좋은 말을 하라. 최선을 다하라.

아이들이 무엇을 해야 하고, 하지 말아야 하는가에 대해 질문을 받으면 아내와 나는 가족 미션을 말해준다. 가족 미션이 있어서 가장 좋은 점은? 집에 손님이 찾아왔을 때다. 미션이 워낙 눈에 띄는 자리에 있어서 다들 보고 이런저런 평을 한다. 나는 그것이 우리 집 방문 경험을 색다르게 만들어주는 작은 차이들 중의 하나라고 생각한다.

Content INC.

건물의 아름다운 외관이 아니라
세월의 시련을 견뎌낼 토대 구축에 집중하라.
_ 데이비드 앨런 코 David Allan Coe

PART 4

토대 쌓기

본격적인 작업 시작

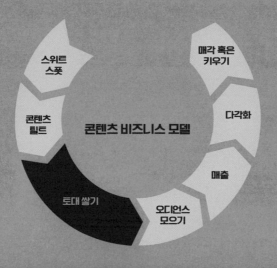

콘텐츠 비즈니스 모델

- 스위트 스폿
- 매각 혹은 키우기
- 콘텐츠 틸트
- 다각화
- 매출
- 토대 쌓기
- 오디언스 모으기

자신의 스위트 스폿을 찾고 콘텐츠 틸트를 파악했으니,
이제 작업을 시작할 시간이다.

하나부터 제대로

이 세상에서 전진하는 사람은 한 번에 오직 한 가지에만 집중하는 사람이다.
_ 게리 켈러Gary Keller

역사상 가장 위대한 미디어 회사들은 하나의 메인 플랫폼을 활용함으로써 그들의 여정을 시작했다. 모든 콘텐츠 비즈니스 모델이 시작하는 지점도 바로 이곳이다.

1940년 맥도날드 레스토랑을 오픈했을 때, 맥도날드 형제들은 바비큐에서 오렌지 주스까지 온갖 것을 판매했다. 7년 동안 형제들은 어떻게든 장기적으로 성공할 방법을 찾으려고 애썼다.

1948년 그들은 자료를 분석했고 매출의 87퍼센트, 그리고 수익의 대부분이 햄버거, 감자튀김, 청량음료 판매에서 나왔다는 것을 알았다. 그래서 그들은 3개월 동안 매장을 닫고, 주방을 개조한 다음 훨씬 간소해진 새로운 메뉴로 재오픈했다.

사업은 엄청나게 성공적이었다. 1953년에 형제들은 자신들이 성공한 사업 콘셉트로 가맹점 영업권을 팔았다. 오늘날 맥도날드는 세계 100개 국가에 4만 개의 영업점을 가지고 있으며, 회사 가치가 1,500억 달러가 넘는다.

지금까지 말한 작업을 마무리했다면 진심으로 축하한다. 믿기지 않을지 모르지만 콘텐츠 비즈니스 모델에서 가장 어려운 부분은 전략이다. 요즘은 어디에 있는 누구든 특별한 자원이랄 것 없이도 블로그, 팟캐스트, 유튜브 동영상, 틱톡 채널 등을 만들 수 있다. 그러나 나를 신뢰하는 충성도 높은 오디언스를 끌어모으려면 연구하고 계획을 세우는 과정이 반드시 필요하다. 사업 모델 전체에 동력을 공급해줄 존재가 바로 오디언스이기 때문이다.

어디서 시작할까?

———

마이클 하얏트Michael Hyatt가 똑같이 '플랫폼Platform'이라고 명명한 자신의 저서와 블로그에서 말한 것처럼 우리가 성공하려면 우리의 아이디어와 스토리가 살아갈 공간이 필요하다. 마이클에 따르면 "자신을 보여주고 이야기를 할 수 있는 플랫폼이 없으면 기회 자체가 없다. 굉장한 제품, 걸출한 서비스, 혹은 강렬한 공감을 불러일으키는 대의명분을 가지고 있는 것으로는 부족하다."

어느 시대에나 최고라고 인정받는 미디어 회사들은 핵심 채널 하나를 선택해 플랫폼을 구축했다.

- 〈파이낸셜 타임스Financial Times〉: 인쇄신문
- 〈포춘Fortune〉: 인쇄 잡지
- 〈테드〉 강연: 대면 행사
- 〈ESPN〉: 케이블 텔레비전 프로그램
- 〈허핑턴 포스트Huffington Post〉: 온라인 잡지
- 〈더 조 로건 익스피어리언스The Joe Rogan Experience〉: 팟캐스트 쇼
- 〈퓨디파이〉: 유튜브 시리즈

위에 제시한 모든 사례가 그랬던 것처럼 플랫폼을 구축할 때는 크게 두 가지를 선택해야 한다. 어떤 방법으로? 어디서? 풀어서 말하자면 다음과 같다.

1. 어떤 방법으로 이야기를 들려줄 것인가? 핵심 콘텐츠 유형은 무엇 인가?
2. 어디서 이야기를 들려줄 것인가? 어떤 채널을 선택해 콘텐츠를 배 포할 것인가?

이것을 앞서 설명한 콘텐츠 미션과 결합하면, 모든 콘텐츠 비즈니스 사례는 네 가지 속성을 가지게 된다(도표 8.1 참조).

1. 하나의 핵심 타깃 오디언스
2. 하나의 미션(콘텐츠 틸트)
3. 하나의 주된 콘텐츠 유형(오디오, 비디오, 텍스트, 이미지)

4. 하나의 핵심 플랫폼(블로그/웹사이트, 유튜브, 인스타그램 등등)

대부분의 기업은 콘텐츠 제작 여정을 시작하자마자 가능한 모든 형식으로 온갖 곳에 마구 콘텐츠를 뿌리기 시작한다. 페이스북 포스트, 블로그, 팟캐스트, 영상을 만들고, 어떤 반향이 있기를 바란다. 그러나 이런 방법은 좀처럼 효과가 없다.

〈저건 어떻게 요리할까〉의 앤 리어든은 꾸준히 영상을 제작하여 유튜브에 올리기로 했다. 섹션하이커닷컴의 필립 베르너는 워드프레스를 활용해 만든 웹사이트에 매일 텍스트와 이미지가 결합된 블로그 포스트를 올린다. 〈우연히 웨스 앤더슨〉의 윌리 코발은 매일 인스타그램에 이미지를 하나씩 올린다. 코미디언 짐 캐리Jim Carrey는 오랜 시간에 걸쳐 한 가지를 꾸준히 하는 것의 중요성을 '날카로운 모서리들을 깎아내고 다듬는 것'으로 표현한다. 처음 시작했을 때는 정확히 맞는 개념을 갖고 있지 않을 것이다. 시간을 두고 연습을 하면서 효과가 없는 '날카로운 모서리들'을 알아차리게 되고, 결국에는 가치 있는 콘텐츠 자산을 만들 수 있게 된다.

한 가지에 집중하라

지난 한 해 동안 내가 본 흔한 광경들을 이야기해보겠다.

- 새로운 팟캐스트를 시작한 지 한 달 만에 영상 시리즈를 만들기로 한 소기업
- 트위터, 링크드인, 페이스북, 스냅챗, 틱톡에서 왕성하게 활동할 필요가 있다고 생각하고, 각각에 자료를 뿌렸지만 효과를 전혀 보지 못한 스타트업 기업
- 15개의 짧은 영상, 다큐멘터리, 음성 쇼를 일시에 시작한 이메일 마케팅 회사

우리는 항상 '더 많이'를 원한다. 많을수록 좋다고 생각한다. 그러나 새로운 콘텐츠 사업을 시작하는 단계에서 '할 줄 아는 것은 많지만 특출하게 잘하는 한 가지는 없는' 방식으로는 결코 효과를 볼 수 없다. 아마존은 어떻게 세계에서 가장 비싼 회사가 되었을까? 처음 3년 동안 아마존은 오로지 책만 팔았다. 책 판매 모델이 완벽해졌을 때야 비로소 아마존은 다른 것들을 팔기 시작했다. 콘텐츠 비즈니스 모델도 같은 방식으로 진행된다.

콘텐츠 비즈니스는 어떤 행동 변화에도 영감을 주지 못하는 100가지 콘텐츠가 아니라 대단히 훌륭한 한 가지 콘텐츠에서 시작해야 효과가 있다. 대단히 훌륭한 이메일 뉴스레터, 비디오 시리즈, 대면 행사, 블로그, 어느 것이라도 좋다. 한 가지에서 시작하라.

집중에는 특별한 힘이 있다. 어떤 하나에서 진정으로 뛰어난 모습을 보

이는 것은 특별한 힘이 있다. 문제는 선택이다. 온갖 자잘한 것들을 그만 두고 진정으로 중요한 것, 진정으로 변화를 가져올 것에 집중해야 한다.

사례 : 하나의 채널에 한 가지 유형의 콘텐츠만

2020년 코미디언 겸 배우이자 게임쇼 〈피어 팩터Fear Factor〉 진행자인 조 로건은 1억 달러에 스웨덴의 음악 스트리밍 및 미디어 서비스 제공 업체인 스포티파이Spotify와 독점계약을 맺었다. 지상파 라디오에서 인터넷 라디오 시리우스XM SiriusXM으로 옮겨간 하워드 스턴Howard Stern의 선례를 따랐다고 할 수 있으리라.

조 로건은 2009년 자신의 이름을 딴 팟캐스트 〈더 조 로건 익스피어리언스The Joe Rogan Experience〉를 시작했다. 2009년은 팟캐스트라는 미디어가 생긴 지 얼마 안 된 시기였다. 로건은 처음에는 유스트림TV Ustream.tv.에서 시작했다. "노트북 컴퓨터를 앞에 두고 쇼를 하는 것으로 시작했습니다. 트위터를 통해 사람들에게서 질문을 받으면서요." 로건의 말이다.

로건은 결국 지금의 애플 팟캐스트인 아이튠즈에 정착했고 일주일에 하나씩 에피소드를 올리다가 나중에는 일주일에 두 개로 늘렸다. 2011년에 로건의 프로그램은 세계에서 가장 유명한 팟캐스트 가운데 하나가 되었다.

충성도 높은 오디언스를 확보하자 로건은 다각화를 시도했다. 먼저 시리우스XM에 쇼를 내보내는 계약을 맺었고, 이어서 2013년에는 유튜브를 통해 쇼를 내보냈다. 지금까지 〈더 조 로건 익스피어리언스〉는

1,500회가 넘는 에피소드가 제작되었고, 매달 2억 회가 넘는 다운로드 횟수를 자랑하고 있다.

로건의 성공 비결은 무엇일까? 로건은 한 가지 채널에서(유스트림, 나중에는 아이튠즈) 한 가지 유형의 콘텐츠(오디오)를 제작해 배포하는 것으로 시작했다. 그곳에서 성공을 거두자 채널을 다각화했고, 지금은 역사상 가장 부유한 콘텐츠 기업 중에 하나가 되었다.

| 성공하는 콘텐츠들의 공통점 |

이 책에서 개괄적으로 소개하는 모든 콘텐츠 비즈니스 사례들은 다음의 핵심 원칙을 따른다. 믿을 만한 글로벌 미디어 회사들도 마찬가지다.

1. 오디언스의 욕구/필요를 충족시켜라. 콘텐츠가 오디언스의 충족되지 않은 욕구 또는 질문에 해답을 제시해야 한다.

2. 꾸준함을 지켜라. 성공하는 출판업자의 중요한 특징은 꾸준함이다. 인스타그램에 콘텐츠를 올리든 일간 이메일 뉴스레터를 발행하든 콘텐츠는 항상 약속한 제때 사람들의 예측대로 도착해야 한다. 대부분 이런 꾸준함을 지키지 못해 실패한다.

3. 인간미가 있어야 한다. 자신만의 목소리를 찾고 사람들과 공유하라. 회사이야기의 본질이 유머라면 그것을 공유하라. 살짝 냉소적이라면 그것도 괜찮다.

4. 관점을 가져라. 이것은 백과사전에 들어갈 콘텐츠도 내역보고서도 아니다. 여러분 자신과 여러분의 회사를 분야 전문가로 만들어 줄 문제를 앞에 두고 관점을 선택하는 것을 두려워하지 마라. 마커스 셰리든과 리버 풀스 앤드

스파스가 성공한 데는 마커스와 그의 팀이 콘텐츠를 통해 전달하는 감정과 직설적인 태도도 일조한 것이 사실이다. 사람들은 그런 것을 높이 평가한다.

5. 홍보성 언급을 자제하라. 사업상 이유로 가끔씩 그렇게 할 수는 있다. 그러나 자기에 관한 이야기를 많이 할수록 사람들은 콘텐츠의 가치를 낮게 본다.

6. 분야 최고가 돼라. 아주 초반부터 그런 수준에 도달하기는 힘들겠지만 궁극적인 목표는 분야 최고가 되는 것이다. 무슨 말이냐면, 각자 선택한 틈새 콘텐츠에서 사람들이 찾을 수 있고 활용할 수 있는 최고의 콘텐츠를 제공해야 한다는 것이다. 독자가 여러분의 콘텐츠를 보며 시간을 보내기를 바란다면 그만큼 흥미롭고 가치 있는 내용을 전달해야 한다.

우리가 확인한 성공적인 콘텐츠 비즈니스 사례를 보면 항상 위의 여섯 가지 요소가 존재한다. 따라서 여러분도 콘텐츠 비즈니스 모델을 구축하는 내내 염두에 두고 있어야 한다.

플랫폼 선택하는 법

구독 서비스를 제공하는 회사들이 S&P500 회사들보다 9배 빠르게 성장하고 있다.
왜일까? 제품을 만드는 회사들과 달리 구독 회사들은 고객에 대한 이해도가 높기 때문이다.
행복한 구독자라는 토대는 최고의 경제적 해자가 된다.
_ 티엔 추오Tien Tzuo, 《구독과 좋아요의 경제학Subscribed》 저자

한꺼번에 많은 플랫폼에서 시작하고 싶다는 유혹에 넘어가지 마라. 핵심은 다양화

시키기 전에 하나의 플랫폼에 집중하면서 스스로의 전문성을 다듬어가는 것이다.

콘텐츠 유형 파악하기

—

콘텐츠 마케팅 연구소와 마케팅프로프스Marketing Profs의 조사에 따르면 기업
에서 활용하는 가장 흔한 콘텐츠 유형은 다음과 같다.

- 소셜 미디어 콘텐츠
- 영상
- 블로그 포스트나 기사
- 이메일 뉴스레터
- 오프라인 행사
- 웨비나/온라인 행사
- 백서/전자책
- 인쇄잡지
- 팟캐스트

이는 대부분의 기업이 온갖 종류의 플랫폼에, 거의 모든 유형의 콘텐츠를, 때로는 동시다발적으로 쏟아내고 있다는 뜻이다. 간단히 말해서 좀 더 집중할 필요가 있다. 대다수 콘텐츠 비즈니스 성공스토리는 다음 몇 가지 콘텐츠 유형으로 나뉜다.

- **기사, 블로그, 또는 콘텐츠 중심의 웹사이트.** 콘텐츠 마케팅 연구소를 처음 시작했을 무렵에는 블로그가 주된 오디언스 구축 플랫폼이었다. 처음에는 매주 세 번, 지금은 매일 블로그에 글을 올리고 있다.
- **온라인 뉴스레터 프로그램.** 좋은 예로 작가이자 강연가인 앤 핸들리가 두 달에 한 번씩 발행하는 온라인 뉴스레터 〈토털 앤아키〉가 있다. 글쓰기 실력 향상에 유용한 정보를 담고 있는데 불과 서너 해만에 4만 5,000명이 넘는 구독자를 모았다.
- **영상.** 매주 최소 1회 정기적으로 유튜브 동영상을 올리거나, 트위치

TV에서 정기적으로 생방송하는 것을 의미한다.

- 음성 팟캐스트. 너새니얼 와이트모어 Nathaniel Whittemore 는 매일 아침 팟캐스트를 통해 팬들에게 거시경제와 비트코인 관련 정보를 전달한다. 그의 팟캐스트는 업계에서 가장 인기 있는 암호화폐 팟캐스트로 꼽힌다.
- 인스타그램. 퀸 템페스트 Quinn Tempest 는 매일 올리는 인스타그램 포스팅 덕분에 크리에이트 유어 퍼퍼스 Create Your Purpose 라는 회사를 세웠다.
- 페이스북. 덴마크의 메테 뢰우봄 Mette Løvbom 은 '살라트퇴슨 SalatTøsen (샐러드 아가씨라는 의미)'을 페이스북 중심으로 운영했다. 살라트퇴슨은 지난 5년 동안 10만 명이 넘는 팬을 모았고 아주 인상적인 샐러드 위주 상품들을 만들어냈다.

콘텐츠 비즈니스 전략을 활용하는 회사들은 일단 하나의 콘텐츠 채널을 통해 충분히 많은 오디언스를 모은 다음 다른 영역으로 채널을 확장한다. 그러므로 초기에는 주로 하나의 콘텐츠 채널을 사람들이 흥미를 느낄 유의미한 콘텐츠를 생산하는 데 초점을 맞추는 것이 중요하다.

시행착오

2020년 코로나 19 팬데믹 초기에 마케팅 관련 저자이자 강연자, 사업가인 조셉 자페 Joseph Jaffe 는 〈코로나TV CoronaTV〉를 시작했다. 여러 분야 전문과들과 함께 일상적이지 않은 생활에 어떻게 대처해야 하는가에 대한 이야기를 나누는, 생방송으로 진행되는 쌍방향 쇼였다.

자페는 의도적으로 페이스북, 링크드인, 페리스코프Periscope, 유튜브를 포함한 여러 플랫폼에서 동시에 시작했는데, 어떤 플랫폼이 가장 반향이 큰지를 보기 위해서였다.

내가 처음 콘텐츠 마케팅 레볼루션Content Marketing Revolution 블로그를 시작했을 때도 비슷했다. 나는 트위터, 링크드인, 페이스북에 꾸준히 정보를 올렸다. 유튜브에도 살짝 손을 댔다. 몇 달이 흐른 뒤에 블로그에서 어느 정도 결과를 보기 시작하자 거기에 좀 더 많은 에너지를 쏟았고, 소셜 미디어 채널들은 내 블로그를 널리 퍼뜨리는 용도로 활용했다.

플랫폼을 결정하는 질문

———

플랫폼을 결정하기에 앞서 세 가지 중요한 질문을 고려해야 한다.

첫 번째 질문은 개인적인 것이다.

- 내가 잘하는 이야기 방식은 무엇인가? 나는 어떤 재능과 장기를 가지고 있으며 어떤 사람인가?

때로는 여러분이 선택한 특정 틈새시장의 오디언스에게 적합한 가장 좋은 이야기 방식은 팟캐스트 또는 비디오인데, 정작 여러분은 글쓰기나 디자인을 더 좋아할 수도 있다.

내 경우가 그랬다. 플랫폼만 보면 매주 정기적으로 인터뷰 형식으로 진행되는 팟캐스트가 최적이었을 것이다. 그런데 문제가 있었다. 내가 글쓰기를 더 좋아한다는 점이었다. 그래서 나는 이메일 뉴스레터를 핵심 채널로 키우는 데 초점을 맞췄다. 말하자면 자신이 좋아하는 콘텐츠 제작 방식을 아는 것이 중요하다.

다음 두 가지 질문은 도달 가능성 및 통제 가능성과 관련되어 있다.

- 어떤 채널이 타깃 오디언스에게 도달할 최고의 기회를 제공할까?(도달 가능성)
- 어떤 채널이 콘텐츠를 보여주고 오디언스를 확보하는 데 최고의 통제권을 줄까?(통제 가능성)

〈도표 9.1〉에 나온 표를 보자.

브라이언 클라크의 카피블로거는 자체 보유 채널인, 워드프레스 사이트에 대해 무제한에 가까운 통제권을 가지고 있다. 동시에 카피블로거 웹사이트는 자연스럽게 트래픽을 유발하는 또 다른 플랫폼 안에 거주하고 있지 않기 때문에, 콘텐츠로 사람들을 끌어들일 자체 시스템을 구축할 필요가 있다. 교사를 대상으로 한 대표적인 정보 사이트로 꼽히는 티치 베터도 마찬가지다. 역시 워드프레스를 사용하여 플랫폼을 구축했다.

반면 팟캐스트 〈안트러프러너 온 파이어〉와 유튜브 쇼 〈게임 이론〉은 고정 오디언스를 갖춘 환경에서 콘텐츠를 공개하기 때문에 콘텐츠가 오디언스에게 도달할 가능성은 더 높다.

〈안트러프러너 온 파이어〉는 주로 애플 팟캐스트와 스포티파이를 통해

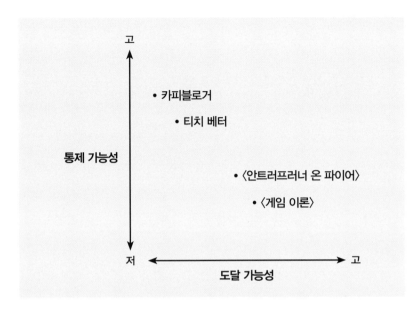

도표 9.1 │ 통제 가능성과 도달 가능성을 가지고 시작하느냐 여부에 따라 전략은 크게 달라질 것이다.

콘텐츠를 공개하는데, 매일 새로운 팟캐스트를 검색하는 수백만 명의 오디언스가 있는 공간들이다. 〈게임 이론〉도 마찬가지다. 타깃 오디언스인 10대들이 이미 매일 유튜브를 들락날락하고 있다. 유튜브를 통해 제공되는 매력적인 콘텐츠를 지속적으로 생산하는 한 〈게임 이론〉은 그곳에서 오디언스를 모으고 키울 수 있다.

　〈안트러프러너 온 파이어〉와 〈게임 이론〉의 문제는 통제권이 거의, 혹은 전혀 없는 플랫폼을 활용한다는 점이다. 게임 이론은 1,300만 명이 넘는 구독자를 확보하고 있다. 정말 대단한 성공이 아닐 수 없다. 그러나 엄밀히 따지면 게임 이론의 진행자이자 브랜드 소유자인 매슈 패트릭이 아니라 유튜브가 이들 구독자와의 관계를 통제한다. 유튜브에서 내일이라도

〈게임 이론〉과 구독자의 소통을 막기로 하거나, 매슈 패트릭의 오디언스에게 〈게임 이론〉 대신 〈퓨디파이〉나 〈더 조 로건 익스피어리언스〉 같은 다른 콘텐츠를 내보내기로 결정할 수도 있다.

이안 헤콕스Ian Hecox와 안토니 파딜라Anthony Padilla 듀오가 운영하는 코미디 채널 〈스모쉬SMOSH〉를 생각해보라. 유튜브에서 선풍적인 인기를 일으키며 2,500만 구독자라는 엄청난 오디언스를 구축한 채널이다. 정기적으로 영상을 올린 지 몇 년 뒤부터 스모쉬는 영상 마지막에 자체 웹사이트인 스모쉬닷컴Smosh.com으로 오라는 메시지를 넣기 시작했다. 자체 웹사이트에서는 자신들이 직접 통제하는 이메일 구독자 가입을 유도할 수 있기 때문이다.

여기서 핵심은 처음에 콘텐츠를 배포하는 핵심 수단으로 통제권이 낮은 채널을 선택하더라도 어느 시점이 되면 해당 플랫폼 구독자를 자체 구독자로 전환하고 싶어진다는 점이다. 채널을 선택할 때 이 점을 명심하라. 한편 웹사이트나 오프라인 행사 같은, 통제권이 높은 채널을 선택하면, 오디언스가 그곳으로 오게 하는 데 훨씬 많은 노력이 필요하다. 따라서 이를 위한 적극적인 계획을 마련해야 한다.

소셜 채널을 조심하라

───

틱톡, 클럽하우스, 페이스북, 링크드인 같은 소셜 채널은 디지털 기록을 남기고 팔로어를 쌓기에 좋은 공간이다. 하지만 이들 회사가 채널 내에서 개인의 '친구관계'를 어떻게 하느냐에 대해 개인은 전혀 통제권이 없다. 예를 들어 지금은 링크드인이 '친구'에게 여러분이 링크드인에 공개하는 모든 콘텐츠를 보여주지만, 링크드인은 끊임없이 알고리즘을 바꾼다. 링크드인의 알고리즘 변경에 따라 수천 명이던 방문자가 다음 날 수십 명으로 줄 수도 있다. 사기업으로서 링크드인은 그렇게 할 전적인 권한을 지니며, 링크드인의 무료 회원인 개인은 아무런 권한이 없다.

페이스북, 트위터, 링크드인, 핀터레스트, 스냅챗, 틱톡, 인스타그램 같은 소셜 채널들은 목표 대상이 어떤 사람들이냐에 따라 플랫폼을 구축할 믿음직한 터전을 제공할지 모르지만, 이런 위험성이 내재한다는 사실도 분명히 인식해야 한다.

사례 : 쌍둥이들의 콘텐츠

2020년 인기를 끌었던 채널 중에 하나는 〈트윈스더뉴트렌드Twinsthenewtrend〉다. 쌍둥이 형제가 자리에 앉아 전에 들어본 적 없는 노래를 듣고, 사람들은 영상을 통해 그들의 반응을 본다. 영상은 거의 매일 업데이트된다.

2020년 7월 27일, 그날의 노래는 필 콜린스Phil Collins의 〈오늘밤 공기 중에In the Air Tonight〉였다. 부디 독자 여러분이 그날 영상을 꼭 보기를 바란다, 특히 4분 56초에 쌍둥이들의 반응을.

그날 영상은 입소문을 타고 엄청나게 퍼졌고, 불과 몇 주 사이에 조회수 400만에 1만 2,000개가 넘는 댓글이 달렸다.

그러나 아시다시피 이런 입소문은 가치 있는 콘텐츠를 장기간에 걸쳐 전달한 뒤에 효과를 본다. 그렇게 입소문이 나기까지 쌍둥이는 1년 넘게 영상을 제작해서 유튜브에 올렸다. 그들이 올린 영상 중에 다수는 조회수가 수백 회에 불과하다. 이제 쌍둥이는 인터넷에서 유명해졌고, 거의 70만 명이나 되는 유튜브 구독자를 모았다.

가장 안전한 방법

모닝 브루Morning Brew나 블리처 리포트Bleacher Report처럼 현재 급성장 중인 미디어 회사, 혹은 버즈피드BuzzFeed 같은 상대적으로 성숙기에 접어든 미디어 플랫폼들을 보라. 심지어 〈뉴욕타임스〉 같은 전통 매체를 살펴봐도 마찬가지다. 이들은 하나같이 소셜 채널을 활용하고 이를 기반으로 오디언스를 확보하는 데는 더없이 능숙하지만, 자신들의 핵심 플랫폼을 소셜 채널에 구축하지는 않는다.

어떤 경우든 그들은 직접 소유하고 있는 웹사이트, 모바일앱, 인쇄물을 만들고, 다른 채널들을 활용하여 사람들이 그곳으로 오게 하고, 그리하여 일회성 방문자를 수익 창출이 가능한 오디언스로 전환할 수 있는 환경을 구축한다.

| 빠듯한 예산으로 팟캐스트 운영하기 |

나는 2013년 이후 팟캐스트를 운영하고 있다. 〈콘텐츠 창업〉과 (로버트 로즈와 함께하는) 〈디스 올드 마케팅〉이 에피소드 500개를 넘겼다니 기쁨이 벅차오른다.

처음 시작했을 때는 하나의 에피소드를 제작하는 데 대략 2시간이 걸렸다. 하지만 지금은 20분 정도 걸린다. 몇 가지 팁을 공유하고 싶다.

1. **좋은 마이크를 구해라.** 세 가지 비결 중에서도 사실상 으뜸일 수밖에 없다. 좋은 마이크는 많은 것을 절약해준다. 나는 오디오-테크니카_{Audio-Technica}에서 만든 AT2020 USB를 사용하는데 정말 마음에 든다. <디스 올드 마케팅>의 공동 진행자인 로버트 로즈는 슈어_{Shure}의 SM58을 가지고 있고, 또 다른 팟캐스터 크리스토퍼 펜_{Christopher Penn}은 AT2100으로 작업을 한다.

2. **오대서티 프로그램으로 녹음하라.** 오대서티_{Audacity}는 무료 녹음 프로그램이다. 편집하고 올리기가 얼마나 쉽게 되어 있는지 모른다. 일단 파일을 만들면, a.wav 파일로 저장하고 역시 무료 프로그램인 레벨레이터 2_{Levelator II}를 통해 돌려보라. 음질을 깨끗하게 해준다. 애플 기기를 가지고 있다면, 오대서티 대신 개러지밴드_{Garageband}라는 프로그램을 사용하면 된다.

3. **립신에서 호스팅하라.** 립신_{Libsyn}은 팟캐스트를 호스팅하고 배포하는 플랫폼이다. 나는 오랫동안 립신을 사용하고 있다. 월 5달러면 기세 좋게 시작할 수 있다. 립신은 개인의 팟캐스트를 애플 팟캐스트, 스포티파이, 오버캐스트_{Overcast}, 스티처_{Stitcher}, 사운드클라우드_{SoundCloud} 유튜브, 아마존 뮤직_{Amazon Music}, 구글 등등에 유포해줄 것이다. 다른 플랫폼으로는 버즈스프라우트_{Buzzsprout}, 팟케이브_{Podcave}, 앵커_{Anchor}, 팟빈_{Podbean}, 캡티베이트_{Captivate} 등을 생각해볼 수 있다.

콘텐츠 유형과 플랫폼

특정 콘텐츠 유형과 스토리텔링 방식에 어울리는 플랫폼과 빈도가 있다. 콘텐츠 사업가들이 가장 많이 사용하는 방식을 소개하고자 한다.

플랫폼	콘텐츠 유형	길이	빈도
블로그	텍스트 + 이미지	500~2,000 단어	주간 혹은 그 이상
온라인 뉴스레터	텍스트 + 이미지	500~2,000 단어	격월간 혹은 그 이상
유튜브	비디오	5~15분	최소 주 1회
팟캐스트	오디오	30~90분	최소 주 1회
페이스북	텍스트, 이미지, 비디오	다양함	매일
핀터레스트	이미지	해당 없음	매일
인스타그램	이미지, 비디오	60초 이하	매일
스냅챗	이미지, 비디오	60초 이하	매일
틱톡	비디오	20초 이하	매일

실제 플랫폼 사례

오픈뷰Openview는 성장 가능성 있는 기술회사에 투자하는 벤처 캐피털 회사다. 오픈뷰는 2009년 콘텐츠 플랫폼을 만들었고, 기사 형식의 콘텐츠를 제작해 정기적으로 구독자에게 온라인 뉴스레터를 제공한다. 현재 오픈뷰 온라인 뉴스레터는 10만 명이 넘는 구독자를 자랑하는데(도표 9.2 참조), 벤처 캐피털 회사치고는 나쁘지 않은 실적이다.

농기계 제조업체인 존 디어는 1895년 〈더 퍼로우〉라는 잡지를 창간했다(도표 9.3 참조). 잡지는 지금까지도 발행되고 있으며 인쇄물과 디지털 형태로 14개 언어로 나와 세계 40개 국가에 배포되고 있다. 〈더 퍼로우〉는 농부들이 끊임없이 최신 기술을 익혀 각자의 농장과 사업을 키울 수

도표 9.2 | 오픈뷰의 온라인 뉴스레터는 10년 역사에 구독자가 10만 명이다.

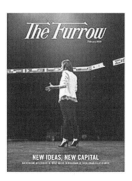

March 2020　　**Feb. 2020**　　**Jan 2020**

도표 9.3 | 존 디어에서 발간하는 잡지 〈더 퍼로우〉는 지구상에서 가장 오래된 콘텐츠 비즈니스 사례다.

있도록 돕는 데 초점을 맞추었다.

2000년대 초 다수의 회사를 설립한 사업가 장-바티스트 뒤켄Jean-Baptiste Duquesne의 〈750g〉은 프랑스 요리 마니아들을 위한 대표적인 요리 레시피 소개 사이트다. 시작하고 5년이 흐른 뒤에 뒤켄은 브라질, 미국, 이탈리아, 에스파냐, 독일까지 사업을 확장했다. 현재 페이스북 팔로어가 400만 명이 넘고, 핀터레스트는 40만 명이 넘지만, 핵심 플랫폼은 자체 사이트인 750g.com이다(도표 9.4 참조).

할리우드 유명인사 기네스 펠트로는 〈굽Goop〉이라는 자체 콘텐츠로 비즈니스를 시작했다. 〈굽〉은 원래는 여행지 추천과 쇼핑 팁을 알려주는 주간 온라인 뉴스레터로 시작되었고, 현재는 800만 명이 넘는 구독자를 확보한 어엿한 미디어 사이트로 발전했다. 특히 〈굽〉은 40퍼센트의 온라인 뉴스레터 열독률을 자랑하는데, 같은 카테고리 평균의 2배 정도 되는 수치다(도표 9.5 참조).

도표 9.4 | 〈750g〉은 프랑스 요리 애호가들을 위한 대표적인 요리레시피 사이트다.

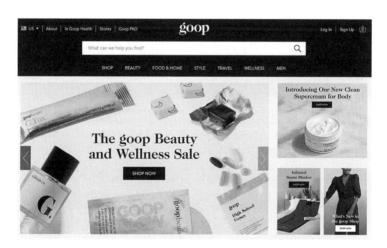

도표 9.5 | 배우 기네스 펠트로의 〈굽〉은 현재 800만 명이 넘는 구독자를 자랑한다.

아이디어 내놓기

위험하지 않은 아이디어는 아이디어라고 불릴 가치가 없다.

_ 오스카 와일드Oscar Wilde

긍정적인 콘텐츠 경험은 자신이 가진 것을 분석한 다음, 오디언스에 관해 취합한 정보와 혼합하는 데서 나온다. 이 두 가지를 심도 있게 이해하지 못한다면 성공하기 어려울 것이다.

《마음을 빼앗는 글쓰기 전략》의 저자 앤 핸들리는 두 가지 이유에서 콘텐츠 비즈니스라는 개념을 신뢰한다. 어느 인터뷰에서 앤은 다음과 같이 말한다.

첫째, 오디언스의 필요를 우선으로 생각하기 때문입니다. 오디언스를 비즈니스 협력자로 본다는 의미에서요. 오디언스 중심으로 생각하는 이런 관점이 마음에 듭니다.

둘째, 콘텐츠 제작은 단순히 마케팅을 위한 것이 아닙니다. 즉 오디언스를 늘리려는 목적에서 계획된 단순한 외부 활동이 아닙니다. 콘텐츠의 묘미는 실제로 그것을 경험하는 개인의 내면을 성장시킨다는 데 있습니다. 동시에 콘텐츠 작성자도 성장합니다. 콘텐츠에 대해 고민하고 작성하는 과정에서 발전하는 것입니다. 콘텐츠를 만들고 오디언스에게 피드백을 받는 과정을 통해 스스로의 비전을 더욱 정교하게 다듬을 수 있을 뿐만 아니라, 결과적으로는 그것을 콘텐츠에 비전을 담아낼 수 있게 됩니다.

대런 로우즈가 카메라 리뷰 사이트로 시작한 디지털 포토그래피 스쿨은 초보 사진사들을 위한 대표적인 교육 플랫폼으로 성장했다. 크리스틴 보어가 배낭여행 블로그로 시작한 〈베어풋 시어리Bearfoot Theory〉는 나중에 세계적으로 유명한 밴라이프 정보 사이트로 발전했다. 월리 코발이 자신의 여행 희망 목록으로 만든 〈우연히 웨스 앤더슨〉은 같은 이름의 베스트셀러 사진집이 되었다.

온라인에서 중요한 정보제공자로 널리 인정받는 이들을 보라. 처음 시작할 무렵의 콘텐츠가 현재 콘텐츠와는 상당히 다른 경우가 많다. 시간이 흐르면서 오디언스의 요구에 한층 부합하는 방향으로 콘텐츠가 진화하기 마련이다. 동시에 콘텐츠 제작자들은 자신만의 스위트 틸트를 찾아가기 시작한다(이미 말한 것처럼 콘텐츠 틸트를 찾기까지는 때로 시간이 걸린다).

경주의 마무리는 당연히 중요하다. 그러나 경주 자체가 더욱 중요하다.

_ 데일 언하르트Dale Earnhardt

당연한 이야기지만 콘텐츠 비즈니스에 성공하려면 콘텐츠를 만들어야 한다. 실제 작업을 하지도 않고 성공을 바랄 수는 없다. 그동안 스위트 스폿을 찾고 어떻게 콘텐츠를 차별화할지 결정하느라 많은 에너지를 쏟은 상황에서, 사람들의 관심을 사로잡는 콘텐츠 아이디어를 꾸준히 내놓는 일이 벅차게 느껴질 수도 있다. 그러나 노력이 차이를 만든다.

대부분의 경우, 콘텐츠 아이디어 개발에 실패하는 이유는 체계적인 계획을 세우지 않기 때문이다. 무작정 컴퓨터 앞에 앉아 영감이 찾아오기를 기다린다고 해결되지 않는다.

'콘텐츠 아이디어 개발 방법'에 대해 정해진 답안지는 없지만 분명한 것은 체계적인 절차가 필요하다는 것이다.

콘텐츠 조사

어떤 종류의 콘텐츠가 필요한가를 결정하기에 앞서 기존 콘텐츠를 전반적으로 파악하고 평가할 필요가 있다. 기존 콘텐츠가 조금이라도 쓸모가 있는지 살피는 것은 물론이고, 향후 콘텐츠 비즈니스 전략을 수행하는 내내 활용할 만한 중요한 '가공 전 콘텐츠'가 있는가도 판단해야 한다.

왜 이런 작업이 중요할까?

그동안 수백 개의 회사와 콘텐츠 관련 작업을 하면서 내가 목격한 안타까운 사례들 때문이다. 새로운 전자책과 백서 등을 내놓기로 하고 프리랜서와 편집자 등을 고용해 작업을 시작했지만, 도중에 자신들이 계획한 콘텐츠의 많은 부분이 이미 만들어졌다는 사실을 확인하고 실망하는 회사들을 수백 번은 보았다. 그런 회사들이 사전에 아주 간단한 콘텐츠 조사를 했다면 귀중한 시간과 돈을 절약할 수 있었을 것이다.

물론 콘텐츠 조사에 많은 비용이 들어갈 수 있다. 하지만 불필요한 콘텐츠를 만드는 데 자원을 낭비하는 것보다는 싸게 먹힐 것이다. 누구나 활용할 수 있는 무료 콘텐츠 조사 템플릿들이 많이 있다. 우선은 쉽고 간단한 것부터 시작해보자.

자신이 가진 핵심 콘텐츠 자산 파악에 초점을 맞춰보자. 관련 스프레드시트는 아마도 아래와 같은 형태가 될 것이다.

콘텐츠 유형	사례	수량	세부내용
텍스트	블로그 글	42	향후 책 제작에 사용 가능
이미지	인스타그램 포스트	194	자체 개발 이미지, 완전한 소유권
오디오	팟캐스트 인터뷰	34	디자인 전문가들과 45분간 인터뷰
비디오	방법 소개 유튜브	5	엔지니어들을 위한 CAD 디자인 강습
전자책	연구 보고서	2	최종 소비자 사용실태에 대한 독점적 보고서

원한다면 얼마든지 상세한 조사를 할 수도 있다. 많은 조직이 구글 애널리틱스Google Analytics, 오비터Orbiter, 스트리밍 프로그램Screaming Frog 같은 도구를 활용하여 자체 웹사이트 내의 콘텐츠 전부를 조사하고 모든 페이지를 분석한다. 이에 대해서는 뒤에서 살펴보도록 하자. 당장은 무엇을 가지고 하면 될지를 알면 된다.

50가지 질문 만들기

———

리버 풀스 앤드 스파스의 마커스 셰리든의 성공은 여러 면에서 주목할 만한 사례다. 마커스가 유리섬유 수영장을 직접 설치해본 경험이 없다는 사실도 그중에 하나다. 리버 풀스 앤드 스파스의 성공 사례를 아는 사람들 대부분은 마커스가 당연히 유리섬유 수영장 설치 전문가일 것이라고 생각하지만 사실은 그렇지 않은 것이다. 그렇다면 그의 성공 비결이자 최고의 콘텐츠 전략은 무엇일까? 바로 경청이다.

마커스는 고객, 직원, 팟캐스트 등에서 하는 말에 귀를 기울인다. 말하자면 마커스는 듣고 배우겠다는 의지로 충만한 훌륭한 학습자다. 충분히 들은 뒤에는 콘텐츠 아이디어를 놓고 브레인스토밍을 한다. "적어도 질문을 50가지 정도는 생각해내야 열심히 했다고 말할 수 있습니다." 마커스의 말이다. "일주일에 두 번 글을 올린다면, 50개면 1년 치가 전부 해결되는 셈입니다."

노트를 펼치고 오디언스가 궁금해 할 질문 목록을 작성하라. 이 시점에는 틀린 답이란 없다. 중간에 멈추거나 수정하지 마라. 무작정 질문들을 써내려가라. 50개를 채운 다음 휴식을 취하라. 얼마쯤 시간이 흐른 뒤에 작성한 목록을 다시 보면서 보석들을 골라내라.

의식의 흐름에 따라 글쓰기

———

《어쩌다 천재 Accidental Genius》의 저자 마크 레비Mark Levy에게 '프리라이팅 freewriting' 특강을 받은 적이 있다. '의식의 흐름 글쓰기'라고도 하는 프리라이팅은 일정 시간 동안 철자법은 물론이고 주제조차 신경 쓰지 않고 글을 써 내려가는 기법이다. 마크는 이 방법을 활용하여 제작자가 자신의 마음속에 있는 날것 그대로의 콘텐츠를 끌어내도록 한다.

《구원으로서의 글쓰기 The True Secret of Writing》의 저자 나탈리 골드버그 Natalie Goldberg는 다음과 같이 프리라이팅 규칙을 요약했다.

- 제한시간을 정하라. 정해진 시간 동안 글을 쓰고 멈춰라.
- 정해진 시간 내에는 쉬지 말고 손을 움직여라. 손놀림을 멈추고 허공을 바라보거나 지금까지 쓴 내용을 읽는 행동은 하지 마라. 빠르게 쓰되 서두르지는 마라.
- 문법, 철자법, 구두점, 적절성이나 문체 등에 전혀 신경 쓰지 마라. 자신 외에는 누구도 읽을 필요가 없는 결과물이다.
- 주제를 벗어나거나 아이디어가 동나도 아랑곳하지 않고 계속해서 글을 써라. 필요하다면 말도 안 되는 소리를 지껄여도 되고 두서없이 떠오르는 내용을 써도 무방하다. 그도 아니면 낙서라도 해라. 중요한 것은 손을 놀리지 않고 움직이게 해줄 무엇이든 해라.
- 쓰는 동안 지루하거나 불편함을 느낀다면, 자신을 괴롭히고 신경 쓰이게 하는 것이 무엇인지 스스로에게 물어보고, 그것에 대해 써라.
- 시간이 다 되면 그때까지 쓴 내용을 훑어보고, 다음 프리라이팅 시간에 계속하거나 다듬을 가치가 있다 싶은 아이디어나 문구가 있는 구절에 표시를 해라.

구글 알리미로 재미나게 놀기

———

구글 알리미Google Alerts는 개인이 관심 있는 키워드와 관련된 웹콘텐츠가 나오면 이메일을 통해 자동으로 알려주는 무료서비스다(구글 계정만 있으면 된다). 예를 들어 온라인 게임 마인크래프트에 관한 콘텐츠에 관심이 있다면 구글 알리미에 마인크래프트 팁이나 홍보기사 같은 새로운 페이지가 구글에 떴을 때 알려주도록 신청할 수 있다.

일단 원하는 콘텐츠가 나오면 일간, 혹은 주간 단위로 알림을 받을 수 있다. 알리미를 통해 받는 자료들도 아이디어를 얻는 데 도움이 된다. 구글 트렌드 역시 이런 자료를 얻을 더없이 좋은 정보 제공처다.

해시태그

———

구글 알리미가 그렇듯이 업계에서 사용하는 다수의 해시태크 역시 새로운 콘텐츠 아이디어에 등불이 되어줄 수 있다.

예를 들어 요즘 웹에서는 'B2B 마케팅business-to-business marketing'에 관해 많은 이야기가 오간다. 이에 맞는 해시태그는 '#b2bmarketing'일 것이다. 트윗덱Tweetdeck 같은 도구를 활용하여 트위터를 검색하거나 링크드인, 페이스북, 인스타그램 등을 검색함으로써, 소셜 미디어 안에서 어떤 주제를 중심으로 대화들이 오가는지 모니터할 수 있다. 다른 유료 도구들로는 브랜드24 Brand24, 스프라우트 소셜, 브랜드멘션스닷컴 Brandmentions.com 등이 있다.

사이트 웹로그 분석 활용

만약 제이 베어가 자기 웹사이트의 트래픽을 분석하지 않았다면, 이메일 마케팅이 아니라 소셜 미디어를 다뤄야겠다는 콘텐츠 틸트를 결코 발견하지 못했을 것이다. 제이 베어는 웹로그 분석을 통해 소셜 미디어에 관한 글을 게재하고 나면 이메일 마케팅에 관한 글을 올렸을 때보다 웹트래픽이 2배에서 3배까지 증가한다는 것을 알았다.

일주일 단위로 로그 분석을 하라. 이를 통해 사람들이 가장 관심을 가지는 것이 무엇인지, 그들이 어떻게 여러분의 콘텐츠를 찾아내는지를 파악하라. 당연히 오디언스가 중요하게 생각하는 콘텐츠를 늘려가야 한다.

수백 가지 로그 분석 방법이 있지만 구글 애널리틱스는 무료이면서 웹사이트에서 구동하기에도 비교적 쉬운 편이다.

직원과의 대화

콘텐츠 제작을 도와달라고 하면 겁부터 먹고 움츠러드는 직원이 많다. 편집 과정에서 많은 작업이 이루어진다는 사실을 이해하지 못하기 때문에 나오는 반응이다. 사실 우리가 직원들에게는 기대하는 것은 다듬어지지 않은 '날 것 그대로'의 콘텐츠다. 직원들이 각자가 전문성을 가지고 있는 주제에 대한 정보를 주면 된다.

편집 과정에서 표현이 '매끄럽게 다듬어진다'는 사실을 분명하게 알려 직원들을 안심시켜야 한다. 또한 직원들이 편하게 자신의 생각을 표현할 분위기를 만들고 손쉬운 방법들을 제공하라.

- **녹음하기.** 50가지 질문이나 프리라이팅 연습에서처럼 직원들이 고민을 털어놓게 하라. 직원들과 모여 커피를 마시면서 대화를 녹음하라. 굳이 직원들에게 글을 쓰라고 하지 않고 어떤 고민이 있는지 이야기만 나눠도 된다. 이런 간단한 자리에서도 금방 10여 개가 넘는 콘텐츠 아이디어를 얻을 것이다.
- **글이나 도표로 표현하기.** 직접 얼굴을 보고 말하기를 힘들어하는 직원도 있을 수 있다. 그런 경우 말하고 싶은 내용을 생각해보고 핵심 문구나 콘셉트를 포스트잇에 써달라고 하라. 혹은 포스트잇에 그려도 된다. 장문의 글을 쓰기 전에 생각들을 정리하는 데도 좋은 방법이다.

소셜 네트워크에 물어라

너무 자주 쓰는 것은 좋지 않겠지만 각자의 소셜 네트워크에 묻는 것도 도움이 된다. 특히 특정 분야에 관한 것일 때는 이런 방법이 효과적이다. 지금 여러분이 다른 주제가 아니라 '콘텐츠 비즈니스'에 관한 책을 읽고 있는 것도 내가 받은 소셜 네트워크 메시지와 관련이 있다. 내 소셜 네트워크에서 단연코 가장 많이 요청한 정보가 콘텐츠 비즈니스 아이디어였기 때문이다.

다량의 콘텐츠를 생산하는 많은 블로거가 콘텐츠 아이디어를 기록하는 용도로 에버노트 Evernote 앱을 사용한다. 에버노트는 일기 작성용으로 개발된 애플리케이션으로 스마트폰, 태블릿 등등 모든 기기와 동기화가 가능하다. 〈디스 올드 마케팅〉과 함께 팟캐스트를 진행하는 로버트 로즈는 에버노트를 써서 새로운 아이디어와 스토리들을 기록한다.

마인드젯 Mindjet(지금은 마인드매니저 MindManager라고 불린다) 같은 마이드맵 소프트웨어를 활용해 콘텐츠 관련 아이디어를 시각적으로 기록하는 방법을 선호하는 사람도 있다. 나와 같이 《콘텐츠 마케팅 파워 Get Content Get Customers》를 집필한 뉴트 베렛 Newt Barrett은 책의 각 장에 대한 아이디어를 마인드젯을 이용해 정리했다. 차례나 사례 같은 세부사항까지도.

그런가 하면 '플랫폼'이라는 블로그를 운영하고 같은 제목의 저서도 출간한 마이클 하얏트는 매킨토시용 저작 도구인 스크리브너 Scrivener를 격찬한다. 스크리브너는 시나리오 작가들이 주로 이용하는 도구지만, 최근에는 블로거들 사이에서도 점점 인기를 끌고 있다.

개인적으로 나는 몰스킨 공책을 이용해 모든 아이디어 발상을 기록한다.

콘텐츠와 상관없는 책을 읽어라

나도 이따금 창조적 에너지가 바닥나는 경우가 있다. 이때는 당장 관심을 가져야 할 주제에 도무지 집중할 수가 없다. 최후의 방법은 콘텐츠와는 전혀 상관없는 책을 집어 드는 것이다.

좋은 책을 읽는 동안에 가장 좋은 콘텐츠 아이디어가 떠오른다는 것을 항상 느낀다. 로버트 하인라인Robert Heinlein의 《낯선 땅의 이방인Stranger in a Strange Land》이나 《앵무새 죽이기To Kill a Mockingbird》, 《은하수를 여행하는 히치하이커를 위한 안내서The Hitchhiker's Guide to the Galaxy》 같은 고전 작품을 강력 추천한다.

독서할 시간이 없다면 글을 쓸 시간(혹은 도구)도 없다. 지극히 단순한 이치다.

_ 스티븐 킹

지속적인 콘텐츠를 향한 일정

당신은 모든 것을 가질 수 있다. 다만 동시에 가질 수 없을 뿐이다.

_ 오프라 윈프리Oprah Winfrey

콘텐츠 비즈니스 프로그램이 효과가 있으려면, 꾸준히 사람들 앞에 등장해야 하고 흥미로워야 한다.

오랫동안 나는 상품이나 서비스가 아니라 콘텐츠와 오디언스를 중심으로 사업을 시작하는 데 가장 중요한 요소로 콘텐츠 양의 꾸준함에 대해 이야기해왔다. 이는 내가 직접 진행한 콘텐츠 비즈니스는 물론이고 이 책에 소개된 모든 사례에 똑같이 적용되는 원칙이다.

이런 꾸준함에는 두 가지 측면이 있다. 설명해보겠다.

어려서 나는 매주 목요일 NBC에서 방영하는 인기 쇼 〈치어스Cheers〉를 봤는데, 보스턴에 있는 어느 술집과 그곳 사람들 이야기다. 주요 등장인물

중에 하나로 놈 피터슨Norm Peterson이 있다. 모두가 놈을 좋아한다. 어찌나 인기가 있는지 놈이 술집에 들어서면, 다른 모든 손님이 놈의 이름을 소리쳐 부르는 식이다.

왜 모든 사람이 놈을 좋아할까? 첫째로 놈은 매일 똑같은 시간에 모습을 드러냈다. 사랑을 받으려면 사람들 앞에 등장해야 한다. 둘째로 놈은 항상 재미난 이야깃거리를 가지고 있다. 그야말로 매번.

놈의 등장은 보통 이런 식이다.

놈 : 좋은 오후예요, 여러분.

술집의 모든 사람 : 놈!

바텐터 혹은 손님 : 요즘 살기가 어떠세요?

놈 : 살기가 등등하지.

놈은 이런 재미난 말장난을 273가지 버전으로, 즉 〈치어스〉 전체 에피소드 횟수만큼 보여준다. 콘텐츠 비즈니스 전문가로서 대단해지려면, **일단 사람들 앞에 등장해야 한다. 그리고 재미있어야 한다. 매번.** 앞에서 소개한 것처럼 앤서니 파사노는 엔지니어링 매니지먼트 인스티튜트라는 놀라운 콘텐츠 기업을 만들었다.

앤서니는 이렇게 말한다.

콘텐츠를 공개할 때 꾸준함은 절대적으로 중요합니다. 사실 꾸준함은 우리 삶 전체에서 더없이 중요하지요. 예를 들어 헬스클럽에 한 달에 한 번 가는 것은 도움이 되지 않습니다. 한 주에 여러 번 간다면, 도움이 되지요. 한 달에 한 번 잘 먹어서는 건강에 도움이 되지 않습니다. 콘텐츠도 마찬가지입니다. 만약 여러분이 창조적인 욕구가 동할 때마다, 가끔씩 팟캐스트를 한다면, 너무 무작위라서 누구에게도 진정한 도움을 주기 힘듭니다. 전략이랄 것이 없는 셈이지요.

억지로라도 해야 합니다. 그렇게 하지 않으면 규칙적인 리듬을 탈 수 없으니까요. 여러분의 오디언스는 가치 있는 무언가를 꾸준하게 얻는다는 느낌을 받지 못할 테고, 사람들에게 감동을 주고 그들의 삶에 영향을 미치고, 많은 이들에게 도움이 되는 채널을 만들고 싶다는 여러분의 바람도 이뤄지지 않을 겁니다.

꾸준함을 일종의 리듬으로, 심장박동 같은 리듬으로 생각하라. 심장박동은 결코 멈추지 않으며, 거의 같은 속도를 유지한다. 약간 빨라지거나 살짝 느려질 때가 있지만 언제나 한결같이 뛰고 있다.

"얼마나 자주(리듬) 콘텐츠를 공개하고 싶은지를(꾸준함) 결정하고 정한 대로 지켜야 합니다(규칙)." 넥스트레벨임팩트Next Level Impact, NXTLI의 데니스 둘란트Denis Doeland의 말이다. "이것은 진정한 도전이지요. 리듬과 꾸준함, 규칙의 결합을 사람들은 종종 과소평가합니다."

꾸준함을 위한 계획

어떤 일을 해온 기간, 빈도, 숙련도에 상관없이 모든 사람은 일상적인 업무를 완수할 '보다 좋은 방법'을 원하지만, 현실적으로 그런 방법을 찾기란 쉽지 않다. 그래도 사람들은 끊임없이 새로운 도구를 살펴보고, 새로운 기술을 실험하고, 새로운 정보를 찾아다닌다. 사람들의 그런 바람 덕분일까. 업무에 들어가는 시간과 에너지를 절약하고, 성과는 높이는 혁신적 방법들이 끊임없이 등장한다. 이런 업무 혁신 방법은 사실 요즘 우리가 거래하는 상품이기도 하다. 목적은 디지털로 움직이는 사회가 지속적으로 발전하며 앞으로 나아가는 것이다.

언제나 콘텐츠 마케터들의 무기 창고 한 쪽을 차지하고 있는 더없이 듬직한 도구인 콘텐츠 편집 일정표도 예외가 아니다. 발표할 콘텐츠를 기록하는 간단한 스프레드시트에서 조직의 콘텐츠 마케팅 프로그램 전체를 관리하는 핵심 요소로 그 위상이 바뀌고 있다.

콘텐츠 창업과 비즈니스에 성공한 모든 콘텐츠 제작자들은 한 가지 공통점이 있다. 바로 콘텐츠 일정표를 꾸준하게 운용한다는 것이다. 우리도 시작해보도록 하자.

기본 사항 점검

———

콘텐츠 제작 과정에서 기본이 되는 정보를 모으는 데서 시작하자. 지금쯤은 이미 이런 정보를 많이 가지고 있을 테지만, 이런 연습은 과정을 공식화한다는 의미가 있다.

다음 질문에 답을 해보면, 일정표에서 어디에 중점을 두어야 할지 판단하기 유용할 뿐만 아니라 구체적인 콘텐츠 제작 계획을 짜는 동안에도 중심을 잃지 않고 마케팅 목표에 집중할 수 있다.

- **누구를 위한 콘텐츠를 제작하는가?** 타깃 오디언스를 최우선으로 생각하면서 일정표를 작성해야 한다. 콘텐츠 마케팅을 통해 어떻게 오디언스의 욕구를 충족시킬 것인가를 계획하는 과정에서 이런 마음가짐은 필수다.

- **왜 콘텐츠를 제작하는가?** 콘텐츠 마케팅 미션과 목표는 어떤 콘텐츠를 어떤 채널에 얼마나 자주 발표할 것인가는 물론이고 구체적인 제작 과정에서 우선순위는 무엇인지, 준비, 분류 접근 방법에도 영향을 준다. 대부분 콘텐츠의 성공은 구독자 확보 또는 유지를 기반으로 한다(이에 대해서는 오디언스 구축을 다룬 장들을 참조하기 바란다).

- **활용가능한 인력은 어떻게 되는가?** 작가와 영상 제작자로 이루어진 실무를 담당하는 팀, 지식과 통찰을 나누고 싶어 하는 업계 전문가 집단, 콘텐츠 제작과 관련하여 지원을 해줄 소수의 임원들이 있을 수도 있다. 혹은 달랑 자신 혼자만 있을 수도 있다. 어느 쪽이든 콘텐츠 형식, 발표 빈도수, 전반적인 작업 흐름 등은 누가 글을 쓰는지, 그의 전문성은 어디에 있는지에 좌우될 가능성이 높다.

- **어떻게 눈에 띄게 할까?** 제작할 콘텐츠가 그동안 해결되지 못하던 업계의 고충을 해결할 수 있을까? 현재 여러분 혹은 경쟁자들이 제작하는 콘텐츠로 채워지지 않는 틈새는 어떤 것들이 있는가? 콘텐츠를 추가적으로 노출할 기회가 되는 업계 행사에는 어떤 것들이 있는가? 1년을 통틀어 생각해보자. 여러분이 오디언스의 관심을 끄는 주인공이 될 수 있는 곳이 어디인가를 알면, 사업 목표 달성에 도움이 될 인상적인 콘텐츠로 편집 일정표를 채우는 데도 도움이 될 것이다.

〈쇼트미니스테리트Schøtministeriet(쇼트 내각이라는 의미)〉는 정치적 올바름과 그렇지 못함에 관한 쇼다. 덴마크 스탠드업 코미디언 미카엘 쇼트 Michael Schøt는 매주 금요일 저녁에 새로운 에피소드를 공개한다. 미카엘은 350주 연속 이런 작업을 해왔고, 페이스북에 10만 명이 넘는 팔로어를 확보했다.

쇼의 형식은 엄격한 틀을 따른다. 〈쇼트미니스테리트〉의 모든 에피소드는 항상 똑같은 요란한 팡파르로 시작하고 무대 배경도 한결같다. 쇼트는 항상 흰색 셔츠에 검은 넥타이를 하고 탁자 뒤에 앉아 있다. 그리고 모든 에피소드는 똑같은 문구로 끝이 난다. "그리고 신께서(삐 소리로 처리된다) 내 벌거벗은 엉덩이를 구원할지어다." 에피소드 길이는 6분에서 10분 사이다.

콘텐츠 일정표 만들기

콘텐츠 일정표 만들기를 도와줄 유료 또는 무료 일정관리 도구가 많다. 몇 개만 예를 들어보자면 다음과 같다.

- MS 엑셀, 구글시트 혹은 다른 스프레드시트 도구들
- 에버노트
- 아고라펄스Agorapulse
- 트렐로Trello
- 룸리Loomly
- 스프라우트 소셜

- 디비 HQ Divvy HQ

인터넷 마케팅 회사 스트레이트 노스Straight North에서 일하는 작가 샤나 말론Shanna Mallon은 회사 영업주기에 맞춘 콘텐츠 일정표를 만드는 쉽고 빠른 방법에 관해 몇 가지 의견을 제시한다. 가장 기본적인 수준에서 편집 일정표에는 다음과 같은 사항이 포함되어야 한다.

- 콘텐츠 가공/제작이 완료되는 날짜
- 콘텐츠 게시 날짜
- 콘텐츠 주제 또는 표제
- 콘텐츠 저자
- 콘텐츠 소유자. 즉 콘텐츠 구상부터 게시, 홍보까지 전체 과정 진행을 책임지는 사람
- 콘텐츠 현황(게시 주기에 따라 업데이트)

회사가 택한 틈새 콘텐츠와 편집 미션, 팀의 작업 흐름, 작업하려는 콘텐츠 형식과 플랫폼, 제작하려는 콘텐츠의 분량 등에 따라 아래 요소들 역시 기록해두는 편이 좋을 수도 있다. 장기간에 걸쳐 체계적으로 준비하고 일정대로 진행하는 데 도움이 될 것이다. 예를 들자면 아래와 같다.

- **콘텐츠를 게시할 채널.** 블로그, 웹사이트, 이메일 뉴스레터 같은 직접 소유한 채널만을 포함시킬 수도 있고, 유료 채널과 소셜 미디어 채널까지 확장할 수도 있다.

- 콘텐츠 유형. 블로그 포스트인가? 동영상? 팟캐스트? 원본 이미지? 제작 콘텐츠의 활용도를 높이기 위해서 일정 시점이 되면 다른 유형으로 바꾸는 작업을 고려할 수도 있다. 시작 단계부터 확보하고 있는 자산 유형에 주의를 기울이면 향후 작업에 도움이 된다.

- 시각자료. 자산 이야기가 나왔으니 말인데 시각자료가 콘텐츠에 더해 주는 매력을 명심해야 한다. 소셜 미디어 등을 통한 공유 가능성은 물론 브랜드 인지도와도 연결된다는 면에서도 그렇다. 콘텐츠 작업에 포함시킨 표지 이미지, 로고, 삽화, 도표 같은 시각자료들을 살펴보면, 누가 봐도 알 수 있는 개성과 브랜드 정체성을 갖는 결과물을 만들기가 한결 수월해진다.

- 주제 카테고리. 카테고리 분류를 해두면 일정표 검색이 더욱 쉬워진다. 목표했던 특정 주제에 대해 기존에 얼마나 많은 콘텐츠가 작성되었는지, 충분히 다루지 않은 주제는 어떤 것인지를 확인하고 싶을 때 특히 유용하다.

- 키워드, 해시태그, 기타 메타데이터. 메타데이터에는 검색 결과에서 제목 옆에 나오는 150자 미만의 콘텐츠 설명인 메타디스크립션metadescription과 SEO(검색 엔진 최적화) 타이틀 등이 포함되는데(제목과 다를 경우), 콘텐츠 제작에 적합한 SEO 작업이 가능하도록 해준다.

- URL. 웹페이지 주소를 기록해 보관하면, 온라인 콘텐츠 조사 내용을 지속적으로 업데이트하거나 예전 콘텐츠를 새로운 콘텐츠와 연결시킬 때 편리하게 사용할 수 있다.

- 행동 촉구. 이메일 구독 신청, 회원 등록 같은 고객의 즉각적인 행동을 요구하는 내용(call to action, 줄여서 CTA)을 일정표에 포함시키

면, 만들어내는 모든 콘텐츠가 회사의 마케팅 목표와 조화를 이루도록 하는 데 도움이 된다.

- **오디언스가 얻는 이익.** 일정표에서 내가 제일 좋아하는 부분이 아닌가 싶다. 일정표에 독자에게 돌아가는 이익을 명시하는 것은 다수의 콘텐츠 제작자와 함께 일하는 경우에 특히 중요하다. 이익에 관심을 기울인다는 것은 오디언스 여러분의 콘텐츠에서 얻었으면 하는 것을 구체화한다는 뜻이다. 지금보다 나은 일자리를 얻는 것인가? 특정 업무를 배우는 것? 어떻게든 좀 더 나은 삶을 사는 것? 이를 기록해두면, 콘텐츠 제작자들이 오디언스 관점에서 콘텐츠의 진정한 목적을 이해하는 데 도움이 된다.

하나가 아니라 여러 종류의 편집 일정표를 작성하는 것도 유용하다. 예를 들어 전체를 한눈에 볼 수 있는 종합 일정표를 만들고, 특정 작업과 관련된 별도의 일정표를 두는 식이다(도표 11.1).

일정표 채우고 관리하기

앞장에서 이야기한 것처럼 콘텐츠 아이디어 구상은 지속적으로 해야 하는 중요한 과정이다. 콘텐츠 아이디어를 정교하게 다듬는 동안 콘텐츠 일정표에 추가해두라. 스프레드시트 일정표에 진행 중인 아이디어 리스트를 적어두면 뭔가 영감이 필요한 경우 활용할 수 있는 참고자료가 된다.

이번에도 역시 스프레드시트에 들어갈 필드field는 각자의 필요에 따라

	저자	표제	진행 상황	행동 촉구	카테고리	기타
2014년 11월 첫째 주						
11월 3일, 월요일						
11월 4일, 화요일						
11월 5일, 수요일						
11월 6일, 목요일						
11월 7일, 금요일						
11월 8일, 토요일						
11월 9일, 일요일						
2014년 11월 둘째 주						
11월 10일, 월요일						
11월 11일, 화요일						
11월 12일, 수요일						
11월 13일, 목요일						
11월 14일, 금요일						
11월 15일, 토요일						
11월 16일, 일요일						
2014년 11월 셋째 주						
11월 17일, 월요일						
11월 18일, 화요일						
11월 19일, 수요일						
11월 20일, 목요일						
11월 21일, 금요일						
11월 22일, 토요일						
11월 23일, 일요일						
2014년 11월 넷째 주						
11월 24일, 월요일						
11월 25일, 화요일						
11월 26일, 수요일						
11월 27일, 목요일						
11월 28일, 금요일						
11월 29일, 토요일						

도표 11.1 | 콘텐츠 일정표가 꼭 복잡해야 효과적인 것은 아니다.

달라지지만 우리가 추천하는 최소한을 이야기하자면 다음과 같다.

- 주제 아이디어
- 아이디어 발의자
- 콘텐츠가 지향하는 목표 키워드와 카테고리
- 시간과 자격을 고려했을 때 해당 콘텐츠 작성자로 누가 적임자인가?
- 콘텐츠를 게시하기까지 기간

맨티스 리서치Mantis Research 공동 창업자 미셸 린Michele Linn은 콘텐츠 스프레드시트에 추가할 탭에 다음과 같은 것들을 포함시키라고 조언한다.

- 신규 콘텐츠 안에서 구독자 신청 같은 CTA용으로 활용 가능한 기존의 듬직한 '토대' 콘텐츠(독자의 관심을 끄는 데 활용할 다운로드 가능한 전자책이나 백서)
- 용도에 따라 여러 개의 콘텐츠로 사용이 가능한 콘텐츠 아이디어
- 콘텐츠 큐레이션이 가능한 콘텐츠

| 콘텐츠 제작 속도 |

페이스북 전문가 존 루머Jon Loomer가 콘텐츠 비즈니스 모델을 시작했을 때, 그는 1년에 350개의 포스트를 만들어냈다. 두 번째 해에는 결과물을 250개 포스트로 줄였다. 3년째가 되자 독창적인 콘텐츠 100개로 줄였다.

핵심은? 오디언스를 확보해가는 동안 존은 최대한 많은 콘텐츠를 제작해야 최대의 효과가 나오는 것은 아니라는 점을 깨달았다. 각자가 구축하고 있는 플랫폼에 따라 다르겠지만 콘텐츠가 많다고 해서 항상 자원을 최대한으로 활용하는 것은 아니다.

우리의 목표는 항상 최대의 결과물을 끌어낼 최소한의 콘텐츠를 생산하는 것이어야 한다.   _로버트 로즈

미리 계획하기

─────

일정표와 관련하여 자주 하는 질문은 타이밍에 관한 것이다. 정확히 얼마나 미리 편집 일정표를 준비해야 하는가? '정답'이 따로 있는 것은 아니지

만 콘텐츠 팀들은 일반적으로 다음과 같이 한다.

- 1년에 한 번 만나 전반적인 방향과 편집 전략을 논의한다. 이를 통해 회사 미션과 일치하는 콘텐츠 방향에 대한 감각을 가질 수 있다.
- 분기별로 만나 다음 분기에 필요한 콘텐츠 주제를 정리한다. 전체적인 콘텐츠를 고르고, 주별 주제, 기고자, 작성 일정을 구체적으로 정한다.
- 매주 회의를 갖고 필요한 경우 일정에 변화를 준다. 시의성 있는 신규 콘텐츠를 끼워 넣거나 실시간 마케팅이라고 하는 업계 뉴스를 활용하는 등의 작업이 이루어진다.

유능한 편집팀은 다음 달에 발표할 콘텐츠에 대해서는 충분히 좋은 아이디어를 가지고 있고, 향후 2주에 걸쳐 발표할 콘텐츠에 대해서는 정확하게 알고 있다. 개인이든 팀이든 향후 작성할 콘텐츠를 모른다면, 제작 일정에 차질이 생길 우려가 높고, 결과물도 만족스럽지 않을 가능성이 높다. 이런 상황은 결국 사업 모델 자체에 악영향을 미칠 것이다.

역할 분담이 중요하다

우리 중에 누구도 우리 전체만큼 똑똑하지는 못하다.
_ 켄 블랜처드Ken Blanchard

대부분의 콘텐츠 비즈니스 모델은 한두 사람이 작성한 콘텐츠에서 시작한다. 그러나 모델이 성장함에 따라 콘텐츠 제작을 도울 사람들이 필요하다. 이번 장에서는 그런 사람들을 어디서 어떻게 구할지 살펴볼 예정이다.

콘텐츠 비즈니스 전략을 활용했던 이들과 인터뷰를 해보면 '팀'을 이야기하는 사람은 거의 없었다. 사업을 시작하려고 애쓰는 외로운 사업가가 있을 뿐이었다. 나와 콘텐츠 마케팅 연구소도 분명 그랬다. 브라이언 클라크의 카피블로거, 인스타그램의 퀸 템페스트, 치킨 위스퍼러, 엔지니어링 매니지먼트 인스티튜트의 앤서니 파사노도 마찬가지였다.

그러나 단순한 취미 중심 사업을 넘어 성장 기업으로 꽃을 피울 플랫폼을 구축하려면, 확장성이 핵심이다. 다음 단계로 올라가려면 함께할 팀이 필요하다는 의미다.

어떻게 조직을 구성해야 할까

"콘텐츠 비즈니스에 성공하려면 어떻게 인력을 구성해야 할까?" 규모에 상관없이 모든 회사 사람들에게 항상 듣는 질문이다. 이는 매우 중요한 질문이며, 계획을 세우기가 쉽지 않은 문제이기도 하다. 그래도 우리는 계획을 세워야만 한다. 콘텐츠 비즈니스 조직에 맞는 완벽한 구조란 없다. 타깃 오디언스와 선택한 콘텐츠 틈새 시장에 따라 달라지겠지만, 성공하려면 반드시 필요한 역할들부터 생각해보아야 한다.

아래 제시하는 목록 하나하나를 새로운 직함이 아닌 조직 전체에서 필요한 핵심 역량이라고 생각하라. 보면 알겠지만 이들 '역할' 대부분이 하나의 직함이 아니라 여러 직함을 가진 사람들에 의해 수행될 수 있다.

최고 콘텐츠 책임자(별칭 설립자)

최고 콘텐츠 책임자Chief Content Officer는 전반적인 편집 방향 및 콘텐츠 미션 수립을 책임지는 사람이다. 개별 직원이 콘텐츠를 생산하고 관리하는 작업을 하는 동안, 전체 스토리가 일관성이 있고 오디언스에게 설득력 있게 받아들여지도록 하는 것은 최고 콘텐츠 책임자의 몫이다.

나아가 최고 콘텐츠 책임자는 어떻게 하면 콘텐츠 하나하나가 신규 구독자 모으기, 기존 구독자 유지하기, 수익으로 전환하기 같은 조직의 사업

현안 해결에 기여하도록 할 것인가를 이해해야 한다.

- **예시 직함 :** 최고 콘텐츠 책임자, 설립자, 소유주, CEO, 발행인

편집장

작가 겸 프로젝트 매니저인 편집장은 최고 콘텐츠 책임자를 대신하여 콘텐츠 계획을 수행한다. 최고 콘텐츠 책임자가 전략과 약간의 콘텐츠에 집중하는 반면, 편집장은 콘텐츠 일정 계획까지 포함하여 다른 역할을 맡은 관계자들과 함께 일하면서 스토리가 더욱 생생하게 보이게 만드는 모든 작업을 수행한다.

- **예시 직함 :** 편집장, 편집 주간, 프로젝트 매니저

최고 경청 책임자

최고 경청 책임자Chief Listening Officer, CLO의 역할은 소셜 미디어와 다른 콘텐츠 채널에 '항공 교통 관제소' 같은 역할을 하는 것이다. CLO는 여러 집단의 이야기를 듣고, 대화를 유지하고, 창업자, 편집팀, 혹은 영업팀 등등 관련자들에게 피드백을 전달하기 위해 존재하는 사람이다. 콘텐츠가 고객에게 영향을 미치려면 이런 피드백 구조가 아주 중요하다. 또한 CLO는 블로그 같은 자체 소유 미디어 채널에서 콘텐츠가 어떤 성과를 내고 있는지를 예의주시하고 거기서 얻은 정보를 최고 콘텐츠 책임자와 편집장에게 알려야 한다.

- **예시 직함 :** 소셜 미디어 매니저, 커뮤니티 매니저

오디언스 관리 책임자

오디언스를 모니터하여 모든 콘텐츠 제작자가 오디언스의 특징, 오디언스의 열정에 불을 붙이는 핵심 요소, CTA 등에 익숙해지도록 하는 책임을 지는 사람이다. 또한 오디언스 관리 책임자는 콘텐츠 미션의 발전과 확장에 따라 커지고 세분화되는 (우편물 발송 명단, 이메일 구독, 소셜 미디어 팔로어 같은) 구독 자산을 개발하고 관리하는 일도 책임지고 있다.

- **예시 직함 :** 오디언스 개발 매니저, 콘텐츠 유포 매니저, 구독 매니저

채널 마스터

콘텐츠가 소셜 미디어, 이메일, 모바일, 인쇄물, 대면접촉 등등 어느 방향을 향하고 있든 채널 마스터channel master는 각각의 채널을 최대한으로 활용할 책임을 진다. 링크드인에서는 무엇이 가장 효과적인가? 언제 이메일을 보내야 하고, 얼마나 자주 보내야 하는가? 회사에서 트위터에 배포하는 자체 제작 콘텐츠 대 큐레이션 콘텐츠의 적절한 비율은 얼마인가? 모바일 분야 전략과 실행 현황을 기록하고 파악하는 사람은 누구인가? 회사 채널 마스터가 파악하고 답해야 하는 질문은 이외에도 많다.

- **예시 직함 :** e-미디어 매니저, 분석 총괄 책임자

수석 기술자

오늘날은 마케팅과 정보기술이 긴밀하게 결합되어 굴러가는 세계다. 그러므로 정보기술을 콘텐츠 마케팅 과정에 적절하게 활용하는 방안을 전담하는 사람이 적어도 한 명 이상은 있어야 한다. 이런 역할을 맡은 사람은 웹사이트의 인프라, 이메일 시스템, 이들의 통합 방식 같은 콘텐츠 게시

체계 전체를 책임진다.

- **예시 직함** : e-미디어 매니저, IT 매니저, 웹서비스 매니저

크리에이티브 디렉터

시각적인 부분이 강조되는 소셜 채널이 구독자를 끌어들이고 유지하는 데서 점점 중요한 수단으로 부각되고 있다. 따라서 콘텐츠의 내용뿐만 아니라 디자인과 외관도 이전보다 훨씬 중요해졌다. 크리에이티브 디렉터는 웹사이트, 블로그, 이미지, 사진, 그 밖의 회사에서 제작하는 부대 자료를 포함한 모든 콘텐츠의 전반적인 외관과 느낌을 책임진다.

- **예시 직함** : 크리에이티브 디렉터, 그래픽 디자인 매니저

인플루언서 관리

과거 언론홍보를 관리하던 역할은 각종 채널에서 영향력을 발휘하는 인플루언서를 관리하는 역할로 발전했다. 이런 역할을 맡은 사람은 '핵심 인플루언서' 목록을 만들고, 그들과 직접적인 관계를 유지하고, 그들을 가장 효과적인 방법으로 마케팅에 활용하는 등의 업무를 책임진다.

- **예시 직함** : 홍보 매니저, 마케팅 총괄책임자, 커뮤니케이션 매니저

프리랜서 및 에이전시 관리

콘텐츠 수요가 질적으로 진화하고 양적으로도 증가함에 따라 프리랜서와 외부의 콘텐츠 판매자에 대한 의존도 높아질 것이다. 따라서 조직들은 자체적인 전문 콘텐츠 팀과 네트워크를 육성할 필요가 있다. 이들과 비율이며 책임에 대한 협상을 벌여 결과적으로 팀의 모든 구성원이 콘텐츠 비즈

니스 프로그램을 위해 일사분란하게 움직이게 하는 것이 이 역할을 맡은 사람의 책임이다.

- **예시 직함:** 편집장, 프로젝트 매니저

콘텐츠 큐레이션 책임자

콘텐츠 자산을 개발하다 보면 이들 콘텐츠를 재포장하여 다른 용도로 활용할 놀라운 기회들을 갖게 된다. 콘텐츠 큐레이션 책임자의 역할은 조직에서 생산되는 온갖 콘텐츠 자산을 끊임없이 살피면서 기존 콘텐츠를 이용해 새로운 콘텐츠를 구성할 전략을 짜는 것이다.

- **예시 직함:** 소셜 미디어 총괄책임자, 콘텐츠 큐레이션 전문가, 콘텐츠 총괄책임자

| 〈게임 이론〉의 콘텐츠 운용 방식 |

〈게임 이론〉의 창업자 매슈 패트릭은 아무것도 없는 상태로 시작해서 800만 명이 넘는 구독자 오디언스를 확보했다. 매슈는 자신이 여러 사업 분야에 어떻게 직원을 배치하고 있는가를 상세히 이야기한다.

〈게임 이론〉은 서로 훌륭한 시너지 효과를 내는 두 본부를 운영하고 있습니다. 하나는 제작 본부인데 유튜브 채널과 제작 과정 전체를 관장하지요. 여기서 가장 규모가 있는 자산은 〈게임 이론〉 채널입니다. 현재 13~16명 정도를 고용하고 있습니다. 프리랜서 편집자, 작가, 영업팀 등이 포함됩니다. 제작 본부에서 하는 일에는 〈게임 이론〉 채널에 의지하는 비디오 게임 회

사, 전통적인 광고회사 등을 위한 맞춤 동영상 제작도 포함됩니다. 회사 제품을 홍보하거나 제공 서비스에 대해 이야기하는 내용이지요. 저는 카피를 씁니다. 그쪽 분야에 영향력과 재능을 가지고 있지요. 우리는 항상 핵심 메시지를 오디언스에게 전달해 구매를 유도합니다.

그러므로 우리 자신의 기본 동영상 작업 이외에, 상당수의 동영상은 이런저런 회사 홍보용입니다. 맞춤 콘텐츠를 요청하는 비디오 게임 회사나 중간 상인 없이 소비자와 직접 거래하는 회사들의 것이지요. 아니면 일종의 인식 제고 캠페인을 부탁하는 브랜드들도 있습니다. 이상이 제작 쪽에서 하는 일입니다.

그리고 컨설팅 부문이 있지요. 여기서는 전통적인 컨설팅과 흡사한 작업을 합니다. 전문 분야는 유튜브를 중심으로 미디어 공간에서 자연스럽게 오디언스를 늘리는 것입니다. 현재 우리가 제공하는 서비스는 고객이 필요로 하는 전 영역에 걸쳐 있습니다. 하루를 꼬박 투자하는 워크숍부터 모든 프로그램을 갖추고 있습니다. 예를 들어 워크숍은 요청한 회사로 직접 찾아가서 회사 구성원이 유튜브의 가장 기본적인 내용부터 관련 법규까지 두루 섭렵할 수 있도록 돕습니다. 콘텐츠에 대해 알아야 하는 모든 것이 포함됩니다. 해당 플랫폼에서 효과적인 것은 무엇인지, 아주 정교한 수준의 최적화 기법을 활용해 존재감을 극대화하는 방법 등등, 그리고 어떻게 성공 전략을 짤 것인가까지.

또한 장기적인 컨설팅 프로젝트도 있습니다. 따라서 우리 회사에는 여러 회사의 콘텐츠 매니저, 채널 매니저 같은 역할을 수행하면서 사실상 그쪽 회사의 정규직에 가깝게 일하는 사람들이 있습니다.

정말 다양한 사람들이 컨설팅 부문에 있습니다. 우리 컨설팅의 기본 원칙은 이렇습니다.

'미디어 공간에서 자연스럽게 오디언스를 늘리는 데 효과적인 데이터 중심의 의사결정을 이끈다.'

프리랜서를 활용한 콘텐츠 제작

지속적인 콘텐츠 제작에 외부의 도움이 필요하다고 느낄 수도 있다. 즉 콘텐츠 제작 속도와 질을 유지하기 위해서 추가로 다른 콘텐츠 제작자가 필요하다고 생각될 수 있다.

외부의 훌륭한 콘텐츠 기고가를 찾으려면 어떻게 해야 할까? 이미 활동 중인 훌륭한 작가를 찾아내 업계 일을 가르쳐야 할까? 아니면 이쪽 업계를 잘 아는 사람을 고용해 글쓰기를 가르쳐야 할까? 여기서 고려해야 할 몇 가지 팁을 소개하고자 한다.

- 전문성은 도움은 되지만 결정적인 변수는 아니다. 글쓰기나 콘텐츠 제작 방법을 가르치는 것보다 실력 있는 작가에게 회사 일을 가르치는 것이 더 빠르고 효과가 있다.
- 콘텐츠 특성에 맞는 전문가를 고용하라. 카피라이터, 기자, 기술 전문 작가, 제작 전문가를 고용하라. 그동안 콘텐츠 전략과 절차 수립에 많은 시간을 쏟았으므로, 각자가 찾고 있는 콘텐츠 제작자 유형에 대해서는 잘 알고 있을 것이다. 카피라이터는 기자와는 일하는 방식이 많이 다르고 다른 감성을 가지고 있다는 사실을 이해해야 한다. 블로그 포스트를 작성할 사람을 찾는다면 카피라이터가 가장 좋은 선택은 아닐 수 있다. 반면에 준비 중인 각종 백서에 포함될 설득력 있는 '행동 촉구 문구' 즉 CTA를 작성해 메시지를 강화해 줄 사람을 찾는다면 카피라이터가 적임자다. 영상 제작에서도 팀원들에게 '오디언스 우선'이라는 기본 전략을 숙지시키면 큰 도움이

된다. 특히 최종 대본을 따로 주지 않고 제작 팀원들 재량에 맡길 때는 더더욱 그렇다.

- 시작 단계부터 올바른 업무관계를 구축하라. 작업 진행에서 명확히 해야 하는 부분들을 꼼꼼히 파악하고 문서로 남겨야 한다. 예를 들어 주당 하나씩 콘텐츠 항목을 작성하기로 하고, 비용은 월별로 지불할 것인가? 그런 경우, 다섯 번째 주가 있는 달은 어떻게 할 것인가, 그런 달은 포스트를 하나 더 추가할 것인가, 추가된 포스트에 추가 비용을 지불할 것인가, 포스트 길이에 따라서 비용을 달리할 것인가와 같다.

- 조직 규모를 고려하여 대금 지불 조건 등을 명확히 해야 한다. 작가가 바라는 것을 이해하고 반영하라. 또한 콘텐츠에 대한 기대치도 명확히 정해야 한다. 750 단어여야 하는 블로그 포스트가 갑자기 1,000 단어가 된다든가 하는 예상치 못한 사태가 발생해서는 안 된다. 콘텐츠 내용이 주제에서 크게 벗어나는 일이 있어서도 안 된다. 이런 모든 것을 최종 서명한 계약서에 포함시키고 사용자 친화적인 작업비 청구 시스템을 구축해 관리하라.

프리랜서 콘텐츠 제작자와 사전에 논의해야 할 내용을 이야기하자면 다음과 같다.

- 작성할 콘텐츠 내용과 일정. 초안을 언제까지 쓸지를 아주 구체적으로 정해야 한다. 초안 도착 시 신속하게 검토할 방안도 세워두어야 한다.
- 기고문의 구체적인 목표. 회사의 목표와 오디언스가 얻을 이익을 모

두 고려해야 한다. 누가 아이디어를 내놓을 것인가? 만약 프리랜서 쪽에서 아이디어 제안 책임을 진다면, 아이디어 제안과 최종 콘텐츠 작성 각각에 별개의 마감시한을 정하라. 프리랜서가 확보해야 하는 전문성이나 제3자 정보는 무엇인가? 내부인을 인터뷰하거나, 외부 정보를 가져오거나, 기존 자료를 재작업해야 하는가?

- 비용. 원고 기준인지 시간 기준인지, 선불금은 있는지 없는지 등등 계약서에 반드시 콘텐츠의 수량과 각각의 콘텐츠 예상 길이를 명시하라. 또한 기존 자료를 가지고 재작업하는 작가보다는 새로운 아이디어를 내놓는 작가에게 더 많은 금액을 지불해야 한다.
- 원고 각각에 대한 검토 횟수. 역시 명시되어야 한다.

적절한 콘텐츠 작성자를 찾도록 도와주는 좋은 서비스도 다수 있다. 일부를 소개하자면 다음과 같다.

- 클리어보이스ClearVoice
- 파이버Fiverr
- 업워크Upwork
- 텍스트브로커Textbroker

예산 산정

―――

얼마 전까지 출판 업계 프리랜서들은 보통 작업을 할 때 단어당 1달러를 받았다. 이런 금액은 연구보고서나 백서처럼 수준 높고 독창성 있는 콘텐츠의 경우 지금도 유효하다. 반면 일부 업체에서는 기사 글에 대해서는 단어당 5센트 정도로 가격을 쳐주기도 한다. 영상 서비스는 시간당 15달러에서 250달러까지 그 범위가 넓다.

주의 : 보통 돈을 지불한 만큼 결과물을 얻게 마련이다. 콘텐츠 마케팅 연구소 경험에 따르면, 일정 기간에 복수의 콘텐츠를 제작하기로 프리랜서와 계약을 하고, 작업에 대해 월별로 비용을 지불하는 모델이 가장 성공적이었다. 보통 양쪽 모두 환영하는 방식이다. 업체와 프리랜서 모두 합의된 작업 범위를 기준으로 쉽게 예산계획을 세울 수 있다.

| 큐레이션을 통한 콘텐츠 마련 |

베스트셀러 서적 할인 판매 및 알림서비스를 제공하는 북버브BookBub는 외부 큐레이션을 통한 콘텐츠 제작이야말로 최고의 콘텐츠 제작 계획이라고 생각한다. 북버브는 자체 콘텐츠를 제작하지 않고 기존 책들에서 뽑아 큐레이팅한 콘텐츠로만 구성된 이메일 뉴스레터로 사업을 시작했다. 그 방법은 효과가 좋았다. 북버브는 현재 수백만 명의 구독자를 보유하고 있으며 독서를 좋아하는 고객들에게 믿음직한 정보제공자로 인기가 높다.

먼저 테스트 과정을 거쳐라

———

콘텐츠 제작자로 일할 인력을 많으므로 처음부터 장기 계약을 할 필요는 없다. 서너 개의 스토리로 제작자를 테스트하고 효과가 있는지 보라. 스스로 이런 질문을 던져라. 해당 제작자의 스타일이 기대에 부합하는가? 마감을 잘 지키는가? 제작자가 자신의 소셜 네트워크를 통해 콘텐츠를 적극적으로 공유하는가?(집필 시 합의되었을 경우에만 소셜 네트워크를 통해서 공유하는 작가들도 있다. 따라서 이것 역시 계약 단계에서 논의해야 한다)

제작자가 이런 부분에서 기대를 충족시킨다면 장기 계약을 체결하라. '슈퍼스타'급의 훌륭한 프리랜서를 찾아내고도 서로 만족하지 못해 몇 달 뒤에 계약이 종료되고 마는 마케터와 발행인들을 무수히 보아왔다. 서로 시간을 낭비하지 않도록 테스트를 거친 뒤에 계약을 진행하라.

발행인란 털기

발행인란masthead을 기억하는가? 과거 특정 인쇄 잡지에서 일하는 모든 작가, 편집자, 큐레이션 매니저들이 소개되는 공간이었다. 예전만큼 쉽게 눈에 띄지는 않지만 지금도 발행인란은 여전히 존재한다. 일단 찾아내면 콘텐츠 비즈니스 모델에 더없이 유용하게 활용할 수가 있다. 활용 방법만 알면 된다.

각자가 선택한 틈새시장을 주도하는 업계 잡지를 펼치거나 미디어 웹사이트를 방문해 발행인란을 확인하라. 유능한 작가와 여타 콘텐츠 제작자들을 찾을 수 있다면 이는 더할나위 없이 귀한 자료다. 대부분 프리랜서로 일하거나 비상근을 하는 제작자들은 여러분이 목표로 하는 고객층을 이해하고 있을 뿐만 아니라, 수준 높은 원작 콘텐츠를 제작하는 능력도 갖추고 있다.

발행인란에는 작가들만 소개되지 않는다. 가공 전의 콘텐츠를 다듬어 흥미로운 이야기로 바꾸는 노련한 편집자들은 물론 영상 제작 및 검색엔진최적화SEO, 소셜 미디어 전문가들 역시 나와 있다.

발행인란에서는 오디언스에 대한 정보도 제공한다. 발행부수는 물론이고, 발행부수 증대, 오디언스 모으기, 구독자 창출 등을 책임지고 있는 사람들 역시 나와 있다(출판사의 언론 홍보자료에서도 고객 통계 정보를 확인할 수 있다). 이런 자료는 구독자 목표를 설정하고, 구독자와 관계를 구축하고, 결과적으로 이들을 구매자로 만드는 데 도움이 될 수 있다.

디자인 관련한 내용이 궁금하다고? 이것 역시 발행인란에서 확인하라.

더구나 지금 시기는 타이밍이 매우 좋다. 많은 미디어사와 출판사의 사업 모델은 큰 성공을 거두지 못했다. 2020년 경기침체로 파산을 하거나 투자를 철회당한 곳들이 무수히 많다. 아직 사업을 하고 있는 출판사도 요즘은 임금 인상을 기대하기 힘들다. 새로운 인력을 찾는 사람들에게는 기회의 문이 활짝 열린 것이다.

계약직을 활용하라

———

콘텐츠 마케팅 연구소 직원 대다수는 계약직이었다. 근무시간이 탄력적이고 개인생활을 위한 여유를 바라는 사람들, 주당 40시간 노동이라는 고정된 틀을 원하지는 않는 사람들이다. 그동안 경험을 통해 우리가 깨달은 것은 이런 유연성을 추구하는 사람일수록 재능이 뛰어나다는 사실이다.

20여 년 전에 미디어 사업을 시작하면서 우리는 세계 각지의 창의적인 디자이너 및 프리랜서 기자들과 계약을 했다. 특정 프로젝트를 완수할 최고의 인재를 찾으려면 그렇게 해야 했다.

직원들이 다른 회사 업무를 겸하는 것에 우려를 가지며, 자기 회사 콘텐츠 관련 업무만 했으면 하고 바라는 사장들이 많다. 이들은 고유한 회사 문화를 만드는 것이 더없이 중요하다고 생각한다. 일부 업종에서는 이런 방법이 효과적일지 모른다. 그러나 미디어 업계에서는 아니다. 이쪽 분야의 최고들은 한 업체에 얽매이기보다는 다양한 기회를 누리고 싶어 한다. 일반적으로 종합소득세를 내는 자유계약직들이 일을 더 잘한다. 중요한 순간에 회사에 꼭 필요한 인재를 찾아 고용할 수 있는 것도 바로 이런 유연성이 있기에 가능하다.

| 재용도화를 통해 콘텐츠를 더 효과적으로 활용하는 법 |
_《콘텐츠 마케팅 효과Content Marketing Works》의 저자 아니 쿠엔Arnie Kuenn

콘텐츠 마케팅을 위해 새로운 콘텐츠를 만들어내는 데는 엄청난 노력이 들어간다. 아이디어를 생각해내고, 주제에 대해 조사하는 것부터 콘텐츠를 제작하고 홍보하는 것까지. 때로는 많은 인력이 투입된다. 카피라이터, 디자이너, SEO 전문가, 소셜 미디어 마케터 등등. 때문에 콘텐츠 마케팅에는 인적, 물적 투자가 필요하다. 다행히 좋은 콘텐츠는 용도를 바꿈으로써 새롭고 다른 것으로 재사용이 가능하다. 이것이 바로 콘텐츠 재용도화repurposing다.

◆ 콘텐츠 재용도화의 이점
콘텐츠 재용도화에는 관점에 변화를 주거나 형식을 바꾸어 콘텐츠가 새롭게 보이도록 바꾸는 과정이 필요하다. 콘텐츠 전략에 재용도화 방법이 들어가면 비용을 낮추면서 제작할 수 있는 콘텐츠는 늘어난다. 또한 형식이 다양해지는 만큼 오디언스의 접근성이 높아지는 등의 여러 장점이 있다. 구체적으로 살펴보자.

- **하나의 아이디어가 복수의 콘텐츠로 확장된다.** 예를 들어 인기 블로그 포스트 주제가 슬라이드 쇼, 동영상, 무료 정보 가이드, 백서, 팟캐스트 등의 기본 자료로 활용될 수 있다. 무슨 의미인지 이해가 갈 것이다. 하나의 원작 콘텐츠 제작을 위해 만든 조사 결과를 다른 콘텐츠 프로젝트에 활용할 수도 있다.
- **콘텐츠 제작 시간을 상당히 줄여준다.** 이미지, 인용문, 텍스트 같은 이미 작성되거나 큐레이팅한 요소들이 새로운 작업에 응용될 수 있다.
- **다양한 오디언스 집단에게 유용하다.** 시각자료를 보고 배우는 데 익숙한 사람이 있는가 하면, 문서를 읽는 쪽을 선호하는 이들도 있다. 나아가 심층 조사 글을 읽고 정보를 얻는 것을 좋아하는 사람이 있는가 하면, 블로그 포스트를 재빨리 훑으면서 정보를 얻는 쪽을 선호하는 사람도 있다. 콘텐츠 재용도화를 통해서 다양한 콘텐츠 취향을 가진 많은 오디언스 집단에게 다가갈 수 있다. 예를 들어 좋은 영상 콘텐츠를 만들었다면, 대본을 블로그 포스트나 다운로드 가능한 PDF 같은 텍스트 문서의 기본 자료로 활용할 수 있다. 또한 통계, 사실, 수치 등은 데이터 시각화 기법을 통해 제시될 수도 있고 인포그래픽이나 차트 형태로 전달될 수도 있다.
- **콘텐츠를 교차로 홍보할 수 있다.** 재용도화를 통해 양질의 콘텐츠를 다수의 채널에서 교차로 홍보할 수 있다. 예를 들어 유튜브 동영상 설명에서 같은 주제의 블로그 포스트, 슬라이드쇼, 인포그래픽으로 연결할 수 있으며, 이를 통해 자체 웹사이트나 블로그로 트래픽을 보낼 수 있다. 이로써 브랜드 인지도를 강화하고 구독자 확보 가능성을 높인다.
- **콘텐츠 수명이 연장된다.** 매일 많은 콘텐츠가 쏟아지는 상황에서 사람들은

블로그 포스트나 동영상을 종종 못보고 지나갈 수 있다. 그러나 재용도화 방법을 활용하면 특정 콘텐츠가 다른 콘텐츠로 교체된 뒤에도 오디언스가 다른 채널을 통해 해당 콘텐츠를 접할 수 있다. 이처럼 콘텐츠 재용도화는 콘텐츠의 수명을 더 연장하는 역할을 한다.

◆ 콘텐츠 재용도화 과정
콘텐츠 개발 초기부터 재용도화 계획을 세우는 편이 좋다. 브레인스토밍 단계 부터 이를 염두에 두고 있으면 향후 재용도화 과정을 간소화하면서 다른 콘텐 츠 개발 노력과 조화를 유지하면서 효율적으로 콘텐츠를 생산할 수가 있다. 콘텐츠 재용도화 과정으로는 다음 네 단계를 생각하라.

1. 스토리 아이디어 하나를 선택하라. 스토리를 말할 다양한 방법을 생각하 는 데서 시작하라. 초기 단계에서 하나의 주제를 어떻게 여러 유형의 콘텐츠 로 변환시킬지를 고민하는 것이 중요하다. 예를 들어 선글라스 판매점을 운 영한다면 '2022년 선글라스 트렌드' 같은 주제를 생각해볼 수 있다. 범위가 넓은 감이 있지만 여러 콘텐츠 프로젝트의 중심이 될 수 있는 확장성 있는 주제이기도 하다.

2. 다수의 오디언스에게 호소력을 가지게 만들 방법을 생각하라. 일단 일반 적인 주제가 결정되면, 어떻게 여러 콘텐츠 유형으로 변환시켜 다수의 오디 언스에게 다가갈지 생각하라. 선글라스 트렌드 사례에서 제작 가능한 몇 가 지 콘텐츠를 예시하자면 다음과 같다.

- 2022년 여성 혹은 남성 선글라스 트렌드에 관한 블로그 포스트
- 2022년 유행할 것으로 예상되는 다양한 스타일의 선글라스를 보여주는 인포그래픽
- 2022년 선글라스 트렌드에 관하여 전문가 직원을 인터뷰한 동영상
- 2022년 최고 유행 선글라스 사진과 설명을 보여주는 슬라이드 쇼

- 2022년 각자의 얼굴과 스타일에 맞는 선글라스를 고르는 방법을 다룬 전자책

이것은 시작에 불과하다. '2022년 선글라스 트렌드'처럼 폭넓은 주제라면 한 가지 주제에 대한 조사연구가 어떻게 다수의 콘텐츠로 연결되는가도 어렵지 않게 볼 수 있다. 각각의 콘텐츠는 다른 관점을 보여주고, 특정 오디언스에게 호소력을 갖도록 변환되지만, 핵심 아이디어는 변하지 않는다.

3. 핵심 아이디어를 다루는 다양한 콘텐츠 목록을 작성했다면 작성하려는 첫 번째 콘텐츠를 염두에 두고 조사를 시작하라. 무엇이 되었든 가장 이해하기 쉬운 것에서 시작하라. 슬라이드 쇼를 만들면 쉽게 인포그래픽으로 제작할 수 있을까? 동영상 자막을 블로그 포스트로 만들 수 있을까? 처음 구성하는 콘텐츠는 조사와 개발 과정을 포함해 가장 많은 사전 준비 작업이 필요하다. 그러나 향후 추가 콘텐츠 작성 시에 이때 얻은 결과물들을 활용할 수 있다는 점을 명심하고 사전 작업에 철저를 기해라.

4. 첫 번째 콘텐츠를 작성한 뒤에 거기서 나온 조사 결과를 비롯한 여러 자료를 재용도화하여 새로운 작품들을 만들어라. 작업을 하다 보면 핵심 아이디어에서 구체적인 부분들을 추가로 조사해야 할 필요가 있을지도 모르지만 지루하고 고된 조사작업의 대부분은 이미 완료된 상태일 것이다.

◆ 콘텐츠를 최대한 활용하라

요컨대, 콘텐츠 재용도화는 콘텐츠 제작에 들인 노력을 최대한으로 활용할 수 있는 매우 효과적인 방법이다. 하나의 아이디어를 중심으로 수많은 콘텐츠가 나올 수 있으며, 각각 나름의 방식으로 여러 오디언스의 기호를 충족시킨다. 재용도화는 시간과 비용을 절약해주고, 초기 콘텐츠 투자를 넓혀준다는 점에서 전략으로 내세울 가치가 충분히 있다.

| 공동 출판 모델 |

◆ **적절한 사례**

소셜 미디어를 활용한 마케팅 교육 사이트인 '소셜 미디어 이그재미너'의 설립자 마이클 스텔츠너는 글에서 이렇게 말한다.

> 알고 지내던 친구들을 찾아갔습니다. 그리고 한 달에 한 편씩 글을 써주면 어떨지 물어보기로 했습니다. 지루하면 그만두기로 하고요.
> 그렇게 모인 다섯 명이 각자 한 달에 한 편씩 글을 썼습니다. 그리고 지원자를 하나 얻었습니다. 그녀가 편집자로 무료로 일을 해주었습니다. 워드프레스에 모든 것을 입력하는 등 겉으로 드러나지 않는 일들을 해주었지요.
> 그런데 2주 만에 대박이 났습니다. 글자 그대로 불과 두 달 반 만에 1만 명의 이메일 구독자가 생겼습니다.

다음 회사들의 공통점은 무엇일까? 포브스, 콘텐츠 마케팅 연구소, 소셜 미디어 이그재미너, 카피블로거, 허브스폿, 마케팅프로프스, 〈허핑턴 포스트〉, 매셔블Mashable.

바로 공동 출판 모델을 활용한다는 점이다. 전통적인 출판 모델처럼 특정 회사에서 고용한 작가와 기자들만으로 콘텐츠를 제작하는 것이 아니라 커뮤니티에 손을 내밀어 플랫폼에 게재할 콘텐츠를 요청하고 모집한다.

그리고 이들 모두는 엄청난 성공을 거두었다!

공동 출판을 고려하는 이유는?

———

하나의 사업 모델로서 공동 출판은 사업가나 기업이 외부 기고자를 적극적으로 모집하여 플랫폼을 구축하고 오디언스를 모으는 것이다. 일단 플랫폼이 구축되고 어느 정도 성공하면, 업계를 주도하는 사상가와 커뮤니티의 전문가들이 참여해 콘텐츠 공백을 메워줄 기회가 존재한다는 이점이 있다.

창업자 자신 혹은 비용을 지불하는 프리랜서만으로는 다루기 힘든 콘텐츠 영역까지 다룰 수 있다는 점도 공동 출판 모델의 이점이다. 그러나 이런 모델의 가장 큰 이점은 무엇보다 새로운 오디언스를 끌어올 기회가 커진다는 점이다. 외부 기고자들에게는 자체 팔로어와 구독자가 있는데, 일이 순조롭게 진행되면 이들이 여러분 오디언스의 일부로 전환될 수 있다.

다수의 전통 미디어들은 자체 고용한 작가의 글만 소개하고, 커뮤니티 회원들의 기여를 장려하지 않는다. 공동 출판 모델을 고려하는 사람에게는 이런 상황도 좋은 기회로 활용할 수 있다.

〈허핑턴 포스트〉는 미국 좌익 진영의 대표 논객이었던 아리아나 허핑턴Arianna Huffington을 포함한 다수의 투자자가 참여해 2005년에 창간한 디지털 잡지다. 2011년 〈허핑턴 포스트〉는 AOL에 3억 달러가 넘는 금액에 매각되었고, 지금은 버라이즌Verizon 미디어 네트워크의 귀중한 보물 중에 하나다.

각종 틈새 콘텐츠를 겨냥한 〈허핑턴 포스트〉의 수백 개의 사이트에는 세계 각지 수천 명의 기고자가 게시 기회를 대가로, 무료로 콘텐츠를 게재하고 있다. 공동 출판 모델을 활용하고 있는 것이다. 물론 〈허핑턴 포스트)는 일부 유능한 기자, 작가, 콘텐츠 제작자를 고용하고 있지만 우리가 〈허핑턴 포스트〉 사이트에서 보는 다수의 콘텐츠는 커뮤니티 내에서 주도적인 사상가나 적극적으로 활동하는 회원들이 작성한 것이다.

기준이 되는 절차를 세워라

기고자들을 찾아내 공동 모델을 발전시킬 방법은 많지만, 모델이 효과를 보려면 재능 있는 사람뿐만 아니라 절차, 즉 프로세스도 중요하다.

우선 중요한 것은 기고자들이 따라야 하는 엄격한 지침과 기대치를 정하는 것이다. 사이트에 올리는 콘텐츠 수준을 엄격하게 관리하지 않으면, 결코 자신이 선택한 틈새 콘텐츠에서 앞서가는 정보원이 될 수 없다.

일단 일정 수의 기고자가 생기면 절차가 엄청나게 복잡해질 수 있다. 모든 기고자와 열린 마음으로 소통을 지속하는 것이 중요하다. 여러분 사이트에 글을 기고하고 싶다는 문의를 받으면 다음과 같은 단계에 따라 소통하라.

- 이메일 #1. 포스트 제출을 확인했다는 내용과 전체 일정이 어떻게 진행되는지를 알리는 메일을 발송하라.
- 이메일 #2. 제출한 포스트에 대한 승인 혹은 거절 여부를 알려주어라. 승인인 경우 일반적으로 수정 요청이 더해진다.
- 이메일 #3. 포스트의 미리보기를 보내라. 글이 마무리되고 제작 단계에 들어가면 블로그 편집자가 포스트 미리보기와 함께 예상되는

게시 날짜, 작가가 해당 글을 자신의 오디언스와 공유할 방법 등을 적어 보낸다.

- 이메일 #4. 블로그에 올라오는 어떤 댓글이든 기고자에게 알려주어라. 첫 번째 댓글이 올라오면 블로그 편집자나 소셜 미디어 매니저가 작가에게 전달하고 작가가 참여하여 답변을 해줄 것을 요청한다(어떤 작가들은 댓글을 읽지 않는다. 그러므로 자신의 글/콘텐츠에 달리는 코멘트에 관심을 가져야 한다고 미리 알려줄 필요가 있다).
- 이메일 #5. 인기 포스트가 되면 알려주어라. 글에 대한 반응이 좋으면 기고자에게 알려주고 계속 그와 작업을 하고 싶을 것이다. 이는 기고자가 가치 있는 작가가 되었다는 의미다. 해당 기고자가 특정 시점에 다른 글을 써주었으면 싶거나 정기 기고자가 되었으면 한다면, 이런 바람을 전할 수도 있다.

Content INC.

천리 길도 한 걸음부터라고 했다.
거대한 무언가를 건설하는 방법은 한 가지뿐이다.
작은 것에서 시작해 한 걸음 한 걸음 효과적으로 거리를 좁혀가는 것이다.
_ 대니 이니 Danny Iny

PART 5

오디언스 모으기

콘텐츠에는 팬이 필요하다

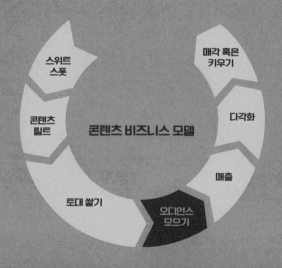

콘텐츠 비즈니스 모델

매각 혹은
키우기

다각화

매출

오디언스
모으기

토대 쌓기

콘텐츠
필터

스위트
스폿

지금까지 우리는 틈새시장의 오디언스를 끌어들일,
플랫폼을 선택하고 콘텐츠 자산을 개발하고 게시할 일정을 확정했다.
이제 회사에 가치가 있는 구독자층을 확보할 시스템을 만들 시간이다.

콘텐츠 성공 여부 측정

한 가지에 너무나 확실한 "Yes!"를 주고, 나머지에는 필사적으로 "No!"라고 외칠 때
비범한 결과가 나올 가능성이 있다.

_ 게리 켈러

**콘텐츠 성공 여부 측정에 중요한 활동 지표가 여럿 있겠지만, 우리의 궁극적인
목표는 항상 오디언스 확보 및 유지다. 여기에 일관되게 초점을 맞추는 것이 모
든 차이를 만든다.**

콘텐츠 유형과 플랫폼을 선택했으므로 이제 한 가지 단순한 측정지표에
모든 초점을 맞춰야 한다. 바로 구독자다. 밤에 잠자리에 들 때 어떻게 하
면 구독자를 끌어모을까를 고민해야 한다. 아침에 잠자리에서 일어날 때도
구독자를 머리에 바로 떠올려야 한다. 콘텐츠 비즈니스 모델은 시간이 흐
르면서 충성도 높은 구독자를 모을 수 있어야만 효과를 낼 수 있다.

이는 콘텐츠 비즈니스 모델의 일환으로 어디에 토대를 구축하느냐와

무관하게 이메일 제공이 필요하다는 의미다. 이제 때가 되었다. 앤드루 데이비스의 말을 빌자면 "구독자 데이터베이스 구축에 집중하는 것은 실제 물건을 판매할 고객을 확보하기 전에, 고객 데이터베이스를 구축하는 일과 마찬가지다."

목표는 넷플릭스 구독이나 예전 신문 구독에서처럼 오디언스가 이메일 주소나 집 주소 같은 개인 정보를 기꺼이 제공할 만큼 가치가 있는 콘텐츠를 전달하는 것이다. 유일한 차이는 콘텐츠 비즈니스에서는 콘텐츠를 무료로 제공한 다음, 나중에 이런 관계를 수익으로 전환한다는 것이다.

덕 테이프 마케팅Duct Tape Marketing의 설립자 존 잔스John Jantsch는 커뮤니티 블로그, 시리즈 저서를 포함하여 콘텐츠 비즈니스 전략을 충실히 따른 결과 수백만 달러 매출을 올리는 컨설팅 회사를 만들었다. 그에게 '아하!' 하는 깨달음의 순간이 온 것은 2000년대 초반 자신의 웹사이트에 '방명록에 글을 남겨주세요'라는 말을 추가했을 때였다. 이때부터 존은 단순히 웹사이트 트래픽만 분석하지 않고 구독자 데이터베이스를 구축하기 시작했다. 이들 구독자가 존이 컨설팅 네트워크를 시작하는 과정에서 수백만 달러 매출을 올리는 플랫폼을 구축할 동력이 되어 주었다.

NBC 〈더 투나잇 쇼The Tonight Show〉 진행자 지미 펄론Jimmy Fallon은 '구독자 모집의 제왕'이다. 매번 쇼가 끝나고 나면 소셜 미디어에서 공유되는 다수의 소위 '짤' 동영상들을 볼 수 있다. 짐작대로 당연히 구독을 독려하기 위한 것이다. 이런 동영상이 끝날 때마다 지미 펄론이 익살스럽게 구독을 권유하는 모습이 나온다.

사례 : 주간 이메일 뉴스레터의 성공 비결

미스 유니버스 네덜란드 출신인 샬로트 라비 Charlotte Labee 는 2015년 짧은 전성기 후 먹고살기 위해 바쁜 시간을 보내고 있었다. 몇 달 뒤에 중대한 건강 문제에 시달린 샬로트는 '올바른 뇌 균형 right brain balance '이라는 것을 알게 되었다.

샬로트의 말을 들어보자. "우리가 행동하고, 배우고, 먹거나 마시는 모든 것은 뇌와 뇌 구조 덕분입니다. 말하자면 뇌는 우리 인체의 토대입니다. 그것을 깨달았을 때, '정말 놀라워, 그런데 왜 학교에서는 이를 알려주지 않을까?'라는 생각이 들었습니다. 우리 뇌가 균형 잡힌 상태가 아니면, 우리는 주변의 모든 변화를 제대로 처리하지 못합니다."

샬로트는 이 문제를 알리는 것에 초점을 맞추기로 했고, 뇌 건강을 다루는 인스타그램 채널을 개설했다. 해당 채널은 3년 뒤에 5만 명이 넘는 팔로어를 모을 만큼 성장했다.

현재 샬로트의 성공에 핵심 비결은 무엇일까? 2년간 2만 5,000명이 넘는 구독자를 끌어모은 주간 이메일 뉴스레터. 다수의 도서 계약, 강연, 〈유어 브레인 밸런스 Your Brain Balance 〉라는 성공적인 웹사이트 등 그동안 샬로트가 이룬 성과는 많지만 그중에 핵심은 명확하다. 모델이 성공적인 매출을 올리는 데 견인차 역할을 한 것은 바로 이메일 뉴스레터다.

| 속성 퀼팅의 수도 |

앤드루 데이비스의 양해를 얻어 게재한다.

퀼팅을 하는 사람이 아니라면 속성 퀼팅의 수도로 불리는 미주리주 해밀턴이라는 도시를 처음 들어보았으리라. 현실 감각이 뛰어나고 매력적인 퀼트 회사 주인과 그녀가 유튜브를 통해 진행하는 동영상 퀼팅 강의 덕분에 얻은 별명이다. 제니 돈은 해밀턴 소재 퀼트 회사 미주리 스타 퀼트The Missouri Star Quilt Co.의 설립자다. 그녀의 회사는 세계에서 가장 많은 종류의 퀼팅용 직물을 보유하고 있다.

2008년 금융위기로 인한 경기 침체로 해밀턴은 엄청난 경제적 타격을 받았다. 당시 제니 돈과 론 돈 부부는 〈캔자스 시티 스타Kansas City Star〉 신문사에서 기술자로 일하는 론의 수입으로 일곱 명의 아이들을 키우고 있었다. 불황으로 많은 주민이 해고되어 일자리를 잃었고 제니와 론 부부도 자녀 양육을 걱정해야 하는 신세가 되었다. 평소 뭐라도 해야 하는 성격인 제니는 이전에도 가족과 친구들에게 퀼트 작품을 만들어주곤 했다. 조각 천들을 잇는 바느질은 직접 했지만 내부 충전재인 솜을 넣으려면 전용 재봉틀이 있어야 했다. 그런데 재봉틀 사용 수요가 워낙 많아서 충전재 들어간 천을 얻으려면 아홉 달에서 1년 정도가 걸렸다. 그것을 보고 제니의 아들 앨이 아이디어를 하나 생각해냈다.

앨과 그의 누이 세라는 2만 4,000달러를 투자해 전용 재봉틀과 천 열두 필, 작업장으로 사용할 해밀턴 시내 건물 하나를 마련했다. 가족은 2년 동안 한 번도 급료를 가져오지 못한 채로 사업을 했다. 인구 1,800명에 불과한 작은 도시에서 사업을 키우기란 어려웠다. 앨은 웹사이트가 필요하다고 판단했다. 그러나 다들 알고 있듯이 웹사이트를 만든다고 해서 무조건 사람들이 들어오지는 않는다.

가족들은 웹사이트 방문자를 모으고 온라인 판매를 받칠 무언가를 해야 한다고 생각했다. 앨은 제니에게 퀼팅 수업 비디오를 만들어 유튜브에 올리자고 제안했다. 카메라 앞에서도 어색해하지 않는 제니의 성격과 앨의 숨겨진 능력이 결합되어 미주리 스타 퀼트의 유튜브 채널이 만들어졌다.

첫 해에 1,000명의 구독자가 생겼고, 2년이 지나자 1만 명, 그리고 지금은 65만 명에 가깝다. 제니가 만든 350개가 넘는 교육용 비디오 조회수는 도합 10억 회에 이른다. 비디오를 통해 회사 웹사이트로 새로운 사람들이 유입되고, 덕분에 회사는 하루에 평균 2,000건의 매출을 올리고 있으며, 세계 최대의 퀼트 직물 판매처가 되었다. 제니의 비디오를 즐겨 보는 세계 각지 사람들이 그녀에게 이메일을 보낸다. 전쟁으로 피폐해진 이란부터 남아프리카공화국, 미국 전역에 이르기까지, 세계 각지에 제니를 진심으로 좋아하는 팬들이 있다.

가족들은 향후 회사가 어디로 가게 될지를 굳이 알 필요가 없다. 특히 코로나19 대유행으로 도시의 관광업이 크게 타격을 받은 시점에서는 그런 시도가 더더욱 무의미하다. 그들은 고객들을 위한 최고의 퀼트 직물을 만들고 최고의 제품을 제공하는 데 초점을 맞추고 묵묵히 일하고 있다. 그러는 동안 그들은 자연스럽게 해밀턴이라는 작은 도시의 삶을 바꾸고 도시를 재건하고 있다. 한 땀, 한 땀.

이런 모든 것이 이메일과 무슨 상관이냐고? 제니가 유튜브에 콘텐츠 비즈니스 플랫폼을 구축하는 동안 미주리 스타 퀼트는 자체 포럼에 5만 명이 넘는 회원을 모았다. 어떻게 그 커뮤니티의 일원이 될까? 맞다. 이메일 주소를 통해서다.

진짜 중요한 핵심은 이것이다. 〈포브스〉지에 따르면 미주리 스타 퀼트는 2019년 4,000만 달러가 넘는 매출을 올렸다.

구독자 중요도 등급

앞에서도 이야기한 것처럼 콘텐츠 비즈니스에서 목표는 자신이 최대한의

통제권을 가지고 있는 콘텐츠 자산을 구축하는 것이다. 특히 원하는 오디언스를 끌어들이는 데서도 마찬가지다. 어떤 팬, 팔로어, 구독자든 생기면 좋은 일이라고 생각하지만 그들이 모두 동등한 가치를 지니는 것은 아니다.

예를 들어 여러분이 페이스북에 플랫폼을 구축했다고 해보자. 사업 또는 페이스북 그룹을 통해 플랫폼에 5만 명의 팬을 모았다.

지난 몇 년을 거치면서 페이스북은 다음과 같은 포스트의 노출을 줄이는 방향으로 플랫폼에 급격한 변화를 주었다.

- 제품 구매나 앱 설치만을 강요하는 포스트
- 실제 맥락 없이 무조건 판촉과 경품 행사 등을 강요하는 포스트
- 광고 콘텐츠를 그대로 재사용하는 포스트
- 사람들을 외부 웹사이트로 유도하는 포스트

이는 페이스북의 사업 모델을 생각하면 이치에 맞지만 동시에 페이스북이 특정 포스트를 보여주지 않을 권리가 있다는 사실을 의미한다. 2016년과 2020년 미국 대통령 선거를 통해 배운 것처럼 사람들은 페이스북에서 개인별로 다른 피드를 본다. 페이스북이 통제권을 쥐고 있으며, 따라서 페이스북은 여러분의 콘텐츠를 보여줄 수도 보여주지 않을 수도 있다.

넷플릭스 다큐멘터리 영화 〈소셜 딜레마 Social Dilemma〉에 따르면 페이스북의 알고리즘은 해당 콘텐츠가 진짜 콘텐츠인지 잘못된 정보인지에 상관없이 콘텐츠를 소비하도록 유도한다. 알고리즘의 목표는 참여를 늘리는 것이며, 그렇게 하기 위해서라면 무엇이든 사람들에게 보여줄 것이다.

그런 알고리즘 때문에 일부 기업들은 유료광고의 도움이 없다면 콘텐츠가 사용자에게 도달하는 비율을 나타내는 '자연 도달률organic reach(유기적 도달이라고도 한다)'이 1퍼센트가 되지 못한다. 물론 다른 이야기를 하는 사람도 있다. 클리블랜드 클리닉Cleveland Clinic의 콘텐츠 마케팅 책임자였던 스콧 리나버거Scott Linabarger는 일부 포스트는 페이스북 내 유기적 도달률 면에서 여전히 좋은 성과를 내고 있다고 말한다. 그렇지만 이런 것은 중요하지 않다. 최대한 모든 방법을 통해 페이스북을 활용해야 하지만 사용자가 아닌 페이스북이 궁극적인 도달을 통제한다는 사실을 잊지 말아야 한다.

각자의 디지털 발자국을 분석하고 오디언스를 모으기 시작할 때 우리의 초점은 이런 위계의 최상위에 맞춰져야 한다(도표 13.1). 간단히 말해서 핵심은 플랫폼에 대하여, 그리고 팬이나 구독자와의 의사소통에 대하여 각자가 가지는 통제력의 정도로 귀결된다.

위에서부터 보자면 다음과 같은 것들이 포함된다.

- 회원. 여기에는 우리가 제공하는 서비스를 받을 이메일 주소를 확보하고 있는, 진행 중인 온라인 교육이나 사적인 커뮤니티 토론방의 회원 등이 포함된다. 이런 유형의 구독자는 쉽게 무너지지 않는다.
- 이메일 뉴스레터 구독자. 높은 정도의 통제력. 극도로 유용하고 유의미한 이메일은 온갖 방해요인을 뚫고 오디언스에게 전달된다.
- 인쇄물 구독자. 구독자들은 보통 인쇄 잡지나 편지를 받기 위해 방대한 양의 개인 정보를 대가로 내놓는다. 그러나 소통이 즉각적이지 않고 피드백이 어렵다. 인쇄 및 우편 요금 때문에 비용 면에서도 비효율적인 부분이 있다.

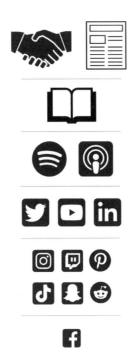

도표 13.1 │ 우리의 목표는 구독자들을 여기 나오는 위계의 위쪽으로 이동시키는 것이어야 한다.

- **팟캐스트 구독자.** 음성 콘텐츠 전달에서는 온전한 통제력을 갖지만, 애플 팟캐스트, 스포티파이, 오버캐스트, 스티처 등의 플랫폼은 누가 콘텐츠 구독을 신청했는지는 알려주지 않는다.
- **트위터 팔로어.** 팔로어에게 메시지를 보내는 자체에 대해서는 온전한 통제력을 가지지만, 메시지의 수명이 제한되어 있어서 오디언스에게 안정적으로 도달하기 힘들다.
- **유튜브 구독자.** 콘텐츠에 대한 통제력이 적당히 있다. 그러나 유튜브는 구독자가 콘텐츠에 충분한 흥미를 보이지 않을 경우 일부 콘텐

츠를 노출하지 않기로 결정할 수도 있다(즉 구독자가 특정 채널 콘텐츠에 관심을 보이지 않으면 유튜브 알고리즘에 따라 해당 채널이 뜨지 않게 된다).

- **링크드인 인맥.** 팔로어와 친구에게 메시지를 보내는 자체에는 완전한 통제력을 가지지만, 채널이 매우 혼잡해서 메시지가 각종 방해 요인을 뚫고 그들에게 도달하기는 쉽지 않다. 링크드인 알고리즘은 사용자의 흥미를 끄는 것들을 위주로 보여주기 때문에 실적이 좋지 못한 콘텐츠는 노출되지 않을 수도 있다.

- **인스타그램 팔로어.** 콘텐츠 전달에 대해서는 완전한 통제권을 갖는다. 그러나 인스타그램 알고리즘은 사용자의 흥미를 끄는 콘텐츠를 보여준다. 때문에 인스타그램 역시 콘텐츠가 노출되지 않을 가능성이 있다.

- **트위치 팔로어.** 거의 비디오 게임 스트리밍을 위한 공간이라 할 수 있다. 장기간 제대로 게임을 하면 팔로어를 모을 수 있다. 평균 스트리밍 시간은 회당 서너 시간이다.

- **핀터레스트 구독자.** 콘텐츠 전달에 대해서는 완전한 통제권을 갖는다. 사용자들은 각자의 선택에 따라 특정 콘텐츠를 보게 된다. 플랫폼에 대한 궁극적인 소유권은 없다.

- **틱톡 팬.** 현재 틱톡은 세계 최고의 알고리즘을 소유하고 있다. 대규모 팔로어를 모으지는 못하더라도 질 좋은 콘텐츠라면 좋은 성과를 낼 수 있다.

- **스냅챗 팔로어.** 사용자들이 하루에 30분 이상 스냅챗을 사용하고, 하루에 25회 이상 앱을 들락날락한다. 젊은 오디언스를 목표로 한

다면 스냅챗을 테스트해볼 필요가 있다.

- **레딧 팔로어.** 레딧 커뮤니티들은 플랫폼에 대한 충성도가 극도로 높은 편이다. 유용한 콘텐츠를 꾸준히 올린다면 팔로어를 모을 수 있다. 구독자를 모으는 보조 플랫폼으로 최고다.
- **페이스북 팬.** 페이스북은 끊임없이 알고리즘을 바꾸는데 이는 사용자의 통제력 밖이다. 팬들은 이 알고리즘에 따라 우리 콘텐츠를 볼 수도 있고 보지 못할 수도 있다. 그래도 양질의 유용한 콘텐츠, 흥미로운 콘텐츠가 팬들에게 도달할 확률이 가장 높다. 페이스북은 홍보성 콘텐츠는 거의 어김없이 차단한다.

《오디언스Audience》의 저자 제프 로어스Jeff Rohrs는 특정 구독 방식에 대한 통제력이 상대적으로 클 수는 있지만 어떤 회사도 오디언스를 '소유할' 수는 없다고 단호하게 말한다. "오디언스가 여러 장소에 있는 이유는 어떤 오디언스도 누군가의 소유가 아니기 때문이다. 대형 텔레비전 방송국이든, 팝스타든, 광적인 팬을 거느린 프로 스포츠 팀이든, 누구도 자신의 오디언스를 소유할 수는 없다. 그들은 언제든 정신적으로나 육체적으로 자리에서 일어나 떠날 수 있다."

바로 그렇기 때문에 어떤 구독 옵션을 활용하든 결국에는 사람들이 깜짝 놀랄 정도로 유용하고 유의미한 콘텐츠가 필요하다. 누구의 소유도 아닌 자유로운 오디언스를 붙들어 두고, 지속적으로 연결될 유일한 수단이기 때문이다.

이메일 제공에 신경 써라

유튜브 스타든 초보든 구독자를 모으려면 이메일을 통한 콘텐츠 제공 서
비스가 필요하다. 미디어 엔터테인먼트 및 뉴스사이트인 버즈피드는 페이
스북, 트위터 같은 소셜 미디어 공간의 공유를 통해 크게 인기를 얻었다.
그러므로 버즈피드 입장에서는 페이스북과 트위터 구독자가 중요하다. 하
지만 버즈피드의 모든 페이지에는 일간으로 발행하는 이메일 뉴스레터
구독을 홍보하고 권장하는 내용이 포함되어 있다(도표 13.2 참조). 현재 버

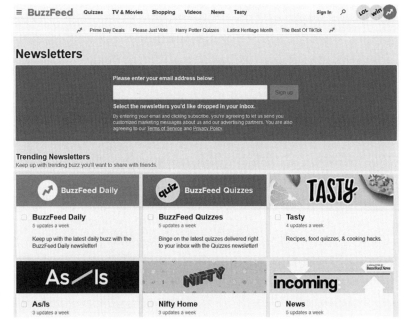

도표 13.2 | 버즈피드의 사업 모델은 이메일을 기반으로 굴러간다.

즈피드의 사업 모델은 오디언스의 신청을 받은 이메일 뉴스레터에서 시작하여 거기서 끝난다.

티치베터닷컴(도표 13.3 참조)을 봐도 마찬가지다. 페이스북, 트위터, 링크드인, 유튜브, 인스타그램, 핀터레스트 페이지들에서도 구독을 권장하지만, 대부분의 노력은 무료 교육 기회, 보고서나 템플릿 제공 등을 통해 교사들의 이메일 주소를 모으는 데 집중된다.

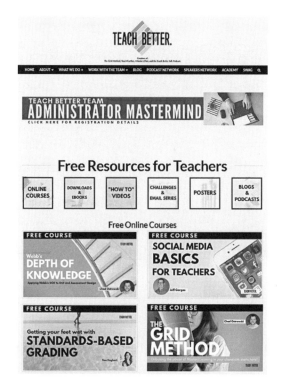

도표 13.3 | 티치 베터는 오디언스가 이메일 주소를 제공하는 대가로 수백 가지 교육과정과 전자책을 무료로 준다.

콘텐츠 비즈니스 모델을 기본 전략으로 활용하는 경우, 일정한 종류의 이메일 서비스 제공이 필요하다. 구체적으로는 대개 아래와 같은 형식이 될 것이다.

- 자체 제작 블로그 내용을 토대로 하는 일간 이메일 뉴스레터
- 웹에서 얻은 훌륭한 정보를 큐레이팅한 일간 이메일 뉴스레터
- 업계 이해를 돕는 주간 이메일 뉴스레터나 주간 보고서
- 오디언스에게 신선한 아이디어를 제공하는 월간 보고서

과거 몇 년에 걸쳐 비공개 멤버십 그룹(어떤 것은 유료고 어떤 것은 무료다)이 인기를 얻으며 그 수가 폭발적으로 늘었다. 조 헤이지Joe Hage는 의료 마케팅 커뮤니케이션 사업에 도움을 받고자 링크드인에서 메디컬 디바이스 그룹을 만들고, 불과 2~3년 만에 회원이 30만 명이 넘는 규모로 키웠다. 2018년 링크드인은 그룹의 운영자가 할 수 있는 활동에 변화를 주기 시작했는데, 회원들에게 이메일을 보낼 수 없게 한 것도 그중 하나였다.

조의 말을 들어보자. "링크드인 그룹이 지니는 가치를 살리기 위해 슬랙에 MDGMedical Devices Group라는 워크스페이스workspace를 새로 만들었습니다. 기존 구독자들이 무료 고객이 되었지요." 조는 슬랙 그룹을 통해 '회원들'과 직접 소통할 수 있다. 회원 대다수가 매달 그에게 소액의 수수료를 지불하고 있다. 이제 조는 링크드인의 추가적인 정책 변화를 걱정할 필요가 없어졌다.

이메일을 통한 관계 쌓기

———

내가 어떤 큰 변화가 없는 한 여전히 이메일이 가장 좋은 구독 옵션이라고 말하면 비웃는 사람들이 종종 있다. 그들은 매일 얼마나 많은 스팸 메일을 받는지, 받은 편지함을 열자마자 삭제하는 이메일 뉴스레터가 얼마나 많은지를 이야기한다.

그러면 나는 이렇게 묻는다. "물론 많은 스팸 메일을 받으리라 생각합니다. 그렇지만 선생님께서 신뢰하는 한두 개의 이메일 뉴스레터도 받고 있지 않습니까? 도착하면 항상 읽고 절대 삭제할 생각을 하지 않는 이메일이 한두 개는 있지 않습니까?"

사람들이 그렇다고 대답하면 나는 이렇게 말해준다. "그런 이메일 중에 하나가 돼야지요."

앤 핸들리는 〈토털 앤아키〉라는 글쓰기를 다루는 인기 뉴스레터에서 이런 접근법을 사용해왔다. 앤은 이렇게 말한다. "나는 브랜드를 내세우며 오디언스와 의사소통하는 것이 아닙니다. 나는 앤이고, 개인 대 개인으로 그들과 소통하는 것입니다." 앤이 옳다. 목표도 불분명하고 오디언스와 관계도 없는 이메일을 계속 보내는 기업은 지속적으로 오디언스를 잃게 될 것이다.

구독자들은 많은 경우 앤과의 개인적인 관계 때문에 뉴스레터를 신청하고 동료들과 뉴스레터를 공유한다. "어떤 사람이 내 뉴스레터를 신청하면, 그들은 다음과 같이 묻는 자동 생성 이메일을 받게 됩니다. '구독을 신청하신 이유가 무엇이며 여기서 어떤 것을 배우기를 희망하시나요?' 나는 그들의 대답을 살펴보고 사람들이 나에게서 무엇을 기대하는지에 대한 단서를 얻습니다. 그래야 그들의 요구에 부합하는 콘텐츠를 만들 수 있으니까요. 사람들이 자신이 어떤 사람이고 왜 우리 사이트에 왔는지를 회신해주면 정말 기분이 좋습니다. 회신을 받으면 제가 다시 회신을 하지요. 그러면 사람들은 항상 이렇게 반응합니다. "세상에, 이거 실화야?"

자동응답메일이 중요하다

———

대부분의 이메일 프로그램은 자동응답 기능을 포함하고 있는데, 구독자의 행동에 반응하여 자동으로 이메일을 생성해 보내주는 기능이다. 대부분의 자동응답메일은 최초 구독 이후에 일어난다. 예를 들어 이런 내용일 수 있다. "우리 커뮤니티에 오신 것을 환영합니다." 많은 경우 이런 유의 메일은 열어볼 확률이 높으므로 중요하게 생각해야 한다.

내가 본 최고의 자동응답메일 중에 하나는 〈모닝 브루〉에서 보내온 뉴스레터였다. 〈모닝 브루〉 이메일을 받기 시작한지 3주 만에 나는 열혈 독자가 되었다. 그리고 〈모닝 브루〉 CEO가 보낸 이메일을 받았다(〈도표 13.4〉 참조). 수고가 많이 들지는 않지만 미리 계획되어 있어야 가능한 작업이다.

구독 전환 가능성을 높일 다른 방법으로는 다음과 같은 것들이 있다.

- 처음에는 이메일 주소, 혹은 이름과 이메일 주소만 물어보라. 처음에 너무 많은 정보를 요구하면 구독자 확보에 방해가 된다.
- 자체 웹사이트와 소셜 플랫폼에서 구독을 홍보하라.

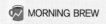 MORNING BREW

안녕하세요,

선생님께서는 모닝 브루를 열심히 읽어주고 계십니다. 바로 선생님 같은 분들이 계시기에 우리가 힘을 얻어 최선을 다하여 정보가 풍부하고 흥미로운 뉴스레터를 만들 수 있습니다. 우선 감사드립니다.

다음으로 저는 한 가지 부탁을 드리고자 합니다. 모닝 브루가 마음에 드셨다면, 친구와 공유하는 것을 고려해주십시오. 우리는 뉴스레터를 무료로 제공하고 있으며 추천에 의존하여 오디언스를 늘리고 있습니다.

구독자님의 노고에 보답하고자 우리는 상당히 괜찮은 보상 프로그램을 만들었습니다. 추천해주는 분들이 많을수록 보상도 큽니다. (당사의 프리미엄 일요일 뉴스레터인) 〈라이트 로스트 Light Roast〉를 받아볼 수 있는 권한부터 당사의 의류와 머그잔까지 누구나 좋아할 만한 선물을 준비했습니다.

3	프리미엄 이메일 뉴스레터
5	스티커
10	병따개와 열쇠고리
15	커피잔
25	티셔츠
50	맥주잔 2개
100	크루넥 운동복 상의

너무나 쉽게 공유가 가능합니다. 다음 버튼을 이용하여 개별 추천 페이지에 접속하시고, 저희 툴을 활용하여 공유하시면 됩니다. 전혀 복잡하지 않습니다.

모닝 브루 공유하기

개별 추천 링크를 복사하여 다른 사람과 공유하는 방법도 있습니다. Morningbrew.com/daily/r/?kid=72bed759

지지에 감사드리며 계속 함께해 주시길 바랍니다.

_알렉스 리버먼Alex Lieberman
모닝 브루 CEO

도표 13.4 | 〈모닝 브루〉는 일정 수의 이메일을 열어본 구독자에게 위와 같은 자동생성 이메일을 발송한다.

- 여러분 이메일 서명란의 끝부분에 구독 옵션을 두고, 다른 직원들도 그렇게 하게 하라.
- 수십 가지 연결 방법을 동원해 잠재 구독자를 몰아붙이는 실수를 저지르지 마라. 마케팅만 어수선해지고 효과는 없다. 이메일 제공에 집중하고, 자체 웹사이트와 소셜 채널의 가능한 모든 곳에 이메일 제공에 관한 내용을 설정하라.

(14)

오디언스가 바로 찾을 수 있도록

진정한 즐거움은 아는 것보다는 찾아내는 데 있다.
_ 아이작 아시모프 Isaac Asimov

콘텐츠를 찾기 쉽게 만드는 데 어려운 수준의 기술이 필요한 것은 아니다. 하지만 대부분의 회사가 검색 엔진이나 소셜 미디어에서 검색되는 데 반드시 필요한 작은 것들도 하지 않는다.

과거 구글 검색 전도사였던 맷 커츠Matt Cutts는 최근 이렇게 선언했다. "나는 우리가 오디언스를 만나는 방법이 다양하다는 생각을 확고하게 지지한다. 그러므로 구글에만 의존하는 방법은 비효율적이다. 사람들에게 도달하고, 그들을 우리의 웹사이트 혹은 목적하는 어디로든 유도할 다양한 방법이 있기 때문이다."

콘텐츠 마케팅 연구소와 마케팅프로프스에서 진행한 콘텐츠 마케팅 벤치마크 보고서에 따르면, 이제 많은 마케터가 콘텐츠 홍보에 집중하고 있다. 왜일까? 규모에 상관없이 다양한 회사가 콘텐츠 제작에 막대한 비용을 들였지만 그렇게 만들어진 콘텐츠는 인기가 없다는 암울한 결과만 얻었기 때문이다. 콘텐츠를 찾기 쉽게 만드는 검색가능성을 높일 명확한 전략 없이 콘텐츠를 개발하는 것은 대책 없는 행동이다.

바로 발견하도록 하라

검색엔진을 통해 콘텐츠가 발견되도록 하는 것이야말로 콘텐츠 검색가능성의 최고봉이다. "구글은 여전히 오디언스를 확보하는 핵심 경로입니다." 섹션하이커닷컴의 필립 베르너는 말한다.

　콘텐츠 비즈니스 모델이 성공하려면 어떤 경우에든 검색엔진최적화search engine optimization, 즉 SEO에 집중해야 한다. 콘텐츠 마케팅 연구소를 설립했을 때 나는 SEO의 기본 원리를 이해하고, 가치 있고 공유가 가능한 콘텐츠를 만들어내면, 우리 콘텐츠가 자연검색 랭킹에 올라가리라고 생각했다. 이전에도 검색엔진을 통해 우리 사이트로 상당한 트래픽이 유입되었지만, SEO에 훨씬 진지하게 매달린 결과, 검색결과가 2배 넘게 증가했고, 그런 과정에서 당연히 우리 사업도 2배로 성장했다. 더욱 반가운 것은 신규 구독자 대다수가 검색엔진을 통해 들어온다는 것이었다. 즉 SEO는 우리 같은 콘텐츠 기업가의 생존에 결정적이다.

공략 키워드 목록

콘텐츠 마케팅 연구소는 매달 우리 콘텐츠와 관련된 상위 키워드 목록 검색결과를 검토했었다. '콘텐츠 마케팅'이나 '콘텐츠 큐레이팅 방법' 같은 것들이다. 각각의 키워드가 구글에서 차지하는 순위를 살피고(도표 14.1 참조), 경쟁자에 비해 콘텐츠 마케팅 연구소 실적이 어떤지를 확인하고, 지난달과 비교해 얼마나 나아지거나 나빠지고 있는지 흐름을 판단한다.

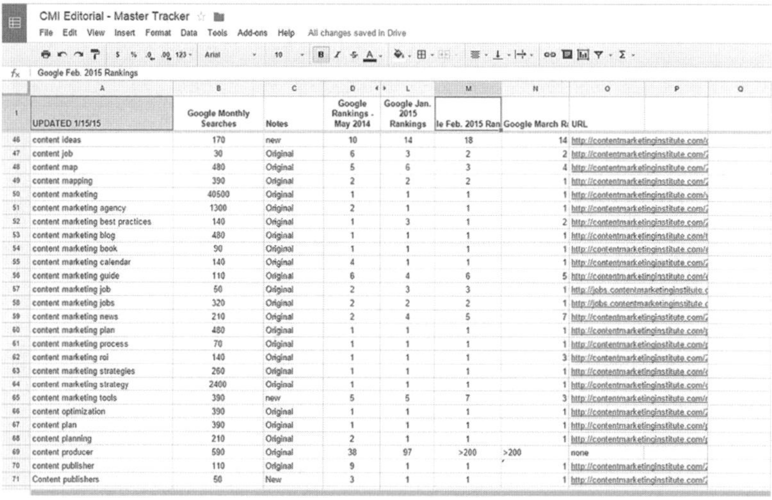
CMI Editorial - Master Tracker
File Edit View Insert Format Data Tools Add-ons Help All changes saved in Drive
Google Feb. 2015 Rankings

	A	B	C	D	L	M	N	O
1	UPDATED 1/15/15	Google Monthly Searches	Notes	Google Rankings - May 2014	Google Jan. 2015 Rankings	le Feb. 2015 Ran	Google March R	URL
46	content ideas	170	new	10	14	18	14	http://contentmarketinginstitute.com/
47	content job	30	Original	6	3	2	2	http://contentmarketinginstitute.com/
48	content map	480	Original	5	6	3	4	http://contentmarketinginstitute.com/
49	content mapping	390	Original	2	2	2	1	http://contentmarketinginstitute.com/
50	content marketing	40500	Original	1	1	1	1	http://contentmarketinginstitute.com/
51	content marketing agency	1300	Original	2	1	1	1	http://contentmarketinginstitute.com/
52	content marketing best practices	140	Original	1	3	1	2	http://contentmarketinginstitute.com/
53	content marketing blog	480	Original	1	1	1	1	http://contentmarketinginstitute.com/
54	content marketing book	90	Original	1	1	1	1	http://contentmarketinginstitute.com/
55	content marketing calendar	140	Original	4	1	1	1	http://contentmarketinginstitute.com/
56	content marketing guide	110	Original	6	4	6	5	http://contentmarketinginstitute.com/
57	content marketing job	50	Original	2	3	3	1	http://jobs.contentmarketinginstitute.c
58	content marketing jobs	320	Original	2	2	2	1	http://jobs.contentmarketinginstitute.c
59	content marketing news	210	Original	2	4	5	7	http://contentmarketinginstitute.com/
60	content marketing plan	480	Original	1	1	1	1	http://contentmarketinginstitute.com/
61	content marketing process	70	Original	1	1	1	1	http://contentmarketinginstitute.com/
62	content marketing roi	140	Original	1	1	1	3	http://contentmarketinginstitute.com/
63	content marketing strategies	260	Original	1	1	1	1	http://contentmarketinginstitute.com/
64	content marketing strategy	2400	Original	1	1	1	1	http://contentmarketinginstitute.com/
65	content marketing tools	390	new	5	5	7	3	http://contentmarketinginstitute.com/
66	content optimization	390	Original	1	1	1	1	http://contentmarketinginstitute.com/
67	content plan	390	Original	1	1	1	1	http://contentmarketinginstitute.com/
68	content planning	210	Original	2	1	1	1	http://contentmarketinginstitute.com/
69	content producer	590	Original	38	97	>200	>200	none
70	content publisher	110	Original	9	1	1	1	http://contentmarketinginstitute.com/
71	Content publishers	50	New	3	1	1	1	http://contentmarketinginstitute.com/

도표 14.1 | 콘텐츠 마케팅 연구소는 50개의 키워드와 각각의 변동상황을 추적했다.

목표는 모든 콘텐츠 페이지에서 구독을 유도하는 것이다. 모든 페이지를 랜딩 페이지(고객이 검색엔진 및 광고 등을 클릭하여 최초로 보게 되는 웹페이지의 첫 화면)처럼 다루고, 페이지 트래픽을 늘리고 단순 독자를 구독자로 전환하는 비율을 늘릴 방법을 찾기 위해 검색 상위 페이지들을 모니

터해야 한다.

이런 부분에 대한 전략을 어떻게 세울 것인가? 온라인 마케팅 코치Online Marketing Coach의 회장 마이크 머레이Mike Murray는 콘텐츠 비즈니스 모델에 검색을 통합하는 방법을 설명한다.

만약 트래픽 절반이 자연검색에서 나온다면 나머지 절반은 어디서 올까? 콘텐츠 비즈니스 모델에서 고려할 만한 다양한 전략들이 소개된다.

| SEO에 적합한 12가지 키워드 선택 비결 |
- 온라인 마케팅 코치 회장 마이크 머레이

소기업 기업주와 사업가가 검색엔진 트래픽을 통해 오디언스를 확보하려 하는 경우 키워드 선택에 무지해서는 곤란하다. 그런데도 기업주들이 키워드 선택에서 정교함이 떨어지는 시도를 막무가내로 하는 경우가 빈번하다. 물론 가끔은 맞을 수도 있다. 그러나 시간낭비로 끝날 때가 더 많을 것이다.

반가운 소식은 SEO 전략 없이 꾸준히 콘텐츠를 제작하는 것만으로 어느 정도 검색엔진 방문자들을 끌어들일 수 있다는 것이다. 검색엔진 알고리즘이 콘텐츠를 중시하기 때문이다.

그러나 좀 더 현실적이 될 필요가 있다. 여러분이 제작한 모든 페이지나 블로그 포스트가 구글 검색에서 첫 번째 페이지에 올라갈 수는 없다. 구글이 아니라 다른 검색엔진에서도 마찬가지일 것이다. 어떤 키워드 하나가 한 달에 1만 번 검색되기는 힘들다. 그렇지만 약간의 추가 노력을 들이면 SEO를 통해 좀 더 많은 성과를 얻을 수 있다.

새로 작성한 콘텐츠에서 어떤 키워드를 강조할지 고민하는 상황에서 유용한 체크리스트를 소개한다. 새로운 콘텐츠만이 아니라 과거 콘텐츠를 업데이트할 기회도 간과하지 않도록 하자.

1. 키워드 조사 자료를 충분히 살펴보았는가? 구글 서치 콘솔Google Search Console, 구글 트렌드, 수블Soovle, 서프스탯Serpstat, 키워드 툴Keyword Tool, 우버서 제스트Ubersuggest 등을 확인하라. 구글에 검색광고를 하지 않더라도 구글 애 드워즈 계정을 만들어 키워드 플래너Keyword Planner 접근 권한을 얻어라. 유료 툴로는 SEM러시SEMrush, 모즈 키워드 익스플로러Moz Keyword Explorer, 워드트 랙커Wordtracker, KW파인더KWFinder 아레프스 키워드 익스플로러Ahrefs Keywords Explorer 등이 있다. 내가 종종 이용하는 SEM러시는 생각하지 못했던 괜찮은 키워드들을 추천해준다. SEM러시는 경쟁자 관련 데이터를 포함하여, 미국 데이터베이스 안에 있는 2억 개 이상의 키워드를 분석한다. 내 경우 SEM러 시를 몇 분만 사용하면 (콘텐츠 아이디어에 도움이 될) 3만 개가 넘는 변형 키워 드들로 엑셀 스프레드시트를 채울 수 있다.

키워드 목록도 좋지만 중요한 것은 검색 횟수다. 어떤 때는 월간 검색 횟수 가 1,000인 키워드를 추적할 수도 있다. 경쟁이 덜한 것을 찾는 경우도 많기 때문이다. 그런 의미에서 나는 한 달에 검색 횟수가 50에 불과한 키워드 문 구도 배제하지 않는다. 많은 기업이 1만 달러, 2만 5,000달러, 5만 달러 혹 은 그 이상 나가는 고가 제품이나 연간 서비스를 판매한다. 월간 검색횟수 50에 불과한 키워드가 알짜배기 승자가 될 수도 있다.

모든 웹사이트가 스위트 스폿을 가지고 있다는 것을 명심하라. 여러분의 웹 사이트가 순위를 최대로 끌어올릴 가능성이 높은 구간이 바로 여러분 웹사 이트의 스위트 스폿이다. 여러분이 사용하는 관련 키워드 순위와 동일한 키 워드에 대한 평균 구글 검색량을 바탕으로 스위트 스폿 지점을 찾을 수 있 다. 달리 말하자면, 만약 여러분이 보통 월간 100~500 사이 검색수를 가진 키워드에서 구글 검색 상위 10위 안에 들었다면, 그것이 바로 여러분의 스위 트 스폿이다. 굳이 많이 검색되는 키워드라고 해서 많은 시간을 투자할 이유 가 있을까? 적중률이 높은 구간에 있는 키워드를 목표로 해라.

2. 키워드가 적절한가? 키워드가 상품과 서비스, 타깃 오디언스에게 정말로 부합하는가? 키워드의 특정성specificity이 무엇보다 중요하다. 키워드 검색을

찾아보면 '축구 유니폼 젊은이soccer uniforms youth' 같은 특이한 조합이 포함될 수도 있다는 것을 명심하라. 그런 조합이 어떤 순위를 차지하고 있는지를 확인할 수는 있지만, 적절한 문장 구조로 단어 순서들을 바꾸게 될 것이다. 경우에 따라서는 두 가지 다른 철자법을 활용할 수도 있지만, 같은 페이지 내에서 그렇게 하는 것은 피하라. 'Swing set'과 'swingset'이 그 예다.

검색자의 의도 역시 키워드의 적절성과 관련이 있다. 예를 들어 키워드 조합에 들어가는 단어를 보면 구매 의사가 거의 확실한 단계인지, 단순히 정보를 찾아보는 단계인지 알 수 있다.

3. 유료검색을 통해 이 키워드를 구매했는가? 만약 클릭당 금액을 내는 유료 검색에 돈을 내고 있다면 결과 데이터가 유용할 수도 있다. 그러나 클릭당 돈을 낸다고 해서 성공이 보장되지는 않는다. 일부 키워드만 성공적일 것이다. 유료 검색이든 자연 검색이든, 어떤 키워드를 유지할 가치가 있는가는 구독 전환율에 따라 결정된다. 경쟁자들이 어떤 키워드들을 유료 검색으로 이용하는지도 조사하라. SEM러시, 스파이푸 SpyFu, 아이스피오나지iSpionage 같은 툴을 이용하면 확인이 가능하다.

4. 내가 이미 키워드 검색 순위 안에 있는가? 상위 10위, 20위, 30위, 아니면 멀리 99위 안에 있는가? SEM러시, 어드밴스드 웹 랭킹Advanced Web Ranking, 모즈 같은 툴을 이용해 순위 자료를 확보하라. 마케팅 랜드Marketing Land에서 내놓는 《콘텐츠 마케팅, 검색 지능, 사용자 경험 등을 위한 기업 SEO 도구 : 마케터를 위한 가이드 Enterprise SEO Tools for Content Marketing, Search Intelligence, UX and More : A Marketer's Guide》(10판)은 수천 개의 키워드를 관리하고, 추적하고, 최적화하는 데 유용한 여러 플랫폼을 조사한 내용을 담고 있다(일부는 비싸지만, 일부 패키지는 저렴하다).

5. 새로운 페이지가 적절하게 키워드 문구를 언급하고 있는가? 검색엔진에서 주제와 개념을 알아서 찾아내기는 하지만, 훌륭한 콘텐츠라면 당연히 전략적으로 가장 유리한 키워드문구들을 포함하고 있어야 한다. 페이지 제목,

표제, 페이지수, 다른 웹사이트에서 유입되는 인바운드 링크, 이외 다수의 요인도 검색 순위에 지대한 영향을 미친다.

6. 지정한 키워드 문구로 내 웹사이트에 얼마나 많은 트래픽이 유입되고 있는가? 안타깝게도 구글이 2011년 암호화하는 작업을 시작하는 바람에 구글 애널리틱스는 실제 키워드와 문구를 숨기고 보여주지 않는다. 그러나 구글 서치 콘솔에서 상당한 자료를 얻을 수 있다. 또한 나는 구글 애널리틱스 상위에 오른 랜딩 페이지들을 추적하고, 이것을 SEM러시에 나오는 고객 순위 자료와 비교하는 방법으로 키워드 문구들의 실적이 어떤지를 파악한다. 클리블랜드 회계 회사 Cleveland accounting firms를 검색한 사례를 보고, 데이터 분석을 통해 같은 의미에 단어 조합만 다른 클리블랜드 소재 회계 회사 accounting firms in Cleveland나 클리블랜드 오하이오 CPA 회사 Cleveland Ohio CPA firms 같은 키워드를 고려해볼 수도 있다. 그리고 기존 콘텐츠나 새로운 페이지에 이런 문구들을 적용할 수도 있다.

나는 항상 검색엔진에서 높은 순위에 올라 있는 웹페이지에 나온 여러 키워드들을 살펴본다. 난방 냉방 댈러스 heating and cooling Dallas와 댈러스 냉난방 Dallas heating cooling을 단일 페이지에서 지원하는 모습도 볼 수 있다. 그렇지만 각각의 문구에 맞는 새로운 페이지를 만들어야 할 수도 있다.

7. 키워드를 부지런히 다듬고 있는가? 키워드들을 정한 이후라도 새로운 키워드 아이디어, 업계 동향, 경쟁상황, 자체 분석, 소셜 미디어에 나오는 키워드, 기타 자료를 토대로 이를 평가해야 한다. 마주치는 단어들을 단순히 메모만 하지 말고, 이를 바탕으로 가능한 변형까지 생각하라.

8. 이들 키워드(혹은 유사한 문구)를 통한 판매 혹은 가입 페이지로의 전환율은 어떤가? 키워드와 랜딩 페이지를 상품판매와 연결시키는 전자상거래를 포함하는 웹사이트 분석과 단계별 전환율 conversion funnels을 통해서 키워드의 효과를 추적할 수 있다. 콜파이어 CallFire, 콜레일 CallRail, 마첵스 Marchex를 비롯한 전문 회사들에서 제공하는 추적 서비스를 통해 추가 정보를 얻는 기업들도 있다.

9. 페이지에 고객 행동을 촉구하는 내용이 포함되어 있는가? 키워드가 콘텐츠 비즈니스 전략에 도움이 되기를 바란다면, 페이지에 반드시 설득력 있는 CTA를 두어야 한다. 페이지 방문자가 수신자부담전화를 걸 수 있는지, 견본을 요청할 수 있는지, 가이드를 다운로드 할 수 있는지, 추가 정보를 요구할 수 있는지 등을 확인하라.

10. 내부 링크 전략을 지원할 관련 페이지들이 있는가? 한 페이지만 순위가 좋을 수도 있다. 그러나 관련 페이지를 몇 개 만들면 검색엔진에서 비슷한 일련의 키워드를 강조하고 있다고 판단하도록 만들 수가 있다. 대여섯 개의 비슷한 페이지 혹은 포스트에서 전략적인 키워드들을 서로 교차하여 링크하라.

11. 지금 키워드 선택이 향후 콘텐츠에도 맞을까? 키워드 선택은 기존 콘텐츠뿐만 아니라 앞으로 몇 주 혹은 몇 달 동안의 콘텐츠 계획을 토대로 해야한다. 기사나 블로그 포스트를 작성하기 한참 전부터 콘텐츠 일정표를 보면서 어떤 키워드가 좋을지 고민하는 자세가 필요하다.

12. 특정 키워드가 도메인명에 포함되어 있는가? 2012년 구글은 콘텐츠는 빈약한데 이름만 길게 하여 검색 효과를 노리는 도메인에 제재를 가하기로 결정했다(이는 당연히 웹사이트의 랭킹에 부정적인 영향을 미칠 수 있다). 웹사이트 같지만 실은 낚시성 링크에 불과한, seocontentmarketingtipsforsmallbusinessmarketers.com 같은 볼썽사나운 사이비 도메인 단속에 나서겠다는 의미라고 본다. 그러나 대부분 웹사이트의 경우 도메인명은 여전히 검색엔진 순위에 긍정적인 영향을 준다.

다른 사람의 콘텐츠에 출연하기

—

OPC는 '다른 사람의 콘텐츠other people's content'의 줄임말이다. 여러분의 생각이 다른 사람의 콘텐츠에 많이 퍼질수록 여러분 사이트로 새로운 사람들을 끌어오고 구독자를 늘릴 기회도 많아진다. 그러므로 여러분 오디언스가 많은 시간을 보내는 사이트 및 인플루언서들과 좋은 관계를 발전시키기 위해 인플루언서의 콘텐츠에 도움을 줄 기회를 찾는 것이 중요한 목표 가운데 하나가 된다. 예를 들어 게스트 블로그에 내 콘텐츠를 싣는 포스팅을 하거나 그들이 오디언스를 위해 마련한 웨비나에 특별 출연을 하는 방법이 있다.

과거 10년 동안 나는 500개가 넘는 웹사이트에 원작 콘텐츠 혹은 기존 콘텐츠를 용도에 맞게 재용도화한 콘텐츠를 올렸다. 동시에 1년에 20개에서 30개의 외부 웨비나에 참석하고 있다. 이들 활동은 내 성공에 큰 도움이 됐다. 어떻게 아느냐고? 매달 3,000곳이 넘는 다양한 공간에서 콘텐츠 마케팅 연구소로 사이트로 독자들이 유입된다. 우리가 콘텐츠를 다른 사람들의 사이트에서 공유하기 때문에 가능한 일이다.

인기 콘텐츠 리스트를 만들어라

산업 관련 글에서 남용되는 측면이 있지만, 각종 리스트는 사람들이 발견하고 공유하기 쉽다. 결과적으로 더욱 많은 사람이 해당 콘텐츠에 대해 블로그에 포스팅을 하거나 링크를 연결함으로써 검색엔진에서 해당 콘텐츠를 찾기가 한결 쉬워진다. 콘텐츠 마케팅 연구소에서 가장 실적이 좋은 콘텐츠는 대부분 숫자를 포함한 리스트다(도표 14.2).

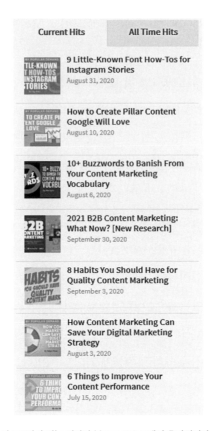

도표 14.2 | 좋든 싫든 리스트와 숫자는 기사와 블로그 포스트에서 효과적이다.

독특한 조사를 기획하라

효과 면에서 독보적이다. 타깃 오디언스에 특화된 독창적인 조사 결과는 쥐 앞에 치즈와 같다. 좋은 기회가 되겠다 싶으면 지속적인 시리즈로 진행하라. 분기별 혹은 연간으로 조사 계획을 세우는 것도 좋다. 조사 결과가 공표될 때마다 새롭고 놀라운 이야깃거리가 생기는 셈이다.

콘텐츠 신디케이션

콘텐츠 신디케이션content syndication이란 콘텐츠의 일부 또는 전체를 다른 곳에서 이용할 수 있게 해준다는 의미다. 쉽게 말하자면 자신의 글을 적극적으로 다른 사람들 사이트에 올린다는 의미다. 예전에는 많은 이들이 콘텐츠를 복사해서 다른 곳에 게재하면 구글 같은 검색엔진에서 불리한 벌칙을 준다고 생각했다. 그러나 구글은 이는 사실이 아니라고 분명하게 밝혔다. "이런 이야기는 이걸로 끝냅시다. 여러분! '복사 콘텐츠 벌칙' 같은 것은 없습니다."

저자이자 마케팅 강사로 활동하는 마이클 브레너Michael Brenner는 콘텐츠 신디케이션이 아직 발달되지 않은 만큼 무한한 가능성을 가진 기회의 땅이라고 본다. 그의 말을 들어보자.

> SAP에서 나는 콘텐츠 마케팅 허브를 구축하고 소규모 예산으로 서비스를 시작했습니다. 소규모 예산으로 어떻게 콘텐츠 허브를 만들 수 있냐고요? 자발적인 콘텐츠 기고가 부대가 필요하지요.
>
> 처음에는 다른 전문가의(처음에는 대부분이 직원이었지요) 허락을 받아 콘텐츠 신디케이션을 함으로써 가능했습니다. 성과가 보이고 예산이 늘어나자 유료 원작 콘텐츠는 물론이고 사용권 계약을 통해 확보한 콘텐츠도 추가했습니다.

자신의 콘텐츠를 다른 사이트에 게재하도록 허락하는 것(신디케이션)이 말이 되는 이유는 콘텐츠의 추가 배포가 가능하기 때문이다. 원작 콘텐츠 생산이 콘텐츠 비즈니스 모델 성장에 가장 중요한 부분이라는 것이 내 기본적인 생각이다. 그렇지만 자체 콘텐츠 제작 공장이 원활하게 움직이기 전까지는 타인의 콘텐츠를 활용하는 방안, 즉 콘텐츠 신디케이션을 고려해볼 수 있다.

누구나 접근할 수 있게 하라

몇 해 전에 나는 세계 각지에서 업계를 선도하는 위치는 있는 몇몇 동업자조합을 위한 워크숍을 진행했다. 그런데 이들 조합 웹사이트에 접속해 콘텐츠를 찾기가 이만저만 어려운 일이 아니었다. 왜일까? 콘텐츠의 90퍼센트가 회원 전용이었고, 회원이 콘텐츠에 접근하려면 로그인을 해야 했기 때문이다. 이는 90퍼센트의 콘텐츠가 검색엔진에서 검색되지 않고, 콘텐츠를 마음에 들어 하는 사람이 있어도 소셜 미디어에서 공유할 수 없다는 의미다.

저명한 작가이자 연설가인 데이비드 미어먼 스콧David Meerman Scott이 자신의 콘텐츠를 가지고 낸 개인적인 통계에 따르면, 백서나 전자책 접근에 제한이 없으면 다운로드 횟수가 최대 20배에서 50배까지 증가한다. 다운로드 가능한 콘텐츠에 정보입력란을 두지 않으면 숫자는 더욱 증가한다.

물론 구독자를 늘리기 위해 사람들이 기꺼이 돈을 지불한 만한 콘텐츠를 비롯하여 일부 콘텐츠에 정보입력란을 두고 싶은 것이야 당연하다. 그러나 대부분 콘텐츠는 오디언스가 쉽게 접근할 수 있어야 하며, 그렇게 함으로써 검색과 소셜 미디어 공유 기회를 높여야 한다.

콘텐츠를 위한 협력

《브랜드스케이핑》의 저자 앤드루 데이비스에 따르면 브랜드스케이핑은 "훌륭한 콘텐츠를 만들어내기 위해 서로 협력하는 브랜드들의 모임"이라고 정의된다. 훌륭한 콘텐츠를 가지고 있지만 추가적인 마케팅 노출이 필요한 예를 생각해보자. 혹은 업계의 누군가가 여러분이 오디언스와 공유하고 싶은 놀라운 조사 결과를 가지고 있는 경우도 가능하다. 이런 경우 협력 관계를 형성하는 일이 의미가 있을 것이다.

처음 콘텐츠 비즈니스를 시작했을 때 내게는 오디언스가 거의 없었다. 그래서 대형 미디어 회사 한 곳과 대형 협회 한 곳에 연락을 해서, 그들이 자신들의 오디언스에게 발송할 의사가 있다면, 조사연구보고서 하나를 작성하겠다고 약속했다. 현재 그 작은 조사보고서 프로젝트는 15년간 이어지고 있고 수백만 달러의 매출을 올리고 있다.

제목을 테스트하라

웹에서 가장 빠른 성장세를 보이는 사이트 중에 하나인 업워시Upworthy는 인간성을 고양하는 콘텐츠를 공유하고 큐레이팅하는 데 집중한다.

1,600만 명이 넘는 구독자를 확보하고 있고 월간 영상 조회수가 1억 2,500만 회를 웃돈다.

이렇게 이례적인 숫자에 이르게 된 원인이 무엇일까? 업워시의 설명을 들어보자. "업워시 커뮤니티 회원 수백만 명이 우리가 큐레이팅한 영상을 보고, 그 영상이 중요하고, 설득력 있고, 친구들과 공유할 만하다고 생각했기 때문입니다."

업워시의 영상을 보고 공유하려면 이메일을 등록해야 한다. 업워시는 어떻게 그렇게 많은 사람들이 이메일을 등록하도록 했을까? 업워시 직원들은 콘텐츠 제목에 세심한 주의를 기울이고 공을 들인다. 업워시는 글 하나에 대해서 최소 25개의 표제를 작성한다. 그리고 구독자 리스트를 가지고 다양한 A/B 테스트를 진행해 어떤 표제가 가장 많은 이메일 등록 및 공유를 유도하는가를 본다. 테스트 결과가 나오면 회사는 최고로 뽑힌 표제를 이메일 데이터베이스 전체를 향해 배포한다.

유료 콘텐츠 배포 고려하기

———

처음부터 무료 자연검색을 통해 원동력을 얻어 대규모 구독자 오디언스를 확보하면 좋겠지만, 그 전에 독자층을 얻기 위한 다른 방법이 필요할 수도 있다. 새 구독자를 얻기 위해 돈을 내고 콘텐츠를 배포해 도움을 받는 것도 방법이다. 이때 고려할 사항 두 가지를 이야기하고 싶다.

- **클릭당 비용 지급**. 목표한 키워드를 통해 검색엔진에서 여러분의 콘

텐츠가 검색되기 전까지 비용을 지불하고 홍보하는 방법도 괜찮다. 클릭당 지불pay per click, PPC은 검색엔진에서 콘텐츠를 홍보하고, 누군가 해당 링크를 클릭할 때마다 구글, 빙Bing, 혹은 다른 검색 사이트에 비용을 지불하는 것이다. PPC 요금은 상대적으로 인기가 없는 키워드일 경우 5센트 정도부터 시작하며, 인기 검색어라면 클릭당 몇십 달러까지 다양하다.

- **콘텐츠 발견/추천 툴.** 아웃브레인Outbrain, 타불라Taboola, 엔릴레이트nRelate 같은 서비스는 미디어나 블로그 사이트와 제휴를 맺고, 비용을 받고 콘텐츠를 원하는 사이트에 홍보해준다. PPC와 마찬가지로 누군가 콘텐츠를 클릭할 때마다 요금을 부과한다. 콘텐츠 추천 툴이 검색엔진의 PPC와 다른 가장 큰 차이점은 콘텐츠가 흥미로운 스토리 형식을 띠고 있어야 한다는 것이다. 그렇지 않으면 이들 서비스에서 노출해주지 않을 것이다. 콘텐츠 추천 툴들은 과거 몇 년 동안 낚시성 스토리 때문에 평판이 좋지 않았지만, 언제나 그렇듯이 훌륭한 콘텐츠는 성공한다.

소셜미디어 광고

―――

페이스북, 링크드인, 트위터, 인스타그램을 비롯한 거의 모든 소셜 웹사이트가 광고를 받는다. 목표로 하는 오디언스가 누구인가에 따라 선택 채널이 달라질 것이다.

이 책을 내놓기 직전 내 목표는 내 개인 이메일 뉴스레터 구독자 수를 상당한 정도로 늘리는 것이었다. 첫 소설《죽으려는 의지》를 페이스북 광고를 통해 홍보했는데 매우 성공적이었다. 이후 나는 마케터들을 대상으로《코로나 마케팅Corona Marketing》이라는 제목의 무료 책을 만들기로 했다. 그 책 덕분에 코로나 마케팅에 관심을 가진 마케터들을 내 웹사이트로 유입되었다(〈도표 14.3〉 참조). 나는 그 책을 무료로 제공하는 대가로 방문자들에게 내 개인 이메일 뉴스레터를 신청하고 받아볼 것을 권했다.

도표 14.3 │ 무료로 제공하는 콘텐츠가 진정으로 가치가 있다면, 소셜 미디어 광고를 활용하는 것도 무방하다.

2020년 8월 나는 코로나 마케팅의 중요성을 설명하는 10초짜리 영상을 페이스북에 올리고, 플레이될 때마다 비용을 지불했다. 해당 광고를 유료로 운영해서 얻은 결과를 나열하자면 다음과 같다.

- 개당 0.96달러에 787개의 이메일 계정이 메일링 리스트에 추가됨
- 개당 0.26달러에 2,957개의 이메일 계정을 추가 확보함
- 47만 6,000명이 신규로 유입됨
- 회당 0.14 달러에 랜딩 페이지 조회수가 5,400회 증가함

모두가 좋은 숫자이며 개당 1달러도 안 되는 금액에 구독자 리스트에 787명이 추가된 것은 뜻밖의 성과다. 무료 제공 콘텐츠가 충분히 가치가 있고, 구독자에게 정보를 제공하는 분야에서 여러분이 앞서 있다면 이런 광고가 효과를 볼 수 있다.

보도자료 서비스를 이용하라

시전Cision과 마켓와이어Marketwire 같은 서비스는 업체에서 언론 보도자료를 받아 원하는 미디어 사이트에 배포해 추가 홍보를 해주는 일을 한다. 정해진 형식은 없다는 사실을 기억하라. 매일 배포되는 수천 개의 보도자료 속에서 사람들의 관심을 끌려면 최대한 창의력을 발휘해야 한다. 말하고 싶은 스토리를 이야기하고, 가장 어울릴 미디어 사이트를 골라 배포하라.

15

오디언스 훔치기

인플루언서 마케팅은 사람들이 당신의 스토리를 공유하고,
흥미를 유발하고, 당신 입장을 대변하게 만드는 것이다.

_ 아더스 앨비 Ardath Albee

인플루언서 전략을 활용하는 대부분의 기업은 정해진 프로세스가 없다. 인플루언서 전략을 수행할 때는 특정한 유형과 어조의 콘텐츠를 공유하면서 진행하라. 왜냐고? 해당 인플루언서의 오디언스가 여러분의 오디언스가 되기를 바라니까.

어떤 마케팅 전문가들은 이번 장의 내용을 '인플루언서 마케팅'이라고 부르지만 나는 그저 이렇게 말하고 싶다.

(여러분의 오디언스가 여러분 사이트에 있지 않을 때 웹에서 돌아다니는 장소라고 말할 수 있으리라) 어떤 인플루언서와 관계를 맺는 목적은 그 인플루언서의 오디언스를 훔쳐 여러분의 오디언스를 만드는 것이다(나로서는 최대한 좋게 표현한 것이다).

지금 이 순간 여러분의 오디언스는 여러분의 콘텐츠만을 가만히 기다리며 있지 않는다. 정보를 얻기 위해 오락거리를 즐기기 위해 적극적으로 모바일, 비디오, 오디오, 텍스트 콘텐츠들을 찾아다니고 여기저기 참여하느라 바쁘다. 이처럼 복잡하고 어수선한 환경을 뚫고 오디언스에게 도달하려면, 그들의 관심을 잡을 콘텐츠로 유도해야 한다. 이는 결코 쉬운 작업은 아니다.

이번 장은 그런 작업에 도움이 될 모든 것을 다룬다. 바로 오디언스 훔치기다!

인플루언서 활용의 핵심

———

생각해보면 아주 간단하고 직접적인 개념이다.

- 인플루언서에게는 그들의 생각과 추천을 거부감 없이 받아들이는 확보된 오디언스가 있다. 여러분이 목표로 하는 오디언스들이 이들을 중요하게 생각한다.
- 인플루언서들은 오디언스와 확고한 수준의 신뢰 관계를 구축하고 있다. 이런 인플루언서가 여러분이 오디언스들과 신뢰를 쌓도록 도와줄 수 있을 것이다.
- 인플루언서들은 현장 경험과 감각을 바탕으로 여러분의 고객이 필요한 것을 채워주는 콘텐츠를 만들도록 도울 수 있다.
- 그들과 협력함으로써 콘텐츠와 메시지를 올바른 방식으로, 올바른

시점에, 올바른 사람들에게 내보낼 수 있다.

궁극적인 목표는 자신의 오디언스를 구축하고 확대하는 것이다.

목표가 무엇인가?

콘텐츠 비즈니스 프로그램에 전략이 필요한 것처럼 인플루언서 마케팅 프로그램에도 전략이 필요하다. 자신이 구체적으로 달성하려는 목표가 무엇인지를 분명히 이해하고 문서화할 필요가 있다. 인플루언서 프로그램이 사업 목표 달성에 어떻게 도움이 되며, 구체적으로 어떻게 오디언스 확보로 이어질 것인가?

각자의 목표 리스트를 작성할 출발점으로 고려하거나 활용할 리스트 후보들을 뽑아보자면 다음과 같다.

- 브랜드 인지도. 해당 인플루언서 덕분에 얼마나 많은 사람이 이 콘텐츠를 보고, 다운로드하고, 듣는가?
- 참여. 콘텐츠가 얼마나 반향이 있으며 얼마나 자주 공유되는가? 그리고 공유를 늘리는 데 인플루언서가 주는 도움이 어느 정도인가?
- 잠재고객창출. 인플루언서가 사람들을 가치 있는 구독자로 바꾸는 데 얼마나 도움이 되고 있는가?
- 판매. 인플루언서가 공유하는 콘텐츠 덕분에 돈을 벌었는가? 여기에 어떤 수익 또는 투자수익률ROI이 적용될 수 있는가?
- 고객 유지 및 충성도. 인플루언서가 어떻게 고객 유지에 도움을 주는가?

- 상향판매 혹은 교차판매. 인플루언서를 활용해 누군가가 우리 사업에 투자를 늘리도록 할 방법이 있는가?

필요한 인플루언서 유형을 파악하라

구체적인 목표에 따라 필요한 인플루언서 유형이 달라진다. 예를 들어 브랜드 인지도 제고와 폭넓은 오디언스 접촉이 목표라면, 매체 점유율을 높여줄 '적절한' 콘텐츠를 생산할 수 있는 인플루언서들을 고르고 수를 최대한 늘리는 편이 좋을 것이다. 그러나 고객 유지나 판매량 증가를 모색하고 있다면 고객들을 인플루언서로 활용하는 것이 바람직할 것이다.

맞는 인플루언서를 찾아내는 방법

인플루언서들은 다양한 형태를 하고 있다. 또한 조직 내부에도 있고 외부에도 있다. 구체적으로 예를 들어보자면 다음과 같다.

- 블로거
- 소셜 미디어 유명인사(산업별)
- 고객
- 구매자 집단의 일원
- 업계 전문가와 분석가

- 사업 파트너
- 조직 내부 팀원이나 전문가
- 미디어 사이트

이런 집단을 대상으로 공략을 할 인플루언서 리스트를 만들 수 있다.

프로그램 운영 방법

인플루언서 마케팅 프로그램으로 달성하려는 목표와 도달하려는 대상을 분명하게 정하고 나면, 내부에 작업 수행에 필요한 자원이 갖춰져 있는지가 명확해진다. 이때 고려할 사항은 다음과 같다.

- 시험적으로 인플루언서 그룹을 운영할 내부 팀의 역량은 어떤가?
- 인플루언서 마케팅 프로그램에 활용할 내부 툴이 있는가?(소셜 미디어 정보 수집, 콘텐츠 관리 등에 활용하는 툴을 말한다) 다음 페이지의 박스에 나오는 '인플루언서 파악 툴'을 참조하라.

내부 역량을 충분히 파악하고 나면, 관리 가능한 프로그램의 규모가 어느 정도인지, 외부의 어떤 자원을 활용해야 하는지 등을 판단하고 목적에 부합하는 프로그램을 적절히 진행할 수 있다.

공유 가치가 있는 콘텐츠를 만들어라

———

인플루언서가 여러분 콘텐츠에 힘을 실어주면서 진정한 파트너가 되게 하려면 결정적인 것이 필요하다. 바로 주목하지 않을 수 없는 적절한 콘텐츠다. 홍보만 가득한 메시지로는 인플루언서를 설득할 수 없다. 힘들게 얻은 독자의 신뢰를 유지하는 핵심은 진정성이며, 이런 신뢰관계보다 가치 있는 것은 없기 때문이다. 앤디 뉴봄 Andy Newbom 의 말처럼 "인플루언서가 계속 영향력을 유지할 수 있게 해줄 무언가를 만들어내라."

공략 대상 인플루언서 리스트

———

인플루언서 마케팅 프로그램이 이상한 나라의 앨리스가 빠진 혼돈의 토끼굴처럼 복잡하고 어렵게만 느껴지는가? 이유는 선택 가능한 방법이 무수히 많고, 잠재적인 인플루언서의 유형이며 숫자도 너무 많아서 시작도 하기 전에 압도당하는 느낌이 들기 때문이다. 프로그램을 시작하는 단계에서 머릿속에 떠오르는 대표적인 질문을 소개하자면 다음과 같다.

- 연락을 취할 대상이 누구인가?
- 누가 좋은지, 누가 강력한 영향력을 가지고 있는지 어떻게 아는가?
- 일단 공동 작업이 시작되면 어떻게 인플루언서를 관리해야 하는가?

이런 미지의 변수들 때문에 팀의 규모나 경험에 상관없이 인플루언서 프로그램 시작이 다소 벅차다고 느껴질 수 있다. 그래서 시작에 도움이 되는 3단계를 소개한다.

1. 가능성 있는 소규모 협력 대상을 선별하고 추가 정보를 알아본다.
2. 인플루언서 지원 활동을 시작한다.
3. 시험하고, 평가하고, 최적화한다.

목표를 설정하고 함께 일했으면 하는 인플루언서 '유형'을 파악한 뒤에, 인플루언서 후보군을 선별하는 과정에서 가장 먼저 할 일은 가만히 앉아서 인플루언서의 이야기를 경청하는 것이다. 소극적으로 보일 수 있는 방법이지만 인플루언서 후보가 무엇을 주안점으로 두는지 이해하는 것은 아주 중요한 일이다. 그래야 어떤 방식으로 협력할지 알 수 있기 때문이다. 따라서 경청의 시간을 갖는 것은 반드시 필요하다.

먼저, 함께 일하고 싶은 우선순위 후보군을 갖추는 데 도움이 될 일종의 템플릿을 생각해보라. 기존에 명단을 가지고 있을 수도 있지만, 일관성 있는 추적 및 평가 방법을 가지고 있는 것이 중요한 출발점이 된다.

인플루언서의 콘텐츠를 보면서 다소 '직감적으로' 점수를 매길 수도 있다. 이 과정에서 다음과 같은 작업이 중요하다. 인플루언서 후보의 콘텐츠를 살펴라. 그들의 글을 읽고, 그들이 댓글에 어떻게 대응하는지를 보고, 그들의 트윗이나 포스트를 검토하고, 그들에게 가장 중요한 것이 무엇인가를 확인하라. 그들의 영향력 수준과 범위를 평가하기 위해 어떤 사람이 그들을 팔로잉하고 작업에 반응하는가를 살펴볼 수도 있다. 이들에 대한 좋은 정보 역시 여러분의 스프레드시트에 포함시킬 가치가 있다. 경우에 따라서 인플루언서의 오디언스가 인플루언서 후보가 될 수도 있다.

인플루언서 후보 파악 방법

———

퓨즈Fuze의 어맨더 맥시뮤Amanda Maksymiw는 인플루언서 리스트 작성 시에 다음과 같은 과정을 따를 것을 권장한다.

- 온라인상에서 오가는 이야기를 분석하는 툴들을 활용해라. 키워드를 토대로 특정 주제에 대해 이야기하는 사람들을 파악하라.
- 고객이나 업계 사람들에게 물어보라. 입소문의 위력을 과소평가하지 마라.
- 소셜 미디어 플랫폼, 특히 링크드인을 검색하라.
- 미친 듯이 네트워크를 형성하라. 여러 분야 행사에 참석하라. 혼자만

의 세계에서 나와라. 고객, 파트너, 영업 사원들과 이야기를 나눠라.

- 마케팅, 제품개발, 영업 팀 내의 동료들에게 물어보라.
- 다른 인플루언서에게 물어라. 리스트 최상단에 올려놓은 인플루언 서들이 서로를 추천하는 모습을 보며 깜짝 놀라게 될 것이다.
- 여러분의 콘텐츠에 대해 이야기하는 포럼, 토론게시판, 토론그룹 등에 참여하라. 트위터 수다, 웨비나 등에 참여하는 것, 최신 업계 보고서나 블로그 포스트를 훑어보는 것도 업계에서 누가 핵심 주 자인지 신속하게 파악하는 데 도움이 된다.

얼마나 많은 인플루언서가 필요할까?

————

'프로그램 관리 방안'과 밀접하게 관련되는 질문이다. 그러나 시작 단계에 서 효율성을 확보하는 데 중점을 둔다면 다섯 명에서 열 명 정도가 적당 하고 관리도 수월하다는 의견이 지배적이다.

지원 시작

————

일단 인플루언서 후보군을 파악하고 그들의 작업을 훑어본 뒤에 지원 단 계로 나아가려면 잠시 다음의 내용들을 생각해보도록 하라.

- 어떻게 연락할 것인가?

- 어떤 가치 있는 것을 제안할 수 있는가?
- 그들과의 관계에서 정확히 무엇을 얻고자 하는가?

바로 이 지점에서 특정 인물의 작품을 검토하며 보낸 시간이 보답을 받는다. 명단 가장 위에 있는 인플루언서에게 지극히 사무적이고 일반적인 요구서를 보낸다면 무시당하기 쉽다. 쌍방향 관계라는 점을 명심하라. 회사가 블로거에게 돈이나 샘플들을 뿌려서 브랜드 앞에서 굽실거리게 하던 시대는 지났다. 요즘 인플루언서들은 훨씬 까다로운 자신들만의 기준으로 선택할 충분한 능력을 가지고 있으며, 여러분의 사업에 자신들이 보낼 재능과 오디언스의 가치를 충분히 존중해주기를 바란다.

인플루언서들에게 존재 알리기

소셜 미디어 인플루언서들에게 여러분의 존재를 한층 부각시키는 공유 방법으로 '소셜 미디어 4-1-1'을 추천한다. 인플루언서에게 직접 이메일을 보내기 전에 이 방법을 활용해보아라.

트위터 같은 소셜 미디어를 통해 공유되는 매 여섯 개의 콘텐츠에 대해 다음과 같이 배분하라.

- 네 개는 여러분의 오디언스와 관련이 있으면서 동시에 제휴를 고려하는 인플루언서에게서 나온 콘텐츠로 한다. 이는 67퍼센트의 시간에 자체 콘텐츠가 아닌 콘텐츠를 공유하고 있다는 의미가 된

다. 그리고 인플루언서 집단이 만든 콘텐츠에 오디언스의 주의를 환기시키고 있다는 의미가 된다.

- 한 개는 자체적으로 만든 독창적이고 교육적인 콘텐츠다.
- 한 개는 쿠폰, 제품 공지 같은 판매와 관련된 콘텐츠 아니면 언론 보도자료다.

4-1-1이라는 숫자를 칼 같이 지킬 필요는 없지만 전체 작업이 효과를 보기 위한 큰 틀이다. 인플루언서의 콘텐츠를 공유하면 그들이 이를 인지한다. 물론 어떤 대가도 요구하지 않고 공유해야 한다(한 달 정도). 그러면 어느 날 무언가를 요청했을 때 인플루언서들이 긍정적인 답변을 해줄 가능성이 높다.

이런 접근 방법을 효과적으로 만드는 핵심 열쇠는 꾸준함이다. 다섯 명에서 열 명 정도의 인플루언서 명단을 만들고, 한 달 동안 적어도 하루에 한 번은 이들의 콘텐츠를 공유하라.

처음 관계 맺기

인플루언서 후보들과 교류를 시작할 몇 가지 방법이 있다.

- 답글, 리트윗, 댓글 등을 통해 소셜 미디어상에서 애정을 보여주어라(소셜미디어 4-1-1 법칙을 활용하라).
- 인플루언서의 블로그 포스트에 대해 사려 깊은 논평을 제공하라.

- 링크드인에서 그들과 친구가 돼라. 자기소개를 하고 친구가 되고 싶은 이유를 설명하라.
- 적절한 시기가 왔다고 판단될 때 협력 관계를 맺고 싶다는 내용을 담아 이메일을 발송하라.

그동안 내 경험을 보면 어떤 사람의 소셜 채널에서 꾸준하게 (예를 들어 30일 이상) 뭔가를 공유하고 답을 하면, 상대가 직접적인 접촉을 더 잘 받아들이는 경향이 있다. 이런 시도가 부탁으로 보여서는 곤란하다. 핵심은 상대의 능력을 최우선으로 하고, 이쪽의 필요를 후순위로 고려하는 선상에서 협력을 제안하는 내용이어야 한다.

인플루언서 관계 발전시키기

—

일단 원하던 인플루언서들과 연결되어 소통하기 시작하면, 여러 방식으로 협력하자고 제안하기가 한결 쉬워진다. 예를 들면 다음과 같은 방법들이 있다.

- 인플루언서에게 콘텐츠를 공동으로 만들자고 부탁한다.
- 플랫폼에 맞춘 전용 콘텐츠 제작을 부탁한다.
- 콘텐츠를 인플루언서의 플랫폼에서 공유하자고 부탁한다.

새로운 인플루언서에게 함께하자고 청할 만한 프로젝트들을 몇몇 소개하자면 다음과 같다.

- 글 인용을 부탁한다.
- 컨퍼런스에서 연설을 해달라고 요청한다.
- 트위터 채팅이나 웨비나에 게스트로 참여해달라고 부탁한다.
- 전자책에 인용을 부탁한다.
- 크라우드소싱으로 만들어진 블로그 포스트에 쓰일 특정 주제에 관한 반응을 취합한다.
- 여러분의 전자책이나 백서 안에 인플루언서의 콘텐츠 공유에 대한 허락을 요청한다.
- 사례 연구를 위한 정보나 데이터를 요청한다.
- 게스트 블로그 포스트 작성 혹은 거기에 등장해줄 것을 부탁한다.
- 업계 행사에서 전문가 패널로 포함시킨다.
- 팟캐스트에 게스트로 참여해줄 것을 부탁한다.

마땅한 것이 없으면, 이쪽 블로그 포스트, 팟캐스트, 조사보고서, 영상 등에서 해당 인플루언서를 언급하는 단순한 행동부터 시작하라. 인플루언서들의 호기심을 유발하는 가장 좋은 방법은 대가 없이 뭔가를 해주는 것이다. 상대가 확인하고 싶어 하든 아니든, 이쪽 콘텐츠에 상대가 등장한다는 사실을 알려주기만 하면 된다. 보통은 어떤 내용인지 확인하고 싶어 한다.

콘텐츠 활용 범위

고려할 점은 함께 만드는 콘텐츠의 확장성이다. 자체 콘텐츠 비즈니스 전략을 실행할 때와 마찬가지로 인플루언서 프로그램도 특정 시점의 전략을 넘어서는 확장성이 있어야 한다. 예를 들어보자.

- 매달 올리는 게스트 블로그의 포스트를 모아 분기별로 전자책을 만드는 방안을 생각해보라.
- 인플루언서에게 웨비나나 팟캐스트 진행을 맡겼다면, 이런 콘텐츠를 모아 생생한 정보가이드를 만들어라.
- 인플루언서의 콘텐츠에 나온 인용문이나 돋보이는 통찰 등을 모아 모범 사례 글이나 토론 포스트에 포함시켜라.

너새니얼 와이트모어는 암호화폐 분야에서 가장 큰 규모의 팟캐스트를 운영하고 있다. 어느 미디어 회사와의 협력이 그의 오디언스를 키우는 데 결정적인 역할을 했다.

〈코인데스크Coindesk〉는 암호화폐를 전문으로 다루는 대표적인 뉴스 사이트다. 와이트모어가 〈더 브레이크다운The Breakdown〉이라는 팟캐스트를 시작했을 때 마침 코인데스크도 팟캐스트 네트워크를 확장하는 방안을 고려하고 있었다. 그리하여 코인데스크가 광고를 팔고 〈더 브레이크다운〉 쇼를 코인데스크 네트워크 전체에 내보내는 내용으로 협력 관계를 맺었다. "내 입장에서 협력의 주된 목표는 처음부터 배포 범위를 훨씬 넓히는 것이었습니다." 와이트모어의 말이다.

협력이 시작된 이후 다운로드 횟수가 1,000퍼센트 이상 늘어서 플랫폼 전체에서 한 달에 30만 회가 넘는 다운로드가 이루어졌다. 와이트모어는 팟캐스트 성장에서 중요한 요소로 지속성과 차별화를 강조한다.

첫째로 매일 팟캐스트를 하는 것이 쇼를 차별화하는 데 큰 힘이 되었습니다. 놀라운 사실은 그렇게 많은 사람이 매일 듣는다는 것이었습니다. 둘째로 제가 보기에는 전반적으로 콘텐츠 제작자들이 각자의 정확한 차별화 지점 혹은 틈새시장을 파악하기 위해 충분한 시간을 들이지 않는 것 같습니다. 〈더 브레이크다운〉은 주로 게스트 없이 직접 마이크에 대고 말을 하는 저를 중심으로 진행됩니다. 암호화폐나 거시경제 분야에서 이런 유형의 팟캐스트는 이것이 유일하지요. 일주일에 2~3명 이상의 게스트를 모셔본 적이 없고, 일주일에 일곱 번이나 쇼가 있습니다. 그렇기 때문에 이 팟캐스트를 차별화시켜주는 요소를 이해하는 것이 정말 중요했습니다.

프로그램을 평가하고 최적화하라

시간과 수고가 드는 일이지만 이런 노력이 있어야 인플루언서와 진정성 있는 협력 관계에 도달할 수 있다. 이런 노력을 통해 인플루언서들의 오디언스와 단순한 접촉을 넘어 그들의 공헌을 진심으로 존중한다는 태도를 보여줄 수 있다. 그렇게 되면 콘텐츠 공유 요청이 더 이상 부탁으로 느껴지지 않을 것이다. 이제 신뢰를 한층 굳혀줄 관계 구축에 전력을 다할 때다. 예를 들어 제한된 숫자의 손님만을 초대하는 행사에 인플루언서들을 초대할 수도 있다. 새로운 제품이나 서비스를 제일 먼저 보여주고 조언과 아이디어를 모아달라고 요청할 수도 있다. 인플루언서들이 일종의 체험그룹이 되어 정보를 모으는 것이다. 기프트 카드나 커피, 혹은 직접 쓴 감사 카드 같은, 고마움을 표시하는 작은 선물을 보낼 수도 있다.

이런 행동은 인플루언서가 가치를 인정받고 있으며 자신을 특별한 존재라고 느끼게 해줄 것이다. 여러분이 그들에 대해 가지고 있는 마음을 제대로 전달할 수 있다(생일을 기억해 챙기는 것도 나쁘지 않은 방법이다).

프로그램을 수치로 측정하라

프로그램을 시작하면서 세웠던 목표에 맞게 핵심성과지표를 설정하는 방법을 소개하고자 한다.

목표	가능한 측정 기준
브랜드 인지도	웹사이트 트래픽 페이지 조회수 동영상 조회수 문서 조회수 다운로드 횟수 소셜 미디어상의 언급 소개 링크
참여	블로그 댓글 좋아요, 공유, 트윗, 핀 전달 인바운드 링크

목표	가능한 측정 기준
잠재고객 창출 및 확장	양식 작성 및 다운로드 이메일 구독 블로그 구독 구독전환율
판매	온라인 판매 오프라인 판매 직접 보고 및 일화
고객 유지 및 충성도	기존 고객에 의해 소비되는 콘텐츠 비율 유지와 갱신률
상향판매 또는 교차판매	신제품이나 새로운 서비스 판매

어떤 측정 방법을 선택하든 개선이 필요한 영역들을 특히 초기에 면밀히 살펴야 한다. 어떤 프로그램도 완벽할 수는 없으며, 진정으로 활기차게 돌아가는 탄탄한 인플루언서 마케팅 프로그램을 만드는 데는 많은 시간과 노력이 필요하다. 단순한 표면적인 성공 이상을 보여주어야 한다. 이를 통해 형식적인 업무상 관계에서 회사에 의미 있는 관계로 발전시키려 노력하는 사려 깊은 모습을 보여줄 수 있다. 이 과정이 순탄할 수는 없지만, 관련된 모든 이에게 공평한 거래라는 느낌을 줄 수는 있다. 그렇게 되면 결국에는 굳이 애쓰지 않아도 회사를 대신하여 회사 메시지를 전달하는 이들의 행동이 다른 마케팅 프로그램을 훨씬 능가하는 투자수익률을 자랑하게 될 것이다.

| 라이엇 게임즈의 성공 비결 |

게임회사 라이엇 게임즈 Riot Games에서 2020년에 출시한 발로란트 Valorant
는 1인칭 슈팅 게임이다. 2020년 4월 7일 첫선을 보였는데 출시 당일에만
동시접속 조회수가 170만에 달했다. 그때 이후로 발로란트 게임은 1일에
3,400만 시간 시청이라는 트위치TV 기록을 세웠다.
라이엇 게임즈는 어떻게 이런 일을 해냈을까?

하나의 플랫폼. 모든 공유 채널에서 이용할 수 있는 발로란트 피드를 만드는
대신, 회사는 스위치 한 곳에만 집중했다. 라이엇 게임즈는 한 채널에 모든
에너지를 쏟아부었다.
우리가 콘텐츠 제작과 배포에서 해야 할 일이 바로 이것이다. 먼저 한 채널
에서 성공하는 데 집중하라.

장기간에 걸친 인플루언서와의 관계 구축. 라이엇 게임즈는 오랫동안 인플
루언서 관계 구축에 집중해왔다. 어쩌면 게임 이외에 회사에서 한 가장 중
요한 일이었다. 게임 출시를 앞두고 회사는 대규모 오디언스가 있는 인플루
언서들은 물론 소규모의 충성도 높은 구독자들을 가진 인플루언서들에게도
연락을 했다. 회사는 아무런 대가도 지불하지 않았고 그저 게임을 일찍 해볼
수 있는 기회만 주었다.
필요할 때만 인플루언서에게 관심을 갖고 연락을 하는 회사들이 정말 많다.
그러나 라이엇게임즈는 인플루언서들과 꾸준하게 소통하며 깊은 관계를 쌓
으려는 노력을 보여주었다. 라이엇 게임즈는 오디언스의 규모만을 우선으로
여기지 않았다. 오디언스 규모가 작은 인플루언서들에게도 관심을 가진다.

시청시간에 따른 접근권한. 인플루언서가 아닌 사람이 비공개 베타 버전 게
임을 할 수 있는 '베타 키'를 얻으려면 스위치 TV에서 일정 시간 이상 발로란
트 게임을 시청해야 한다. 우리 아들은 50시간 넘게 시청한 뒤에 결국 키를
얻었다(비판은 삼가주세요!).

다음은 아들이 해준 말이다. "라이엇 게임즈는 인터넷 방송인 수백 명과 협력해서 비공개 베타 버전을 스트리밍했어요. 개인은 일정 시간을 시청한 뒤에야 베타 키를 받을 자격을 가지게 돼요. 그러니 인기 인터넷 방송인들이 너도나도 발로란트 게임을 계속 내보내게 되죠. 시청자들이 키를 얻으려고 열심히 보니까요. 덕분에 발로란트 게임은 많은 기록을 깼고, 게임에 참여할 수 있는 것이 특권이라는 느낌을 줘요. 상당히 재밌죠."

최고의 고객을 위한 얼마나 좋은 보상인가! 가장 많이 본 사람들이 게임할 권리를 얻었으니. 어떤 회사든 충성도 높은 구독자들을 상대로 이와 비슷한 무언가를 할 수 있다.

내 첫 인플루언서 프로그램

여느 콘텐츠 비즈니스들이 그렇듯, 콘텐츠 마케팅 혁명이라는 블로그를 시작했을 때 나는 오디언스가 제로인 상태였다. 내 오디언스 구축 노력의 시작점은 업계 핵심 인플루언서들과 관계를 형성하는 것이었다.

우리는 분기별로 '콘텐츠 마케팅 블로그 상위 42'라는 인플루언서 리스트를 만들었다. 리스트에 포함된 인플루언서들을 부각시켜 사람들의 관심을 끌게 하는 효과가 있었다. 처음에 리스트는 구글알리미에서 '콘텐츠 마케팅' 같은 키워드를 추적해 찾아낸 인플루언서, 업계 출판물에 등장하는 저자, 트위터에서 해당 주제에 대해 이야기하는 사람, 단순히 흥미롭다고 생각되는 기타 블로거로 구성되었다. 최초 리스트에 42명이 포함되었기에 이후로도 42명을 선정하고 있다.

인플루언서의 관심 끌기

———

인플루언서들은 중요한 사람이다. 일반적으로 그들은 괜찮은 직업을 가지고 있고, 소셜 네트워크에서 매우 활발한 활동을 하며, 콘텐츠를 공유하고 블로그를 하면서 많은 시간을 보낸다. 이렇게 바쁜 그들의 관심을 끌기는 쉽지 않다. 그래서 우리는 인플루언서의 관심을 끌기 위해 콘텐츠 선물을 거저 주는 방법을 썼다. 이는 다음 몇 가지 방법으로 진행되었다.

첫째, 앞에서 설명한 소셜미디어 4-1-1 방식을 활용했다. 우리는 몇 달 동안 꾸준히 우수 콘텐츠 마케팅 블로거 리스트를 만들고 수정했다. 그리고 공개적으로 랭킹을 매기고, 그렇게 나온 랭킹을 대중과 공유함으로써 인플루언서들의 존재를 한층 부각시켜주었다. 이런 방법은 깜짝 놀랄 만큼 성공적이었다.

우리는 외부의 조사전문가를 고용해 꾸준함, 문체, 유용성, 독창성, 기타 세부내용 등을 살펴보고 상위 블로거에게 순위를 매길 기준을 만들었다. 그리고 분기마다 리스트를 공개하고, 상위 10명을 따로 소개하고, 보도자료를 내면서 한바탕 소란을 떨었다. 말할 것도 없이 상위 10명은 물론이고 리스트에 오른 42명 전체가 이를 반기며 좋아했다. 리스트에 오른 인플루언서 대부분이 우리 리스트를 각자의 오디언스에게 공유했고, 42명 가운데 절반 정도는 자신의 홈페이지에 본인의 개인적인 순위 소개와 함께 우리 사이트로 연결되는 위젯을 두었다. 그렇게 하여 우리는 인플루언서들과 장기적인 관계를 구축했을 뿐만 아니라 든든한 링크와 트래픽까지 얻었다.

우리는 우수 블로거 목록 이외에 이들 인플루언서의 작업을 보여주는 대형 교육용 전자책도 만들기 시작했다. 2009년과 2011년에 나온《콘텐츠 마케팅 전술서》가 대표적이다. 여기에는 콘텐츠 마케팅에 관한 사례가 40가지가 넘게 실렸는데 다수가 인플루언서에게서 나온 것이었다. 책에서 우리는 어떤 사례가 어느 인플루언서에게서 나온 것인가를 분명히 밝혔다.

책을 내고 인플루언서에게 출판 사실을 알리면,《콘텐츠 마케팅 전술서》에서 강조하여 다룬 인플루언서 대부분이 책의 콘텐츠를 각자의 오디언스와 공유하는 데 열심이었다. 출판물에서 공유한 모든 정보가 적절한 절차에 따라 인용되었거나, 인플루언서의 허락 하에 사용했다는 점을 분명히 밝히는 것도 중요하다.

이후로 최초 인플루언서 리스트에 있던 사람들 대부분이 콘텐츠 마케팅 연구소 커뮤니티 내에서 활동하는 적극적인 기고가가 되었다. 블로그 포스트 업로드를 시작한 사람도 있고, 주간 트위터 채팅에 참여하는 사람도 있고, 회사 행사에 참석해 발언하는 사람도 있고, 회사에서 발행하는 종이책이나 전자책 집필 작업을 계속하는 사람도 있다. 아마 가장 좋은 일은 최초 리스트에서 상위 10명에 포함되었던 인플루언서 중에 절반이 지금 나의 절친한 친구라는 점이 아닐까 싶다. 말할 필요도 없이 이는 그 자체로 엄청난 성공이다.

16

콘텐츠에 맞는 소셜 미디어 찾기

소셜 미디어의 생명은 기술이 아니라 커뮤니티를 위한 서비스다.

_ 사이먼 메인워링Simon Mainwaring

모든 소셜 미디어를 활발하게 할 필요는 없다. 처음에는 제일 좋은 두세 개를 선택하고 거기에 자원을 집중하라.

한동안은 소셜 미디어와 콘텐츠 제작이 서로 호환되는 개념으로 생각되었을지 모르지만 사실 둘은 상당히 다르다. 겹치는 부분은 있지만 둘의 관계는 소셜 미디어에 동력을 불어넣기 위해 콘텐츠가 필요하며, 다음 두 가지 핵심 콘텐츠 마케팅 과정에서 소셜 미디어가 더없이 중요하다는 것으로 이해하면 된다.

• 오디언스가 관심과 중요하게 여기는 것을 알기 위해 오디언스의

이야기를 경청하는 과정. 이는 결과적으로 오디언스가 흥미롭고 유의미하다고 생각하는 콘텐츠를 개발하는 과정이다.

• 자신의 콘텐츠는 물론이고 다른 사람이 만든 콘텐츠도 배포하는 과정. 예를 들어 앞에서 말한 소셜미디어 4-1-1 접근법이 그렇다.

실제로 둘은 불가분의 관계이며 한쪽만 가질 수는 없다. 소셜 미디어에 콘텐츠를 배포하는 것을 진지하게 고민하고 있다면 작은 규모로 시작하는 것이 최선이다. 인스타그램, 핀터레스트, 유튜브 등 각자가 몸담고 있는 업계 틈새시장에서 활발하게 사용되는 소셜 플랫폼을 우선적으로 고려하고, 타깃 오디언스가 어디에 집중적으로 모여 있는지를 보라.

핵심은 집중

B2B 회사들은 전통적으로 핀터레스트 진출을 망설인다. 그러나 핀터레스트를 핵심 공략 채널로 정하고 열과 성을 다해 집중한다면 효과가 있을 수밖에 없다. 커뮤니티와 더욱 바람직한 관계를 구축할 진정한 기회를 가지기 위해 자신의 자원을 어디에 쏟을 것인가의 문제일 뿐이다. 결국 핵심은 집중하는 것이다.

_토드 휘틀랜드Todd Wheatland, 마케팅 관련 저자이자 강연자

진정한 커뮤니티를 만들고 오디언스들과 관계를 맺을 채널들을 선택해 집중하라. 선택한 채널에서 다른 사람들이 어떻게 하는지를 연구해 사람들이

가장 호의적으로 반응하는 것을 배워라. 내가 여기서 말하는 '다른 사람들'은 경쟁자가 아니라 인플루언서 집단처럼 여러분의 소셜 미디어 콘텐츠에서 오디언스의 관심을 빼앗아갈지도 모르는 모든 사람이다. 어떻게 하면 다른 콘텐츠 제공자보다 유용하고 재미있는 콘텐츠를 제공할지 자문하라.

테스트

집중할 주력 채널을 선택하는 것은 합리적인 전략이지만 지형이 빠르게 바뀌므로 항상 새로운 실험을 통해 소셜 미디어 콘텐츠 작업을 최신 흐름에 맞게 유지하는 것이 중요하다. 에어비앤비의 최고 마케팅 경영자 조나단 밀든홀Jonathan Mildenhall은 콘텐츠 마케팅 월드 2013 포럼에 참석해 이렇게 말했다. "실패를 각오하지 않으면 성장도 없습니다."

새로운 유행이기 때문에 혹은 경쟁자들이 거기서 활약하고 있다는 이유만으로 어떤 플랫폼을 시작하는 일은 어리석은 짓이다. 그러나 실패에 대한 두려움 때문에 새로운 무언가를 시도하지 못하는 상황도 곤란하다. 결정을 내릴 때 지침이 되어 줄 다음 권고들을 따르라.

- 구체적으로 무엇을 할지에 대한 계획 없이 플랫폼에 계정을 만들지 마라.
- 시험하려는 채널들에 우선순위를 매기고, 집중하여 효과를 테스트해보라. 효과적이지 않은 채널에서도 배울 것이 있다. 오디언스에 대해 새로운 무언가를 발견할 수도 있고, 혹은 우리 사업에서 우선

적으로 고려할 채널이 아니라는 사실을 깨닫는 자체도 중요하다.

- 적게 하고 잘하자. 넷 혹은 다섯 채널에서 그저 그런 중간이 되기보다 한두 채널에서 잘하는 편이 낫다.

채널별 차별화

페이스북 포스트는 핀터레스트나 트위터, 링크드인과는 많이 달라야 한다. 그렇지만 실상은 그렇지 못하다. 많은 콘텐츠 제작자들의 태도는 이런 식이다. "그냥 이걸로 다 내보내. 툴이 있잖아. 보내기만 누르면 한꺼번에 보내지는데 뭐."

_ 마이클 와이스Michael Weiss, 강연자 겸 콘텐츠 마케팅 전략가

커뮤니티 회원을 쫓아내는 가장 쉬운 방법이 뭘까? 똑같은 메시지를 다수의 채널에 퍼뜨리는 것이다. 그러므로 회원을 모으려면 커뮤니티별로 유용한 콘텐츠와 관심을 끌 콘텐츠 종류가 무엇인가를 파악하라. 콘텐츠 자산을 다양한 방법으로 활용하면서 동시에 선호 채널별로 차별화하여 소통할 방법을 미리 계획하라.

고려할 소셜 미디어 채널

대표적인 소셜 미디어 채널 각각에 대한 간략한 개요와 사용 시 권장사항

을 소개하려 한다. 오디언스 확보를 위해 소셜 미디어를 활용해야 하지만, 오디언스와 직접 연결되는 방법은 아님을 명심하라. 페이스북이나 유튜브는 플랫폼의 도메인이지 여러분의 것이 아니다. 궁극적으로는 사람들이 콘텐츠 제공을 수락하도록 유도해 이메일 구독자를 늘리는 방편으로 소셜 미디어를 이용해야 한다.

대부분의 콘텐츠 비즈니스 사례에서 기업은 토대가 되는 기본 플랫폼에 보조 역할을 하는 두세 개의 소셜 채널을 활용한다. 보조 채널들의 역할은 사람들의 흥미를 유발해 토대로 들어오게끔 하는 데 있다. 예를 들어 〈더 조 로건 익스피어리언스〉의 조 로건은 오디오 팟캐스트로 토대를 구축했고, 유튜브, 트위터, 인스타그램도 적극적으로 활용했다. 하지만 틱톡은 무시했다.

활용 가능한 소셜 미디어 플랫폼은 많다. 아래 언급하는 내용은 단연코 가장 중요한 세계적인 사례들이다.

페이스북

2020년 2분기를 기준으로 페이스북은 사용자가 27억 명이 넘어서면서 지구상 최대의 소셜 네트워크를 구축하고 있다. 그만큼 페이스북은 중요하다. 우리 오디언스의 다수가 페이스북을 이용할 가능성이 크다.

하지만 페이스북은 내가 오디언스 확보를 위해 활용하는 보조 수단 중 가장 좋아하지 않는 플랫폼이기도 하다. 콘텐츠 비즈니스 세계에서의 슈퍼스타로 손색이 없을 일렉트릭 하우스Electric House (영국), 살라트퇴슨(덴마크)은 오랫동안 페이스북에서 오디언스를 모았다. 그러나 이는 페이스북이 알고리즘에 이렇게 저렇게 손을 대기 전까지의 일이다. 지금은 상황이 훨씬 어려워졌다.

가장 큰 잠재력은 페이스북 그룹들에서 나오는데, 페이스북이 지난 몇 년 동안 적극적으로 밀고 있는 서비스이기도 하다. 따라서 가장 좋은 활용 방법은 페이스북에서 개인적인 오디언스를 구축하기보다 구체적인 주제를 중심으로 커뮤니티의 모임 성격의 그룹을 만드는 것이 아닐까 싶다.

알레산드라 토레는 알레산드라 토레 잉커스_{Alessandra Torre Inkers}라는 페이스북 그룹을 만들었는데 현재 1만 1,000명이 넘는 회원을 자랑한다. 그룹에 올라온 평범한 질문 하나에도 100개가 넘는 댓글이 달린다. 페이스북 그룹은 알레산드라가 온라인 교육과 오프라인/온라인 행사를 키우는 데 핵심이 되고 있다.

트위터

트위터는 웹에서 공식 선전도구가 되다시피 했다. 트위터에서 내 이야기가 눈에 띄게 하려면 어떻게 해야 할까? 몇 가지 팁을 소개한다.

- **트윗을 통해 스토리를 이야기하라.** 몸담고 있는 업계와 브랜드 스토리를 이야기하는 지속적인 목소리를 들려주라. 포스트 각각이 그 자체로 설득력이 있어야 하지만, 꾸준히 목소리를 내야 한다는 점도 명심하라. 이외에도 많은 사람들이 (보통 앞에 숫자를 붙여) 트윗을 나눔으로써 트위터를 통해 보다 긴 형태의 스토리를 이야기한다.
- **해시태그를 활용하라.** 트윗에 하나에서 세 개까지 관련 해시태그를 넣으면, 사람들이 콘텐츠를 발견하기가 더욱 쉬워진다. 예를 들어 콘텐츠 마케팅 연구소는 1년 내내 콘텐츠에 #cmworld라는 해시

태그를 붙인다.

- **트위터를 시험대로 활용하라.** 자체 제작 콘텐츠를 트윗하고 어떤 콘텐츠가 많이 공유되는가를 예의 주시하라. 거기서 얻은 정보를 미래의 콘텐츠 제작 방향에 활용하라.
- **업계 행사를 다루라.** 오디언스에게 중요한 이벤트를 트윗을 통해 생중계하면서 실시간으로 정보를 전달하라. 회사가 행사에 가지 못한 사람들에게 눈과 귀 역할을 해줄 수 있다.

비주얼라이즈 밸류의 잭 부처는 아주 짧은 시간에 트위터를 점령했다 (도표 16.1). 그는 꾸준히 트위터라는 플랫폼에 글을 쓰고 있고, 5만 명이

도표 16.1 │ 잭 부처는 사려 깊은 짧은 트윗을 꾸준히 작성하여 트위터에서 충성도 높은 오디언스를 모았다.

넘는 팔로어로 보답을 받고 있다. 때로는 잭의 트윗 하나의 노출횟수가 100만 회가 넘기도 한다. 잭의 트윗 때문에 유료 서비스를 신청했다는 사람들이 이틀에 한 명 꼴로 잭에게 말을 걸어온다.

링크드인

현재 링크드인은 단순한 인맥관리 플랫폼을 뛰어넘는 존재가 되었다. 웹에서 가장 강력한 비즈니스 출판 플랫폼일 것이다(도표 16.2). 누구든 링크드인에 페이스북에서처럼 간단한 업데이트 혹은 장문의 글을 게시할 수 있으며, 주목을 끌 만한 내용이라면 입소문으로 널리 퍼뜨릴 강력한 기회를 가질 수 있다(물론 알고리즘에 의존하는 것은 여기도 마찬가지다).

링크드인에 콘텐츠를 게시할 의향이 있는 사람에게 몇 가지 팁을 설명하자면 다음과 같다.

- 목표로 하는 오디언스가 어떤 사람인지 명확히 하고, 그런 오디언스를 구독자로 전환시키기에 적합한 콘텐츠를 올려라.
- 슬라이드셰어 (파워포인트 같은) 프레젠테이션과 유튜브 영상 등을 끼워 넣어 프로필 공간을 최대한 활용하라. 모든 콘텐츠 자료에 링크를 걸어두어라.
- 팀원들의 링크드인 프로필을 조사하라. 직원들 각각이 프로필을 통해 회사를 적절히 대표하고 있는가를 확인해야 한다.

링크드인 그룹들은 여전히 주목도가 높고 매력적이지만, 페이스북 그룹의 혁신에 비해 한참 뒤쳐진 2위가 되었다.

Marketers Are Afraid to Answer These Three Questions

Published on February 24, 2020   ✎ Edit article | ⬈ View stats

Joe Pulizzi
Author #Thriller The Will to Die plus Killing Marketing, Content Inc. and Epic Content Marketing, Marketing Speaker   53 articles

When I talk to marketing professionals, there are three questions that seem impossible for them to answer. It doesn't matter what industry they are in or whether they are a small start-up or the largest of enterprise companies. It's time we hit these questions head on.

What If Your Marketing Was Gone?

If your marketing didn't exist, would anyone miss it? Would your customers' lives be different in any way? And God forbid, would their lives be better without the information you are giving them? Are you the definition of interruption?

For whatever you think about Walt Disney, he knew early on that if he delighted his audience with consistent, remarkable content, they would go to Disneyland. They would buy merchandise. His marketing was so good, it didn't look or feel like marketing.

도표 16.2 │ 내가 링크드인에 글을 올리기 시작한 이래 팔로어가 20만 명 이상으로 늘었다.

인스타그램

인스타그램은 10억 명이 넘는 사용자를 가진 사진 공유 소셜 미디어 사이트로 시장에서 지배적인 위치를 차지하고 있다.

최초 플랫폼은 사진 공유 사이트로 시작했지만, 2016년 인스타그램 스토리를 추가함으로써 더욱 규모가 커졌다. 소셜 미디어 플랫폼 관리 회사 훗스위트Hootsuite에 따르면, 인스타그램 스토리는 "스냅챗을 본떠 만들어진 24시간 뒤면 사라지는 카메라를 전면에 내세운 전체화면 포맷이다. 또한 인스타그램 뉴스피드에는 보이지 않는다. 덕분에 이용자들은 팔로어에게 과부하를 주지 않을까 하는 우려 없이 쉽고 신속하게 포스팅을 할 수 있다." 인스타그램에 따르면 매일 50만 명이 인스타그램 스토리를 이용하고 있다.

게다가 인스타그램은 틱톡을 겨냥한 릴스 서비스도 개시했다. 사용자들은 릴스 기능을 활용해 음악을 곁들인 15초에서 30초가량 되는 짧은 영상을 만들 수 있다.

퀸 템페스트는 인스타그램을 토대로 하여 여성 사업가들을 대상으로 하는 놀라운 교육 및 컨설팅 사업을 발전시켰다(도표 16.3). "그들은 영감을 얻고 싶어 하고 교육을 받고 싶어 하지요. 나는 인스타그램을 통해 그들에게 자극을 주고 자신들이 왜, 무엇을 하고자 하는지를 더욱 치열하게 파고들도록 하는 것은 물론이고, 각자의 목표 달성을 위해 체득해야 하는 마음가짐의 변화, 전술과 교육을 제공하고 있습니다. 매주 '화요일의 팁'을 올리는데, 교육과 관련된 가벼운 팁을 제공하는 시리즈입니다."

퀸은 인스타그램에서 1만 명이 살짝 넘는 팔로어를 모았다. 십만, 백만

도표 16.3 | 퀸 템페스트는 특정 주제에 초점을 맞춘 인스타그램 포스트를 꾸준히 제작해 짧은 기간에 충성도 높은 팔로어를 모았다.

단위의 대규모 오디언스 없이도 콘텐츠 비즈니스에 성공할 수 있음을 보여주는 좋은 사례다.

핀터레스트

핀터레스트는 3억 3,000만 명이 넘는 사용자를 가진, 엄청나게 인기 있는 사진 공유 사이트다. 개인이 적극적으로 자기 사진을 관리하고 다른 사람과 사진과 영상을 공유할 수 있다. 게시된 사진들을 '핀pin'이라고 부르는데, 현재 플랫폼에는 2천 억 개가 넘는 핀들이 있다. 핀터레스트는 쇼핑 분야에서 엄청나게 인기가 있으며 25세에서 34세 사이 여성이 가장 큰 오디언스 그룹을 이루고 있다. 지난 몇 년 동안 다른 영역으로까지 성장해나가고 있다. 핀터레스트가 여러분 사업에 맞을지 알아보고 싶은가? 도움이 될 만한 몇 가지 아이디어를 소개하겠다.

- 사진만이 아니라 영상도 올려라. 영상은 메시지가 강력해서 핀터레스트에서 통할 만하다. 퀄리티가 높은 동영상 콘텐츠를 가지고 있다면 핀터레스트를 이용해 자체 웹사이트나 유튜브 채널로 트래픽을 유도하라.
- 고객에게 애정을 보여주어라. 고객의 성취를 자랑하는 게시판을 만들어 고객과의 관계를 돈독히 하고, 성공 스토리를 띄우고, 더욱 많은 트래픽을 유도하라. 자신을 자랑하지 않고도 여러분의 작업과 존재감을 보여줄 좋은 방법이다. 이때 해시태그 활용을 잊지 말자.
- 독서목록을 공유하라. 더 끈끈한 유대관계를 위해 오디언스에게 맞을 추천도서를 공유하라. 실제로 읽은 책을 활용하면 회사가 발전을 위

해 부단히 노력한다는 성실한 모습을 보여주는 데도 도움이 된다.

- 회사의 개성을 보여주어라. 상품만 달랑 있는 이미지나 딱딱한 포즈를 취한 직원 사진 대신 실제 생활 속의 상품이나 팀의 모습을 보여주어라. 한층 개성 있는 이미지 연출이 가능하다. 현장 사진은 오디언스가 스스로를 소비자나 고객으로 그려보는 데도 도움이 된다.

〈베어풋 시어리〉 창업자 크리스틴 보어는 핀터레스트가 구글에 이어 두 번째로 많은 트래픽을 그녀의 웹사이트로 가져오는 플랫폼이라고 말한다(도표 16.4). "우리는 모든 블로그 포스트에 근사하게 보이는 핀터레스트 이미지를 꼭 넣습니다. 주기적으로 업데이트도 해주지요. 막 사이트

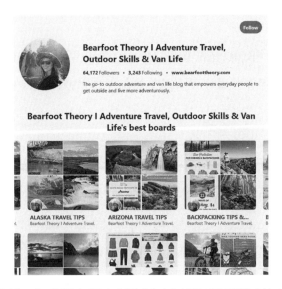

도표 16.4 | 핀터레스트는 대부분의 이들이 간과하지만 믿기지 않을 만큼 강력한 소셜 미디어 도구다.

를 전체적으로 리뉴얼한 참입니다. 이제 가서 여러 인기 콘텐츠에 맞는 새로운 핀터레스트 이미지들을 만들 겁니다."

유튜브

유튜브가 소셜 미디어 네트워크여서 포함시켰지만 유뷰트를 활용하는 가장 좋은 방법은 기본 플랫폼으로 활용하는 것이라고 본다. 매슈 패트릭과 앤 리어든 사례에서 본 것처럼 말이다. 기본 플랫폼 모델 이외에 유튜브에서 콘텐츠를 공유하기로 했다면 다음 사항들을 고려하기 바란다.

- 유튜브는 세계 2위 검색엔진이므로 검색에 용이하게끔 세심하게 제작한 콘텐츠를 개발하는 데 초점을 맞춰야 한다.
- 유튜브에 공개하는 콘텐츠가 어떤 것이든 여느 플랫폼에서와 마찬가지로 꾸준히 업데이트하라. 대다수 회사가 구체적인 일정 계획 없이 콘텐츠를 공개하는데, 그렇게 해서는 결코 오디언스 확보라는 바라던 효과를 볼 수 없다.

나는 2016년 콘텐츠 마케팅 월드 행사에서 기조연설을 해줄 후보자들을 찾다가 우연찮게 코미디언 마이클 주니어Michael Jr.의 유튜브 플랫폼을 발견했고, 보자마자 그의 코미디에 끌렸다. 마이클의 코미디는 우스꽝스러운 이야기를 통해 우리 인생의 목적이 무엇인가를 드러내는 데 초점을 맞추고 있다.

"우리는 코미디를 활용하여 사람들이 자신들의 삶에서 겪는 좌절조차도 계획의 일부로 활용할 수 있다는 사실을 이해하도록 돕고 싶습니다. 그

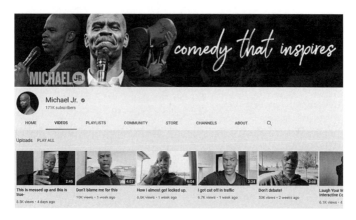

도표 16.5 | 마이클 주니어의 짧고 간단한 유튜브 포스트들은 17만 명이 넘는 구독자를 확보하게 해주었다.

리하여 사람들이 각자의 소명을 다할 수 있도록 돕고 싶습니다." 마이클의 말이다. 마이클이 이런 생각을 온라인에서 어떻게 표현하느냐고? 바로 유튜브를 통해서다(도표 16.5).

마이클은 2016년 〈브레이크 타임Break Time〉이라는 유튜브 코미디 쇼를 시작했다. 이후 '애플 컴퓨터 켜는 법', '화이트보드 지우는 법' 같은 짧은 스탠드업 코미디 영상을 포함시켜 채널 내용을 다양화했다. 그리고 〈오프 더 커프Off the Cuff〉 팟캐스트, 〈아이 워스 원더링I was Wondering〉이라는 정규 시리즈를 자신의 유튜브 페이지에서 별도의 섹션으로 구분해 올렸다. 마이클 주니어는 이런 콘텐츠들이 모두 합쳐진 유튜브 채널을 거의 20만 명의 구독자를 가진 채널로 키웠다.

마이클 주니어는 이제 〈셀피 대드Selfie Dad〉라는 영화, 〈퍼니 하우 라이프 웍스Funny How Life Works〉라는 코미디 팟캐스트로도 크게 성공을 거두고 있다.

이러한 성공은 마이클 주니어의 유튜브가 있었기에 가능했다.

미디엄

2012년 트위터 공동창업자 에반 윌리엄스$_{Evan\ Williams}$는 미디엄$_{Medium}$이라는 온라인 출판 사이트를 선보였다. 미디엄의 목표는 어디에 있는 누구든 자신의 관점을 의미 있는 방식으로 다른 사람들과 공유할 수 있게 하자는 것이다. 콘텐츠를 작성하고 콘텐츠 자체 내에서 지속적인 커뮤니티의 피드백을 받을 수 있는 가장 좋은 공간이 아닌가 싶다.

미디엄은 여기에 자신의 블로그 글이나 이메일 뉴스레터를 다시 포스팅하는 지식인들을 둘러싼 흥미로운 트렌드를 보여준다. 예를 들어 뉴욕대학교 스턴 경영대학원 교수 스콧 갤러웨이는 〈노 머시 노 맬리스$_{No\ Mercy}$ $_{No\ Malice}$〉라는 널리 사랑받는 이메일 뉴스레터를 가지고 있다. 갤러웨이는 매주 구독자들에게 이메일 뉴스레터를 보내고 이것을 다시 미디엄에 게시하는데, 포스트 하나마다 300개가 넘는 댓글이 달린다. 그리고 이것이 다시 갤러웨이의 뉴스레터 신청이나 그의 팟캐스트로 트래픽을 유도한다.

영상을 포스팅하는 브이로거 톰 쿠에글러$_{Tom\ Kuegler}$는 미디엄을 핵심 플랫폼으로 선택하고, 매일 그곳에 교육 관련 블로그 포스트를 올린다. 쿠에글러는 3년 동안 꾸준하게 포스팅을 한 덕분에 현재는 거의 5만 명의 팔로어를 가지고 있다. 미디엄에서의 이런 성공으로 그는 경제적인 자유를 갖게 됐다(도표 16.6).

많은 지식인이 이메일 뉴스레터를 미디엄에 다시 올리는 모습을 보고, 미디엄은 최근 플랫폼에서 직접 발송하는 자체 이메일 뉴스레터 서비스를 개시했고, 덕분에 진정으로 강력한 소셜 미디어 툴이 되었다.

도표 16.6 │ 톰 쿠에글러는 미디엄 활용에 열심이었고 그만큼 보답을 받았다.

스냅챗

매일 2억 명 이상이 사용하는 스냅챗은 원래 짧은 메시지만 가능한 채팅/
사진 공용 기능 덕분에 젊은 사용자들에게 인기를 얻었다(나중에 인스타그
램 스토리가 이런 기능을 따라했다). 처음에 스냅챗은 개인들끼리 의사소통
에 초점이 맞춰져 있었지만, 이후 개인, 기업, 주요 출판사들이 짧은 콘텐
츠를 제작할 수 있는 디스커버 서비스를 만들었다.

2020년 1월 현재 스냅챗 사용자의 90퍼센트가 13세에서 24세 사이
다. 따라서 10대와 청년층을 목표로 하고 있다면 스냅챗을 플랫폼으로 고
려해야 한다. 새로운 기업을 계속해서 설립하는 소위 '연쇄 사업가'인 게
리 베이너척 Gary Vaynerchuk 은 스냅챗에 대규모 팔로어를 거느리고 있는데, 청
년층에게 사업가 정신에 대해 이야기하는 콘텐츠를 올린다. 책이 출판되
기 서너 달 전에 10대인 우리 아들이 내게 게리비 Garyvee 가 누구인지 아느

냐고 물었다. 내게는 여러 컨퍼런스에서 베이너척과 함께 강연한 경험이
있어 익숙한 이름이었다. 보아하니 아들이 그동안 스냅챗에서 게리비의
짧은 영상들을 보고 있었고 팔로어가 된 모양이었다.

틱톡

틱톡은 지구상에서 가장 빠르게 성장하는 플랫폼 중에 하나로 사용자가
대략 10억 명(미국만 좁혀서 보면 1억 명이 조금 넘는다)이다. 처음에는 주로
젊은 사용자들에게 맞는 짧은 영상 공유 플랫폼으로 시작했지만, 지난 몇
년 동안 모든 연령대의 사용자들을 끌어모으고 있다. 그래도 2020년 현
재 사용자의 80퍼센트가 39세 이하다.

틱톡에서 가든 마커스Garden Marcus라는 이름으로 통하는 마커스 브리지워
터Marcus Bridgewater는 연민과 명상을 활용해 식물을 돌보는 방법에 대해 포스
팅하는 것만으로 무려 70만 명의 팔로어를 모았다. 1년 남짓한 시간이 흐
르는 사이 포스트 하나당 평균 영상 조회수가 5만 회에 달했고, 그레이티
스트Greatist에서 후원하는 '마커스와 함께하는 명상Mindfulness with Marcus'을 비롯
해 다수의 후원 계약을 맺었다.

초기에 틱톡에서 잘나가는 유명인 대다수는 틱톡 플랫폼을 통해 다각
화를 시도하는 인스타그램 스타들이었다. 지금은 틱톡 특유의 알고리즘
덕분에 굳이 다른 플랫폼에서의 명성을 빌리지 않고도 틱톡에서 직접 콘
텐츠를 알리고 유명세를 얻을 수 있다. 다른 플랫폼의 알고리즘과 달리 틱
톡의 알고리즘은 콘텐츠의 질에만 관심을 갖는 것 같다. 그러므로 팔로어
가 서너 명에 불과해도 콘텐츠만 좋으면 금방 널리 퍼뜨릴 수가 있다.

트위치

2014년 아마존에 인수합병된 트위치는 비디오 게임을 중심으로 하는 라이브 스트리밍 플랫폼이다. 2020년 2월 현재 대략 400만 명의 개성 강한 방송진행자와 1억 4,000만 명의 사용자가 있다.

평균적인 트위치 사용자들은 하루에 95분 시청을 한다. 콘텐츠 비즈니스 플랫폼을 원하는 게이머라면 트위치가 적격이다.

닌자Ninja라고도 알려진 타일러 블레빈스Tyler Blevins는 유명 비디오 게임 포트나이트를 생중계로 하면서 트위치 유명인사가 되었다. CNBC에 따르면 1,500만 명이 넘는 팔로어 덕분에 타일러는 연간 대략 1,500만 달러를 벌고 있다.

트위치에서 성공하는 핵심 비결은 하나의 게임에 초점을 맞추고 꾸준히 매일 혹은 거의 매일 생중계하는 것이 아니가 싶다. 신참들이 발로란트 같은 신작 게임 혹은 NBA2K 같은 기존 게임의 새로운 버전이 출시된 직후 생중계하는 방법으로 트위치에서 성공하기도 했다. 팔로어가 없는 사람들은 트위치 유명인사 채널에서 왕성하게 활동하는 회원이 됨으로써 서서히 팔로어를 늘려갈 수도 있다.

레딧

얼핏 레딧이 소셜 미디어 사이트처럼 보이고 그렇게 느껴질지 모르지만 실은 상당히 다르게 돌아간다. 트위터와 핀터레스트보다 규모가 큰 4억 3,000만 명의 사용자를 거느린 이 플랫폼은 이름 그대로 하위에 있는 서브레딧subreddit들로 구성된다. 서브레딧은 개별 주제를 중심으로 돌아가는 커뮤니티다. 레딧 플랫폼에는 2백만 개가 넘는 다양한 서브레딧이 있다.

레딧 사용자 중에는 소극적으로 참여하고 활동하는 소위 '캐주얼 유저'가 없다. 레딧을 사용하는 내 동료와 친구들은 하나 혹은 다수의 서브레딧에서 극도로 왕성하게 활동한다. 많은 경우 사용자들에게 레딧은 그들이 특정 주제에 관한 뉴스나 정보를 얻는 '넘버원' 사이트다. 예를 들어 운동 강사라면 '/r/fitness' 혹은 'r/StrongLifts5x5' 같은 한층 협소한 주제를 다루는 서브레딧에서 전문가가 될 수 있다. 레딧 사용자가 알아야 할 핵심은? 진정한 전문가가 되어야 하며, 직접적인 판매는 금지된다. 구매를 권유하는 낌새를 보이는 장사꾼에게 레딧 사용자들은 그야말로 가차 없다. 그들은 1마일 거리에서도 장사꾼 냄새를 맡을 수 있다.

슬랙과 디스코드

내가 슬랙과 디스코드Discord를 포함시킨 이유는 플랫폼을 구축하는 데 강력한 보조수단이 될 수 있기 때문이다. 슬랙은 1,200만 명이 넘는 사용자를 거느린 유료 협업/메시징 허브다. 조 헤이지Joe Hage의 메디컬 마컴 그룹Medical Marcom Group 같은 많은 기업이 링크드인과 페이스북 그룹들에서 옮겨와 독특한 사용자 경험에 적합한 좀 더 나은 환경을 만들고 있다.

디스코드는 게이머들을 위한 슬랙 정도로 생각할 수 있다. 게임과 관련된 콘텐츠 비즈니스 모델을 고려한다면, 트위치를 주 플랫폼으로, 디스코드를 보조 플랫폼으로 활용하여 비공개 그룹 경험을 제공하면 그야말로 완벽하지 않을까 싶다. 디스코드는 10대인 두 아들이 가장 많이 사용하는 플랫폼이기도 하다. 한 아이는 발로란트 게임에 대한 토론을 하려고 디스코드를 사용한다. 다른 아이는 마인크래프트 게임에 대한 토론을 하고, 코딩 작업그룹들을 활성화하기 위해서 디스코드를 사용한다.

소셜 오디오와 클럽하우스

소셜 오디오 커뮤니티인 클럽하우스Clubhouse는 2020년에 등장해 2021년 초에 제대로 불붙기 시작했다. 클럽하우스는 음성 기반 무료 소셜 미디어 앱으로, 사용자들은 그곳에서 아이폰을 통해 오직 음성으로만 토론이 진행되는 주제와 방들을 찾을 수 있다. 대면 행사에 참석하는 것과 비슷하다. 클럽하우스에서 사용자는 흥미를 느낀다면 원하는 어느 토론에든 참여할 수 있으며, 질문을 하거나 참석 요청을 받을 수도 있다.

소셜 오디오 공간은 급속히 혼잡해지고 있다. 트위터가 이미 클럽하우스와 경쟁할 스페이스Spaces라는 오디오 서비스를 개발했고, 페이스북도 도전자로 나섰다.

나는 내 책을 부분으로 나눠서 홍보하는 데 클럽하우스를 활용하고 있다. 책의 각 장을 다루는 토론을 여는 방식이다. 매번 100명이 훌쩍 넘는 사람들이 참석하는데, 놀랍고도 기분 좋은 경험이었다.

목표로 하는 오디언스가 누구냐에 따라 클럽하우스가 하나의 선택지가 될 수 있다. 특히 선발주자의 이점을 누리고 싶다면 초기 단계인 클럽하우스가 제격이 아닐까 싶다.

소셜미디어 콘텐츠 계획의 핵심 요소

—

위에서 말한 대로 최고의 결과를 내려면 소셜 미디어 콘텐츠를 배포하려는 모든 채널에 별도의 계획이 필요하다. 존재하는 모든 채널에서 무언가를 공유할 수 있다고 해서, 반드시 그래야 하는 것은 아니다. 먼저 대다수 마케터가 어떻게 콘텐츠를 배포하고 있는지를 보면 도움이 될 것이다.

소셜 미디어 활용 기본 계획을 세우기 위해 고려하고 있는 모든 채널에 대해 다음 질문을 던지고 답해보라.

채널의 목적이 무엇인가?

채널에 콘텐츠를 게시한다면 그에 맞는 타당한 이유가 있어야 한다. '팔로어 확보'는 그것 자체로는 결정적인 이유가 아니며, "페이스북 팔로어 확보를 통해 우리 웹사이트로 트래픽을 유도하여 구독자를 모집한다"가 되어야 한다. 여기서 중요한 부분은 채널에 게시하는 콘텐츠가 콘텐츠 비즈니스에서 오디언스들을 다음 단계로 전환하는 역할을 해야 한다는 점이다. 즉, 페이스북 팔로어에서 웹사이트 독자, 이메일 구독자, 이벤트 참석자, 혹은 어떤 식이든 플랫폼을 수익화할 방향으로 이동해야 한다.

원하는 행동이 무엇인가?

앞에서 말한 요점과 비슷하게 해당 채널에서 어떤 사람이 구체적으로 무엇을 했으면 하는가를 파악하라. 공유? 댓글? 웹사이트 방문? 무언가를 신청하는 것? 어느 것인가.

오디언스가 원하는 구체적인 콘텐츠 유형은 무엇인가?

각각의 채널에 배포하는 콘텐츠를 채널에 맞게 특화하라. 어떤 메시지가 각각의 채널에 적합한지를 생각하고, 목표로 하는 오디언스에게 공감을 불러일으킬 메시지를 만들어라. 해당 채널 이용자가 어떤 종류의 정보를 원할지 생각하고 그런 욕구를 어떻게 충족시킬지 생각하라. 텍스트, 이미지, 동영상 주로 어떤 콘텐츠를 게시할 것인가.

채널에 맞는 어조는 무엇인가?

채널별로 적합한 주제와 콘텐츠 형식을 고민하는 단계에서 어울리는 전반적인 어조는 무엇인가를 결정하는 것도 아주 중요하다. 친근하게? 재미있게? 대화체로? 전문가 느낌 나게? 선택할 수 있는 어조도 다양하다.

이상적인 빈도는?

채널별로 어느 정도 빈도로 콘텐츠를 게시할지 결정하는 것도 중요하다. 일 단위 혹은 주 단위로 얼마나 많은 포스트를 게시하고 싶은가? 하루 중에 언제가 제일 좋을까? 예를 들어 트윗, 트윗에 대한 응답, 페이스북 포스팅 업데이트, 유튜브 영상 공개 등등, 경우에 따라서 속도가 달라질 것이다. 회사 사정도 저마다 다른 법이므로 회사와 고객 모두에게 가장 효과적이다 싶은 일정을 잡아야 한다. 어느 정도 시간을 투자하면서 세심하게 결정할 필요가 있다.

소셜 미디어 콘텐츠 관련한 모든 결정은 목표에 근거해야 한다. 예를 들어 콘텐츠 비즈니스의 목표가 이메일 구독자를 늘리는 것이라면, 모든 블로그 포스트를 페이스북과 트위터에 공개하는 것이 합당할까? 독자들이 이미 정기적으로 방문하는 다른 소셜 미디어 채널에서 같은 정보를 얻을 수 있다면, 여러분의 이메일 프로그램에 등록할 이유가 무엇이겠는가? 잭 버처가 트위터를 활용하는 방식이 힌트가 되지 않을까 싶다. 잭은 트위터에 하루에도 몇 번씩 대단히 흥미로운 인용문과 이미지들을 포스팅한다. 이를 본 팔로어들은 잭의 웹사이트로 와서 그의 추가적인 작업들을 확인한다.

　소셜 네트워크에서 공유하는 콘텐츠를 수정해 재사용하는 방법도 생각
해보라. 당연히 채널 목표와 핵심 사업 목표 모두에 일치하는 방향이어야
한다.

주의할 점

이전 판본에는 지금은 존재하지 않는 구글 플러스, 즉 구글의 소셜 미디
어 플랫폼을 여러 장에서 언급했다. 이처럼 소셜 네트워크는 언제든 팔
릴 수도, 미션을 바꿀 수도, 파산할 수도 있다는 점을 명심하라. 한때 소셜
미디어 시장을 지배했던 마이스페이스MySpace의 몰락을 생각해보라. 선택
한 플랫폼을 활용하되, 동시에 해당 플랫폼이 1년쯤 뒤에는 존재하지 않
거나, 도중에 규칙을 바꿀 수도 있다는 것을 명심하라. 2020년 말에 중국
소유 기업인 틱톡은 여러 차례 미국과 싸웠고, 영원히 문을 닫을 뻔했다.
2021년 초에 페이스북은 오스트레일리아에서 미디어 회사들의 뉴스 서
비스를 전면 금지했다. 소셜 미디어 활용에는 이득이 있을 수 있지만, 함
정 또한 있을 수 있다는 점을 명심하라.

Content INC.

월가에서 부자가 되는 비결을 알려주겠습니다.
남들이 두려움에 떨며 도망칠 때 탐욕스럽게 달려들면 됩니다.
반대로 남들이 탐욕스럽게 달려들 때는 두려움을 갖고 한 발 물러서야죠.
_ 워런 버핏 Warren Buffett

PART 6

매출

경제적 자유를 향해 뛰어라

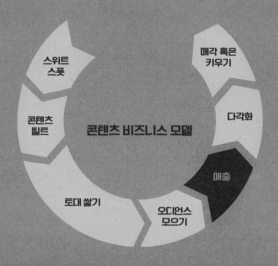

콘텐츠 비즈니스 모델

스위트
스폿

매각 혹은
키우기

콘텐츠
틸트

다각화

매출

토대 쌓기

오디언스
모으기

그동안의 노력을 통해 충성도 높은 오디언스와 두터운 관계를 형성했다.
이제 남은 일은 그 결실을 수확하는 것이다.

17

당장의 생존을 위한 수익

부인! 스테이크를 너무 익혔다고 하시니 그 말을 믿겠습니다.
하지만 굳이 다 먹고 나서 불만을 제기하셔야 했습니까?
_ 영화 〈기다림 Waiting〉에서 댄의 대사

사업에 맞는 올바른 수익화 모델을 찾는 데는 시간이 걸릴 것이다. 기다리는 동안 콘텐츠 자산을 활용해 돈을 벌 다양한 방법들을 시험해보는 데서 시작하라.

카피블로거 창립자 브라이언 클라크에 따르면, 콘텐츠 비즈니스 모델은 MVA, 즉 생존에 필요한 최소 오디언스minium viable audience에 이르면 수익화가 가능하다. 브라이언의 설명을 들어보자. "MVA는 오디언스가 소셜 미디어 공유와 입소문을 통해 자체적으로 늘어나기 시작하는 지점이다. 더욱 반가운 것은 MVA가 오디언스가 사고 싶은 상품이나 서비스가 무엇인지를 우리에게 말해주는 시점, 즉 우리가 피드백을 받기 시작하는 시점이기도 하다는 것이다."

성공한 콘텐츠 회사들이 MVA 지점, 즉 상당한 수준의 구독자 확보 지점에 이른 다음에야 물건을 팔고 돈을 벌겠다는 생각을 하는 것은 아니다. 요령 좋고 똑똑한 이들은 충분히 성장하지 못한 단계에서도 내내 창의적인 발상을 통해 사업 모델을 재정적으로 지탱할 방법을 동시에 모색한다.

지금까지 살펴본 것처럼 콘텐츠 비즈니스 모델은 시간이 걸린다. 그렇지만 우리와 우리 가족은 그동안에도 각종 청구서를 해결할 돈이 필요하다. 이번 장에서는 내가 경제적으로 힘든 시기를 어떻게 지나왔으며 어떤 방법으로 오디언스를 수익화했는지 이야기하려 한다.

힘든 시기를 버틸 수입원이 필요하다

———

콘텐츠 비즈니스를 시작했을 때 내게는 안정적인 수입원이 없었다. 그래서 콘텐츠 비즈니스 모델을 구축하는 한편으로 미디어 회사나 협회 등을 대상으로 컨설팅을 해주기 시작했다.

특히 기억에 남는 단체가 있다. 기계공학자들이 모여 만든 소규모 비영리 협회였는데 당시 그들이 바로 해결해야 할 과제는 출판 분야에서 새로운 수입원을 창출할 전략을 개발하는 것이었다. 발행하는 잡지에서 나오는 광고 수입이 서서히 줄어들고 있었기 때문이다. 온라인 배너나 버튼 판매로 디지털 수입원을 늘리려고 했으나 그것도 여의치 않았다. 이런 난제들을 안고 있는 상황에서 협회가 가장 우려하는 부분은 광고 판매가 늘어나지 않을 경우 대량 해고사태가 불가피해진다는 것이었다.

몇 시간 동안 협회의 매체 정보를 분석하고 영업 및 마케팅 부서 직원들을 인터뷰한 결과 나는 다음 네 가지 핵심 문제를 찾을 수 있었다.

- 영업팀은 인쇄광고물 판매에 익숙하고 거기에 집중하고 있었다. 다들 마케팅 및 영업 전문가들이었지만 온라인 광고판매는 그들에게 완전히 낯선 영역이었다.
- 협회의 핵심 광고주들은 제품과 서비스 홍보를 위한 온라인 광고 구매에는 살짝 발만 담근, 말하자면 막 시도해보는 단계였다.
- 협회에 적합한 디지털 판매 전략이 부재한 상태였다. 간단히 말하자면 영업직원들은 이쪽에 대해서는 치밀한 계획이나 전략 없이 즉흥적으로 일하고 있었다.
- 웹사이트 트래픽은 여전히 초기 상태에 머물러 있었다. 이처럼 협회 웹사이트에 콘텐츠를 보러오는 관심 자체가 충분하지 않다는 것이 온라인 광고판매의 중요한 걸림돌이었다.

갈 길이 멀어보였다. 보통 상황이라면 시간이 좀 걸려도 괜찮을 수 있다. 그러나 내가 만난 담당자에 따르면 웹사이트 트래픽이 늘어날 때까지 기다릴 시간적 여유가 없었다. 당장의 생존을 위해 새로운 수입원이 필요한 상황이었다.

이렇게 절박한 상황에서 우리는 '제한 인벤토리 모델limited-inventory model'을 개발했다.

인쇄광고 영업담당자의 삶은 인벤토리를 빼고는 말할 수 없다. 여기서 인벤토리란 잡지면 잡지, 웹사이트면 웹사이트 식으로 광고가 실리는 매체에서 실제 광고가 노출되는 공간을 말한다. 따라서 광고영업담당자들이 하는 일을 달리 표현하자면 인벤토리를 판매하는 일이다. 보통 광고가 유치되면 잡지의 광고 지면을 언제든 늘릴 수 있다. 새로운 수입이 생긴다면, 잡지 발행인 입장에서는 기쁜 마음으로 증명할 것이다. 물론 광고판매 목표와 예상 면수가 있지만 광고를 추가로 판매하는 것이야 언제든 가능하다는 말이다.

이것이 바로 당시 협회 영업직원들이 디지털 광고를 판매하던 방식이었다. 그들은 무제한의 가용공간을 제한된 온라인 독자에게 판매하고 있었고 결과적으로 아무도 사려 하지 않았다.

이에 반해 우리가 새로 개발한 '제한 인벤토리 모델'은 다음과 같은 특징을 지니고 있었다.

- 우리는 그것을 '광고'라 부르지 않았다. '후원'이라고 불렀다.
- 우리는 매달 가능한 후원사(광고주) 수를 제한했다. 원칙적으로 무제한에서 여섯 개로.
- 모든 페이지 하단에 후원사 로고를 넣고, '협력사' 항목에도 후원사를 표시하였다.
- 여섯 후원사가 전체 광고 영역, 즉 인벤토리를 여섯 부분으로 나누어 가졌는데, 이는 각각의 후원사가 사이트 방문자의 6분의 1에게 홍보되는 디지털 광고를 배정받는다는 의미였다.
- 후원비용을 기존 광고비용보다 대폭 인상했다.
- 50퍼센트 증액 조건으로 카테고리별 독점 광고권을 제공했다.

처음에 이런 계획을 내놓자 영업팀 직원들이 반대하고 나섰다. 판매하는 광고량을 제한한다는 것이 자신들의 생계를 위협하는 것으로 받아들여졌기 때문이다. 게다가 그들은 '여섯 개의 후원사'라는 개념 자체를 마음에 들어 하지 않았다. 이는 달리 말하면 다른 광고주를 배제한다는 의미였고, 그렇게 되면 폐쇄적이라는 이미지가 생겨 협회 신뢰도에 타격을 입는다고 생각했다.

다행히 (한편으로는 불행하게도) 당시 우리에게는 선택의 여지가 없었다. 상황을 만회할 시간은 석 달도 남지 않았고, 잘못하다가는 다들 일자리를 잃고 거리에 나앉을 판이었다.

다음 주에 우리는 예상 광고주(모든 잠재 광고주)에게 동시다발로 새로 마련한 기회를 알리는 이메일을 보냈다. 이메일을 보낸 뒤에 영업직원들은 우량 고객에게 전화를 걸어 상세한 설명을 곁들였다. 기본적인 대화는 이랬다. "기회가 다른 곳으로 가면 그걸로 끝입니다. 하지만 일단 저는 귀사에게 우선권을 드리고 싶습니다."

불과 일주일도 안 되어 우리는 6개월 치 광고를 계약하고 싶다는 확답을 받을 수 있었다. 그렇다. 계획한 광고 인벤토리를 전량 판매하는 데 성공한 것이다. 매출 측면에서 보자면 전년도 디지털 광고매출 대비 500퍼센트 증가에 해당했다.

그때 이후 모든 디지털 제품이 '제한 인벤토리 모델'을 토대로 판매되기 시작했다. 웨비나, 전자책, 백서 후원 등이 모두 같은 방식으로 진행되었다.

돈이 새어 나가기만 할 때

콘텐츠와 무관해 보이는 이런 이야기가 이 책의 주제와 무슨 상관이 있느냐고? 앞에서 말한 것처럼 자체로 일종의 '정보연금'처럼 안정적인 수익을 보장하는 콘텐츠 비즈니스 모델이 제대로 작동하기까지는 시간은 물론 인내도 필요하다.

여러분이 사업 초창기 나와 비슷한 처지에 있다면, 오디언스를 확보하고 궁극적으로 판매할 상품을 찾을 때까지 당장 버틸 수입원이 필요할 것이다.

협회 컨설팅 업무가 끝난 뒤 몇 달간 내가 처한 상황도 마찬가지였다.

유능한 사회복지사였던 아내는 몇 년 전부터 일을 쉬고 있었고, 집에는 당시 세 살, 다섯 살이던 아이들이 있었다(두 아이 모두 지금은 십대가 되었다). 그런 상황에서 멀쩡한 직장을 그만두고 사업을 시작했으니 당장 생계를 이어갈 수입이 필요했다. 모든 경비를 최소한으로 줄이는 것이야 당연한 순서였다. 하지만 여전히 갚아야 할 주택담보대출에 자동차 할부금, 그리고 양육해야 할 두 아이가 있었다. 컨설팅 자체에서는 수익이 나왔다. 하지만 콘텐츠 마케팅 매칭 서비스라는 미래 상품 개발에 너무 많은 투자를 하고 있었기 때문에 가족을 부양하는 일이 벅찼다. 2009년까지 우리 집은 돈을 까먹고 있었다.

한편 콘텐츠 마케팅 매칭 서비스는 내가 예상한 대로 진척되지 않았다. 재정 모델에 결함이 있었기 때문이다. 모델을 뜯어 볼수록 나의 생각이 부정적으로 기울었다. 몇 차례 아내와 상의한 끝에 사업모델을 접기로 했다. 그리고 다시 새로운 일자리를 찾아 나서려고 했다.

바로 그때였다. 이전에 내가 개발해 제안했던 '제한 인벤토리 모델'이
퍼뜩 떠올랐다.

가장 빠르게 성장한 기업이 되기까지

이후 몇 주 동안 나는 콘텐츠 마케팅에 더욱 매진할 것인지 다른 배로 갈
아탈 것인지를 놓고 고민했다. 그리고 블로그(토대)를 통해서 그동안 우리
가 확보한 오디언스로 돌아가서 그들을 분석했다.

- 그들의 가장 큰 고충은 무엇이었나?
- 사람들이 구매하고자 했던 것은 무엇이었나?
- 우리가 놓친 손쉬운 매출창출 기회가 있었나?

우리 오디언스의 대다수는 콘텐츠 마케팅 성공에 유용한 교육과 도구
를 필요로 했다. 당연히 컨설팅과 강연 요구가 엄청났다. 오디언스들이 필
요로 하는 것은 콘텐츠 판매업자 선별이 아닌 교육과 훈련이었다. 이것은
지금까지의 흐름과 판세를 근본적으로 바꾸는 결정적인 통찰이었다!

우리는 후원과 오프라인 행사를 중심으로 수익 창출 모델을 바꾸기로
결심했다. 문제는 그래도 여전히 지금 당장 매출이 필요하다는 것이었다.

짜잔! '제한 인벤토리 모델'이 있었다. 바로 후원자 패키지였다. 나는 즉
시 가장 중요한 지지자들에게 전화를 걸고 이메일을 보내, 우리가 준비하
는 새로운 방향에 자금을 댈 기회를 제공하겠다고 말했다. 딱 10개 회사

에만 기회가 돌아갈 것이고 각각의 '후원자'는 우리 사이트 홍보물량의 10퍼센트를 할당받게 될 것이다. 또한 우리 사이트에 후원자 제공 콘텐츠를 실을 기회를 얻게 될 것이다.

결과는? 몇 주도 안 되어 전량 매진되었다! 덕분에 우리는 사업의 중심축을 세울 자금을 마련할 수 있었고 지금까지 이어올 수 있었다. 이듬해 우리는 〈잉크〉에서 선정하는 북미에서 가장 빠르게 성장하는 500대 중소기업의 하나로 명단에 이름을 올리게 되었다.

밀려드는 청구서에 맞서는 방법

―

콘텐츠 비즈니스 모델을 기반으로 하는 사업가들이 으레 그렇듯이 여러분도 이런저런 고지서와 청구서를 밀리지 않고 처리하면서 수익 창출 기회를 찾아야 할 것이다. 콘텐츠 마케팅 연구소는 지금까지 설명한 '후원자 모델'로 이런 문제를 해결했다.

디지털 포토그래피 스쿨은 제휴사 광고판매를 통해 문제를 해결했다. 〈게임 이론〉 측은 유튜브 광고가 해결책이었다. 일렉트릭 하우스는 맞춤형 콘텐츠 생산을 통해 이를 해결했다. 카피블로거는 협력사 상품 판매에서 나오는 충성도를 통해서 해결했다.

오늘날 이들 회사는 모두 수백만 달러의 매출을 올리는 기업으로 성장했으며 성장 속도도 눈부시게 빨랐다.

다음 장에서는 플랫폼의 정점에서 상품을 기획하고 판매할 모든 기회에 대해 자세히 살펴보고자 한다. 그런 단계에 이르기까지 당장의 생계와 각종 청구서를 해결할 창의적인 방법을 생각해두어라. 다른 성공한 콘텐츠 사업가들이 그랬듯이 말이다.

언제부터 수익화를 시작해야 할까?

———

나는 정기적으로 여러 사업가들을 만나는데 이들과의 대화에서 자주 등장하는 질문 중에 하나가 바로 "언제부터 상품이나 서비스로 돈을 벌어야 하는가?"다. 내 대답은 항상 이렇다. "바로 오늘부터!"

콘텐츠 비즈니스 모델은 크게 다섯 단계를 거쳐 작동하며 수익화 단계를 통해 성장하고 경제적 자유를 얻는 것이 이 책의 주요 내용이다. 그러나 그것이 앞의 네 단계를 거친 다음에 수익을 생각할 수 있다는 의미는 아니다. 플랫폼을 통해 어떻게 돈을 벌 것인가에 대한 생각은 사업을 시작하는 첫날부터 해야 한다. 콘텐츠 마케팅을 통한 수익구조가 안정화되기 전에 콘텐츠 마케팅 연구소를 운영하기 위해 나는 후원사가 된다는 것이 어떤 기회인가를 알리면서 그 기회와 꿈을 팔았다. 그렇게 해서 마련한 수입으로 우리는 플랫폼을 구축할 수 있었다.

《디지털 적합성Digital Relevance》을 비롯해 다수의 저서를 집필한 아더스 앨비는 콘텐츠 중심 접근법을 시작하기에 가장 좋은 출발점은 바로 가장 중요한 지인들과 함께하는 것이라고 말한다. 콘텐츠 수익화 모델에서도 마찬가지다. 인플루언서 채널을 적절하게 관리해왔다면, 수익 창출 기회를 모색할 우선대상은 바로 그들이 되어야 한다.

18

수익모델 만들기

성공한 사람이란 남들이 자기에게 던진 벽돌들을 모아 견고한 토대를 쌓는 사람이다.
_ 데이비드 브링클리 Daivd Brinkley

최고의 콘텐츠 비즈니스 모델 중에 일부는 오디언스를 통해 여러 가지 돈 버는 방법을 사용한다. 여기 여러분이 선택할 수 있는 10가지를 소개한다.

〈기업가 Entrepreneur〉라는 이름의 잡지에 따르면, 대다수 사람은 돈을 버는 방법이 두어 가지로 한정되어 있다. 회사에서 월급을 받는 사람이라면 수입원이라야 보통 한두 가지다. 월급과 주식투자 정도일 것이다. 이런 상황에 있는 사람들을 주변에서도 많이 보지 않는가? 그들은 매일 똑같은 일을 하러 일터로 간다. 마치 청구서를 처리하기 위해 일하는 인생 같다. 매월 말이 되어 정산을 해보면 저축이나 투자를 위한 여윳돈은 거의 남아 있지 않다.

반면에 백만장자들은 어떤가? 돈이 들어오는 경로가 다양하다. 다양한 제품과 서비스를 통해 돈이 들어온다. 즉 여러 기업(그리고 이들 기업 내의 여러 상품과 서비스)을 통해서도 돈이 들어오고, 부동산 거래를 통해서도, 무수히 많은 투자를 통해서도 돈이 들어온다. 그 밖에도 그들이 수입을 챙기는 방법은 다양하다.

그것이 바로 콘텐츠 비즈니스 전략으로 사업을 하는 이들의 사고방식이다.

독특한 기타 연주 동영상으로 유튜브 스타가 된, 롭 스캘론Rob Scallon의 말을 들어보자. "수입원을 늘리고 다양화시킬 새로운 방법이 없을까? 나는 항상 그런 아이디어를 찾으려고 합니다. 최근 전국에 방영되는 텔레비전 광고에서 음원사용료를 지불하고 우리 밴드의 노래를 썼습니다. 정말 흥분되는 일이었죠. 앞으로 이런 일이 많아졌으면 좋겠네요. 제품 판매에도 관심이 많아요.……유튜브 채널과 관련해 수익을 올릴 방법은 아주 다양합니다. 나는 지금 그것을 최대한 활용하면서 거기서 느껴지는 흥분을 만끽하고 있습니다. 정말 신나는 일이지요."

현재 새로운 사업 계획을 갖고 창업을 준비하고 있는가? 아니면 대기업 안에서 콘텐츠 관련 프로그램을 운영하고 있는가?

어느 쪽이든 항상 염두에 두어야 하는 것이 있다. 지속적으로 만들어내는 콘텐츠 자산을 얼마나 다양한 방식으로 수익화할 수 있는가를 항상 고민해야 한다는 것이다.

파급효과 ·

더그 케슬러는 벨로서티 파트너스의 공동 설립자다. 케슬러는 토드 휘틀
랜드의 팟캐스트 〈피봇 The Pivot〉에 출연해 콘텐츠 마케팅 프로그램에서 자
신이 '파급효과'라고 부르는 개념을 소개했다. 대부분의 마케터는 판매량
증가, 비용 절감, 충성도 높은 고객 확보 여부를 통해 콘텐츠 프로그램을
평가한다. 마케터들의 측정 기준에서 보면 당연히 중요하게 여겨져야 하
는 목표들이 맞다. 하지만 케슬러는 그보다 더 중요한 측정지표가 있다고
믿는다. 바로 그가 '파급효과'라고 부르는 것이다.

케슬러가 말하는 파급효과란 콘텐츠 비즈니스 모델에서 얻어지는 예상
치 않은 혜택들을 의미한다. 예를 들어 오프라인 행사에 연사로 초대된다
든가, 누군가 여러분의 전문성에 대해 소문을 내고 다닌다거나 그 밖에 자
기 분야에서 대표적인 전문가가 됨으로써 누리게 되는 예상 밖의 혜택들
이 모두 파급효과다.

콘텐츠 비즈니스 프로그램의 수익에 대해 말하자면 전부가 파급효과
다. 콘텐츠 비즈니스 모델을 시작하는 시점에서 대부분은 과연 어떤 수익
이 창출될지 확신이 없는 상태다. 예를 들어보자. 여기서 성공 사례로 여
러 차례 소개한 '리버 풀스 앤드 스파스' 역시 자신들의 콘텐츠 수익이 기
존에 하던 설치 서비스만이 아니라 실제 제조를 통해서도 나올지 생각조
차 못했다. 〈게임 이론〉의 매슈 패트릭도 자신의 전문성을 인정한 유튜브
본사로부터 조언을 요청하는 전화를 받으리라고는 꿈에도 생각하지 못했
다. 우리에게 필요한 것은 그런 순간이 올 때까지 과정을 겪어내는 것이
다.⋯⋯그러나 일단 그 순간이 오면 그로 인한 혜택은 강력하다.

하나 이상이어야 하는 이유

───

수입원이 한두 가지라고 해서 잘못된 것은 전혀 없다. 그러나 그런 상황에서는 뭔가 잘못되기라도 하면 큰 문제들이 생길 수 있다.

> 그리고 뭔가는 항상 잘못되지. 그러고 나면 구리가 있어, 내가 사용하는 유일한 파이프지. 구리는 가격이 비싸. 구리가 비싼 이유는 돈을 절약해주기 때문이지.
>
> _ 영화 〈문스트럭Moonstruck〉에서

아마존, 디즈니, 구글 같은 세계에서 가장 혁신적인 기업들은 여섯 가지 이상의 수입 흐름을 가지고 있다.

나날이 규모가 커지고 왕성하게 참여하는 구독자 오디언스가 없이 여섯 가지 이상의 수입 흐름을 만들어내기란 불가능하다. 이제 각자의 사업 모델을 한 단계 끌어올릴 준비를 할 시간이다.

사례 : 요리사 마이클 사이먼의 수입원

───

오하이오 클리블랜드 출신 가운데 요즘 뜨고 있는 가장 유명한 사람을 꼽으라면 마이클 사이먼Michael Symon이 아닐까 싶다. 사업가로서 마이클의 여정은 레스토랑 운영이라는 꽤나 전형적인 방식으로 시작되었다. 클리블랜드에 한 곳, 뉴욕에 한 곳. 그는 레스토랑 수를 하나씩 하나씩 늘려가며

천천히 사업을 키워나갔다. 그러다 2007년 〈아이언 셰프 아메리카Iron Chef America〉라는 텔레비전 프로그램에 출연하면서 모든 것이 바뀌었다. 이때를 기점으로 마이클은 지속적으로 텔레비전에 출연했다. 푸드 네트워크Food Network 방송사의 각종 쇼에 고정 패널로 나오는 것을 계기로 ABC 방송사에서 매일 내보내는 〈더 츄The Chew〉라는 음식 관련 프로그램에도 비중 있는 역할로 등장했다.

현재 마이클은 여러 방송국에서 진행하는 다양한 쇼에 출연하며, 텔레비전을 통해 하루에도 수백만 명의 시청자와 만나고 있다. 그러나 핵심은 마이클이 이런 활동을 통해 불과 몇 년 만에 100만 명이 넘는 소셜 미디어 팬을 확보했다는 것이다.

마이클의 레스토랑 사업은 날로 번창하고 있다. 바 사이먼Bar Symon 같은 모임 장소를 만드는가 하면, B 스폿B Spot 같은 깜짝 놀랄 만한 햄버거 체인점도 열었다. 현재 마이클은 수십 개 벤처 레스토랑 사업에도 관여하고 있는데 역시 수익성이 나쁘지 않다. 여기서 가장 눈여겨봐야 할 부분은 그의 부수적인 활동이다. 마이클은 플랫폼을 구축해 거기서 추가 수익을 창출하고 있다. 예를 들자면 다음과 같은 것들이다.

- 책.《마이클 사이먼은 요리하기 위해 산다Michael Symon Live to Cook》,《더 츄 : 저녁에 뭐 먹지?The Chew : What's for Dinner?》,《마이클 사이먼의 음식으로 고치기Michael Symon's Fix It with Food》,《마이클 사이먼의 불 가지고 놀기 Michael Symon's Playing with Fire》
- 다수의 공항과 운동 경기장에서 취급하는 특수한 목적의 식품 라이센스 계약

- 푸드 네트워크의 아이언 셰프 같은 프로그램 유료 출연, 직접 진행하는 쇼인 〈버거스 Burgers〉, 〈브루&큐 Brew & Que〉 출연
- 자체 브랜드로 본인의 서명이 들어간 마이클 사이먼 주방용 칼 사업

사이먼이 수익을 올리는 사업은 이외에도 많다. 이처럼 요리사 사이먼을 비롯해 여러 유명 인사들은 콘텐츠 플랫폼 구축을 통해 여러 수입원을 만들어낸다. 근시안적인 사업 모델이었다면 레스토랑 운영에서 나오는 수익만 보면서 레스토랑 매출을 올릴 일만 생각했을 것이다. 그러나 마이클 사이먼은 오디언스를 이용하여 다양한 방식으로 돈을 벌어들이고 있다.

콘텐츠 비즈니스를 통한 수익 사례

이하에서는 콘텐츠 비즈니스 모델 사례와 이들 모델에서 오디언스를 통해 수익을 올리는 구체적인 방법을 소개하고자 한다.

미셸 판 Michelle Phan 은 화장법으로 유튜브 스타가 되었다(조회수가 무려 10억 회가 넘는다). 미셸 판이 수익을 창출하는 방법은 다음과 같다.

- 유튜브 광고 수수료
- 책 인세
- 유료 방송출연
- 시프트 뮤직 그룹 Shift Music Group 이라는 음반사

- 〈입시Ipsy〉라는 미용 제품 구독 서비스(2017년에 회사를 떠남)
- 시매틱Thematic이라는 스타트업. 음악 라이센싱을 전문으로 하는 곳
  이다.

치킨 위스퍼러 앤디 슈나이더가 플랫폼을 수익화하는 방법은 다음과
같다.

- 행사 후원
- 유료 잡지 구독
- 잡지 광고주
- 팟캐스트 후원사
- 유료 방송출연
- 책 인세
- 웹사이트 후원사

디지털 포토그래프 스쿨의 대런 로우즈는 다음과 같은 수익원으로 플
랫폼을 키워나간다.

- 제휴 프로그램(사이트 내 홍보 수수료)
- 전자책 판매와 개별 지도
- 유료 온라인 교육 프로그램
- 구인란
- 온라인 광고

심층 해부 : 콘텐츠 마케팅 연구소

2010년 우리는 기업 마케터를 대상으로 하는 교육 및 훈련 조직으로 콘텐츠 마케팅 연구소(이하 CMI)를 공식 출범시켰다. 이름이 말해주는 것처럼 중점을 두는 분야는 당연히 콘텐츠 마케팅이었다. 첫해를 통틀어 총매출(수익이 아니라 매출)이 6만 달러가 조금 안 되었다. 2016년에 CMI 매출은 1,000만 달러를 넘어섰고 순이익률도 25퍼센트로 탄탄했다. 나와 아내는 그해에 CMI를 매각했다. 이에 대해서는 뒤에서 좀 더 자세히 이야기하겠다.

모델 자체는 상당히 간단하다. 우리 오디언스는 충성도 높은 마케팅 전문가들이었다. 우리는 2010년 불과 몇 천 명에 불과했던 오디언스를 2015년에는 20만 명 규모로 키웠고, 다양한 방식으로 이들과의 관계를 수익화했다.

우리 매출은 세 가지 수입원으로 구성되었다. 행사, 디지털, 통찰이다.

주의 : 나는 2017년 말에 공식적으로 CMI를 떠났으므로, 내 정보는 그때에 머물러 있다. 내가 이 글을 쓰는 지금도 CMI는 여전히 활발하게 성장하고 있는 커뮤니티다. 그러나 나는 현재의 일상적인 운영까지 꿰뚫어 볼 통찰력은 없다.

행사

CMI 수익 모델 중에 가장 규모가 크고 수익성이 좋은 부분은 오프라인 행사들이었다.

콘텐츠 마케팅 월드

매년 9월 우리의 주력 행사인 콘텐츠 마케팅 월드가 열리면 세계 70개 국가에서 4,000명의 참가자가 클리블랜드로 모여든다. 참가자들에게는 100개의 개별 세션뿐만 아니라 다양한 콘텐츠 마케팅 기술을 보여주는 대형 전시실도 개방된다. 콘텐츠 마케팅 기술이라는 주제로는 최대 규모를 자랑하는 전시실이다.

평균적인 참가자들은 메인 컨퍼런스 참가비로 1,295달러를 낸다. 대략 25퍼센트의 참가자가 일종의 자유이용권을 구매하는데, 이들에게는 두 개의 워크숍 참석과 모든 프레젠테이션 영상이 제공된다. 자유이용권 가격은 대략 2,500달러다. 후원사들은 홍보부스 하나당 지불하는 금액은 대략 1만 5,000달러다. 이외 다른 후원 방법도 있는데 금액은 수천 달러에서 10만 달러까지 다양하다. 전체 행사 매출의 70퍼센트는 참가비에서, 나머지 30퍼센트는 후원비에서 나온다. 콘텐츠 마케팅 월드는 40퍼센트가 넘는 매출 총이익을 자랑한다.

기타 행사

CMI는 이외에도 뉴욕에서 여는 워크숍부터 샌프란시스코에서 개최하는 콘텐츠 기술 행사까지 다양한 범주의 소규모 행사들을 개최한다.

디지털

소위 '후원자 패키지'는 CMI 최초의 수익원이었다. 이는 웹사이트를 통해서 CMI의 타깃 오디언스에게 접근하려는 기업들을 위한 광고, 후원, 콘텐츠가 결합된 형태의 상품이었다. CMI 웹사이트는 실제로 연간 100만 명이 넘는 방문자가 방문하고 있었다. 첫 해에 우리는 연간 후원 비용으로 1만 5,000달러를 받았다. 몇 년 뒤에는 4만 달러를 받았고 연간 후원 기회를 10곳의 후원사로 제한했다.

후원자 패키지에는 다음과 같은 것들이 포함된다.

- CMI 온라인에 CMI 편집 직원의 허락을 받아 교육 관련 블로그 포스트 게재
- 광고를 보여주는 온라인 배너 12개월 게재. 250×250 크기의 창조적인 내용의 배너를 통해 모든 광고 노출의 10퍼센트가 일어난다.
- CMI 주간 이메일 뉴스레터와 일간 블로그 알림에 광고 포함(1년에 최소 40회)
- 모든 CMI 웹사이트 페이지 하단에 회사명 노출
- 특별 제휴관계 및 기회에서 우선권 부여

팟캐스트

2013년 CMI는 〈디스 올드 마케팅〉이라는 팟캐스트를 시작했는데, 로버트 로즈와 내가 주간의 마케팅 뉴스를 평론하는 형식으로 진행되었다. ESPN의 〈파든 더 인터럽션Pardon the Interruption〉이라는 프로그램 형식을 모방해서 만든 것이었다.

첫 달에는 다운로드가 1,000회였다. 4년 뒤에는 매달 대략 10만 회의 다운로드가 이루어졌다.

에피소드마다 주 후원자가 있었다. 후원자가 내놓은 교육 콘텐츠 하나에 대해 나와 로버트가 토론을 하고 홍보를 해주는 조건이었다. 월 매출은

6,000달러에서 1만 달러 정도였다. 가끔은 한 에피소드에 두 후원자가 붙기도 했다.

이메일 리스트 대여

CMI 이메일 뉴스레터 구독자 중에 다수는 제휴사들의 메시지를 받는데도 동의했다. 매주 목요일마다 CMI 제휴사 중에 한 곳에서 CMI 이메일 리스트를 구매해 백서, 전자책을 비롯해 마케터에게 가치가 있는 정보를 홍보했다. CMI는 제휴사를 대신해 구독자에게 전달해주고 이메일 주소 1,000개당 300달러를 받았다.

웨비나

매달 CMI는 오디언스를 위한 교육용 웨비나를 마련했고, 세 곳에서 후원을 받았다. 웨비나마다 500명에서 1,000명 정도가 등록했고, 그중에 대략 40퍼센트가 실시간 행사에 참석했다. CMI는 웨비나의 콘텐츠가 참석자들의 욕구는 물론 후원자들의 목표에도 부합하도록 신경을 썼다. 웨비나 후원금은 평균 1만 9,000달러였다.

가상 이벤트

CMI는 '콘텐츠테크'라는 생중계로 진행하는 무료 가상 이벤트를 개최했는데, 최신 콘텐츠 마케팅 기술을 조명하는 자리였다. 콘텐츠테크에는 4,000명의 참석자가 등록했고, 12곳에서 후원을 해서 총매출이 10만 달러가 넘었다.

통찰

온라인 교육

CMI는 오프라인 행사에 참석하기 힘든 마케팅 전문가들에게 교육과 훈련 기회를 제공하기 위해 2015년 특별히 온라인 교육 프로그램을 마련했다. CMI 대학교는 1년에 네 번 등록이 가능했고 분기별 학기제 1인당 995달러를 받았다. 덧붙여 CMI는 사내 마케팅 부서 전체를 교육하려는 회사들을 위한 회사용 패키지도 판매했다.

자문 서비스

CMI가 매일 교육 콘텐츠를 제공하고 있었지만 일부 회사는 보다 직접적이고 실질적인 방식을 원했다. CMI는 AT&T, 페트코Petco, 게이츠 재단, 캐피털 그룹Capital Group, 시트릭스Citrix, SAS, 델Dell, 어도비Adobe, 애보트Abbott를 비롯한 회사들과 함께 맞춤형 교육 프로그램을 진행했다. 이런 오프라인 자문 프로그램의 가격은 상품에 따라서 달랐지만 대략 1만 5,000달러에서 4만 5,000달러였다.

연구조사

CMI 자체 연구조사 보고서는 CMI에서 만든 어떤 콘텐츠보다 많은 웹사이트에 링크되었다. 2010년 CMI는 마케팅프로프스와 공동으로 연간 벤치마크 연구를 수행해 자료를 배포했는데, 조사는 매년 6월에 진행된다. 우리는 매년 콘텐츠 마케팅 월드 도중에 9월 최초로 결과를 공개하고, 이후 12개월 동안 B2B, B2C, 비영리조직, 대기업, 중소기업, 제조업 등을 포함시켜 세부보고서를 공개했다.

각각의 보고서는 40페이지 분량의 전자책으로 만들어졌는데, CMI 제휴사에서 하나당 대략 1만 5,000달러를 후원했다. 뿐만 아니라 CMI는 업계를 선도하는 회사들의 요청을 받아 소규모 연구조사 프로젝트도 진행했다. CMI 오디언스에 대해 연구하고 보고서를 만들어 배포하는 식이었다. 특정 회사의 후원을 받아 제작하는 이런 보고서는 프로젝트 당 2만 달러에서 4만 달러 정도 비용을 받았다.

콘텐츠 마케팅 어워드

2014년 CMI는 매그넘 오퍼스 어워즈Magnum Opus Awards라는 수상 프로그램을 인수해 콘텐츠 마케팅 어워드라고 새로운 이름을 붙였다. 400여 조직에서 1,200가지 이상의 작품을 제출했고, 75가지가 넘는 콘텐츠 마케팅 분야에서 일하는 100명의 심사위원들이 심사를 했다. 이 수상 프로그램으로 인한 소득은 대략 40만 달러 정도 되는 총매출에 그치지 않았다. 덕분에 우리는 무수히 많은 콘텐츠 창작 기회와 업계에 대한 경이로운 통찰을 얻을 수 있었다.

요약하자면 콘텐츠 마케팅 연구소는 그동안 충성도 높은 오디언스를 활용하여 다양한 방식으로 높은 성장률을 보이는 수익을 창출할 수 있었다. 동시에 각각의 프로그램들은 다른 수익성 높은 CMI의 상품과 서비스를 마케팅하는 데도 도움을 주었다. 웨비나는 오프라인 행사를 홍보해주었고, 오프라인 행사가 수상식을 홍보해주는 식이었다.

CMI는 일단 충성도 높은 오디언스가 형성되고 나면 이론적으로 어떤 상품 혹은 서비스든 높은 수익을 올리며 판매할 수 있다고 믿었다. CMI

가 약속한 대로 꾸준히 오디언스들에게 내놓기만 하면 말이다.

다양하게 수익을 창출하라

———

일단 충성도 높은 오디언스가 만들어지면 오디언스를 수익화할 방법에 집중할 수 있게 된다. 〈도표 18.1〉이 보여주는 것처럼 열 가지 수입원이 있다. 여섯 가지는 직접적인 수입원이고 네 가지는 간접적인 수입원이다.

직접적인 수익 창출 방법
회사가 오디언스 그룹으로부터 직접적으로 매출을 창출하는 여섯 가지

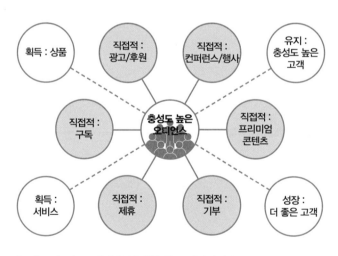

도표 18.1 | 콘텐츠 비즈니스 모델이 수입을 창출하는 10가지 방식이 있다.

방법으로는 광고/후원, 컨퍼런스와 행사, 프리미엄 콘텐츠 제공, 기부, 제휴판매, 구독이 있다.

광고/후원

직접 매출을 끌어내는 가장 보편적인 방법은 광고와 후원 프로그램을 통한 것이다. 회사들은 여러분이 확보한 오디언스에 직접적으로 접근하는 대가로 기꺼이 돈을 지불할 의사가 있다.

1. 전통적인 광고. 오랜 세월을 지나면서 검증된 전통적인 광고는 지금도 여전히 아주 효과가 좋다.

- 저건 어떻게 요리할까. 유튜브 채널 〈저건 어떻게 요리할까〉 구독자가 400만 명이 넘는 앤 리어든은 수입의 대부분을 유튜브 광고 사용료에서 얻는다. 앤은 자칭 불가능한 음식 만들기에 초점을 맞춤으로써 비용을 거의 들이지 않고도 메시지를 차별화할 수 있었다.

- 〈모닝 브루〉. 〈모닝 브루〉는 비즈니스와 생활방식에 관한 콘텐츠를 독특한 시선으로 통합한, 밀레니얼 세대를 위한 일간 이메일 뉴스레터다. 각각의 뉴스레터에는 뉴스레터와 똑같은 방식으로 작성된 기업에서 만든 콘텐츠 기반 광고가 포함된다. 출범 이래 〈모닝 브루〉는 다수의 대상이 분명한 이메일 뉴스레터와 팟캐스트들을 추가했고, 덕분에 매출은 2018년 300만 달러에서 2020년에는 2,000만 달러 이상으로 크게 증가했다.

2. 후원. 일반적으로 광고가 상품이나 콘텐츠 홍보 등으로 사용자의 경험을 방해하는 부분이 있다면, 후원은 보통 한 회사에서 제공하

는 한 편의 콘텐츠 인수를 포함한다. 후원의 이점에는 다운로드를 통해 명단을 확보하는 것, 팟캐스트나 텔레비전 프로그램 후원을 통해 브랜드 인지도를 높이는 것 등이 포함된다. 어느 한쪽일 수도 있고 두 가지 모두일 수도 있다.

- 콘텐츠 마케팅 연구소. CMI는 대부분의 상품에서 광고 모델보다는 후원 모델을 선호했다. 후원을 받는 보고서, 전자책, 웨비나 등이 있었다.

- 미디어 보이스. 영국에 본사가 있는 미디어 보이스 Media Voices 는 2016년 출판인들을 대상으로 기획된 주간 팟캐스트로 출발했다. 후원 건당 대략 600달러에서 시작했고, 모델을 지속적으로 발전시켜 지금은 건당 약 3,000달러를 받고 있다.

컨퍼런스와 오프라인 행사

CMI와 마케팅프로프스가 공동으로 진행한 조사 결과에 따르면, 대기업 열 곳 중에 일곱 곳은 자체 오프라인 행사를 만들고 관리한다. 일부는 소규모 고객 모임 같은 형태지만, 전시 공간과 동시에 진행되는 여러 회의를 준비한 대규모 행사들도 있다. 매출은 주로 파티 참가나 전시공간 사용 같은 유료 행사 신청 혹은 후원을 통해 나온다.

- 치킨 위스퍼러. 앤디 슈나이더는 치킨 위스퍼러라는 플랫폼을 책, 구독자가 6만 명이 넘는 잡지, 라디오 쇼로 발전시켰다.
  7년이 넘도록 운영하고 있는 라디오 쇼는 현재 주간 구독자만 2만 명이 넘는다. 그러나 여러 수입원 중에 핵심을 차지하는 것은 후원을 받는 라디오 쇼다.

- 잉커스 콘. 알레산드라 토레는 다수의 베스트셀러 책과 인기 있는 도서출판 교육 코스를 내놓은 뒤에 '잉커스 콘 오서스 컨퍼런스Inckers Con Authors Conference'라는 오프라인 행사를 마련했다. "일단 첫해에 무사히 마칠 수 있다면 다음 해부터는 훨씬 쉬워집니다. 첫 해에 온 갖 실수를 했지만 그래도 환상적인 행사로 끝났습니다." 토레의 말 이다. 2019년 오프라인 행사 티켓은 400장이 팔린 반면, 2020년 가상 행사 티켓은 1인당 245달러에 750장이 팔렸다.

- 레녹스 라이브. 레녹스Lennox는 세계 최대의 냉난방 장비 제조업체 중에 하나다. 매년 개최하는 오프라인 행사에는 미국 전역에서 내로라하는 제조 및 유통업자들이 모이는데, 기술, 마케팅, 사업관행에 관한 교육을 제공한다. 제휴 회사에는 허니웰Honeywell, 신타스Cintas, 플루크Fluke 등이 포함된다. 레녹스는 참가료를 통해서 직접적으로 수입을 창출할 뿐만 아니라, 수십 곳의 제조 및 서비스 협력사를 통해서도 수입을 올린다.

프리미엄 콘텐츠

프리미엄 콘텐츠 패키지는 형태가 다양한데, 직접 판매 콘텐츠 상품과 콘텐츠 신디케이션 기회 등이 포함된다.

1. 콘텐츠 상품

- 디지털 포토그래피 스쿨DPS. 대런 로우즈는 초보 사진사들에게 중요한 정보공급원이 되겠다는 목표로 DPS를 시작했고, 초보 사진사

들에게 사진 기술을 최대한 활용하는 법을 알려준다. DPS는 직접 판매용 프리미엄 전자책, 전문보고서 등을 만들어 매년 수백 만 달러의 매출을 올린다. DPS의 프리미엄 콘텐츠 판매는 회사의 수익 창출 전략에서 핵심이 되었다.

- 버즈피드(테이스티). 버즈피드 수익 창출 방법 중에 하나는 맞춤형 요리책이다. 버즈피드의 《테이스티 : 요리책Tasty : The Cookbook》은 구매자가 자신의 기호에 맞춰 주문 제작할 수 있는 종이책이다. 시작하고 불과 몇 주 뒤에 10만 부가 넘게 팔렸다.

- 마케팅 쇼러너스. 제이 아컨조는 미디어 및 교육 회사로 마케팅 쇼러너스를 시작했다. 단기 디지털 워크숍은 마케팅 쇼러너스의 가장 성공적인 수익 창출 상품 중에 하나다. 8주짜리 교육 프로그램으로 학생당 네 시간에서 여섯 시간이 필요하다. 학생들은 1,500달러를 지불하는데 여기에 포함되는 것들은 다음과 같다.

  - 제이 아컨조와 일대일로 만나 진행하는 전략 공부 시간
  - 예를 들어 부동산 개발, 인터뷰 기법, 이야기 형식의 쇼 제작 같은 특수한 기술이나 주제를 깊이 파고드는, 세계적인 팟캐스터, 제작자, 마케터들과의 생방송 토론
  - 제이 아컨조와 함께 일터에서 반복되는 과제 헤쳐나가기

제이에게는 숫자가 얼마나 많으냐가 아니라 쇼가 어떤 반향을 불러일으키느냐가 중요하다. 2020년 제이가 하는 사업의 100퍼센트는 그의 쇼를 처음 들은 사람들에게서 나왔다. 그런데 에피소드당 다운로드 수가 300회를 넘은 적이 없었다.

2. 콘텐츠 신디케이션. 콘텐츠 신디케이션은 제3의 웹사이트에서 비용을 지불하고 우리가 자체 제작한 콘텐츠를 게재할 때 일어난다.

- 레드 불 Red Bull. 레드 불의 "콘텐츠 저장고"에는 미디어 회사와 콘텐츠 생산자들이 레드 불에게서 직접 사용권을 구매할 수 있는 수천 개의 영상, 사진, 음악 등이 포함되어 있다.
- 스콧 애덤스 Scott Adams. 만화 〈딜버트 Dilbert〉 작가 스콧 애덤스는 이제 만화뿐만 아니라 강연과 저술을 통해서도 수입을 올리는 백만장자다. 애덤스는 자신의 인기 만화 〈딜버트〉를 세계 각지의 신문과 웹사이트에 판매하는 것에서 수익 창출 모델을 시작했다.

기부

일반적으로 어떤 조직의 출판을 지원하는 기부는 영리 목적이 아니라 대의를 생각하는 조직일 때 가장 효과가 좋다.

- 프로 퍼블리카 Pro Publica. 프로 퍼블리카는 자금 지원을 받아 탐사보도를 하는 비영리 조직이다. 〈월스트리트저널〉 편집장 출신인 폴 스타이거 Paul Steiger가 창립했고, 현재 50명이 넘는 기자를 고용하고 있는데. 주된 자금지원자는 샌들러 코퍼레이션 Sandler Corporation이다. 샌들러 코퍼레이션은 프로 퍼블리카가 출범한 이래 오랫동안 자금 지원을 해오고 있다. 프로 퍼블리카의 대의에 동의하는 사람이면 누구라도 후원이 가능하다.
- 마더 존스 Mother Jones. 프로 퍼블리카와 마찬가지로 마더 존스는 직접적인 독자들의 기부를 통해 대부분의 자금을 지원받고 있으며(도표

도표 18.2 | 〈마더 존스〉는 직접 기부를 통해 수입의 대부분을 만든다.

18.2 참조), 모든 기사 하단에 독자의 행동을 촉구하는 CTA를 포함
시키고 있다.

- 카드 어겐스트 휴매너티|Cards Against Humanity. 2013년 카드 어겐스트 휴매
너티에서는 "카드 어겐스트 휴매너티에 5달러 주기 운동"을 진행
했다. 그들은 오디언스에게 아무런 대가 없이 5달러를 달라고 했
다. 그리고 뭔가를 팔지 않고도 7만 달러를 넘게 벌었다.

크라우드펀딩

- 킥스타터|Kickstarter/고 펀드 미|Go Fund Me. 퇴역 미군 장교 브라이언 스텔
레|Brian Stehle는 어린이 도서를 집필하는 것이 꿈이었지만 선불 제작
비를 감당할 자금이 필요했다. 브라이언은 크라우드펀딩 서비스 킥
스타터를 활용해 친구와 친지들에게 초기비용 4,200달러를 기부

받았다. 브라이언은 모금을 시작하고 불과 며칠 만에 목표 금액을 달성했다. 현재 그의 어린이용 크리스마스 책인 《쉬는 날One Day Off》은 꿈이 아니라 현실이 되었다.

- 크리에이터 코인스Creator Coins와 NFT. 크리에이터 코인스는 콘텐츠 제작자들이 네트워크를 통해 하나의 경제를 구축하게 해준다. 랠리닷아이오Rally.io와 롤Roll, tryroll.com 같은 회사들은 이더리움Ethereum(ERC-20) 네트워크상에서 코인을 발행한 다음, 소유자에게 해당 코인을 자체 커뮤니티와 공유할 수 있는 권한을 부여한다. 우리 회사도 이미 랠리(http://rallyio/creator/TILT/)에서 자체 코인$TILT을 발행해 성공적으로 활용하고 있다. 커뮤니티 회원이 우리 콘텐츠나 이메일을 공유하면 상을 주고, 답례로 독점 콘텐츠와 특전을 제공한다.

관련된 것으로 대체 불가 토큰, 즉 NFT는 2021년에 비약적으로 발전했다. 이제 예술가들은 유일무이한 특별판 디지털 콘텐츠를 NFT로 판매하고(수퍼레어SuperRare, 메이커스플레이스MakersPlace를 보라), 킹스 오브 리온Kings of Leon 같은 음악가들은 앨범 커버와 팬 헌정 특별 패키지를 NFT로 판매하고 있다.

제휴사 마케팅

상품-제휴 마케팅을 통한 판매

- 〈안트러프러너 온 파이어〉. 존 리 뒤마가 진행하는 인기 팟캐스트다. 존은 클릭이나 실제 제품 판매에 대해 제휴 수수료를 내는 다수의 회사들을 홍보해준다. 매달 매출과 수익을 공개하는데, 2020년

8월을 보면 제휴 마케팅 수입은 2만 1,557달러였다.

제휴 마케팅 수입 발생하는 구조는 다음과 같다. 만약 어떤 방문자가 내가 걸어놓은 제휴사 링크를 클릭해서 내가 추천하는 상품이나 서비스를 신청하면, 내가 그에 따르는 수수료를 받는다.

2020년 8월 〈안트러프러너 온 파이어〉의 제휴 마케팅 수입을 뜯어보면 다음과 같다.

1. 창업자 대상 업체 : 1만 3,703달러

- 오더블 Audible : 102달러
- 클릭 퍼널스 Click Funnels : 1만 3,395달러
- 코칭 위탁 : 148달러(내게 전반적인 온라인 비즈니스를 위한 멘토 혹은 팟캐스트 중심 멘토 소개를 요청하는 이메일을 보낸다)
- 컨버트킷 ConvertKit : 58달러

2. 창업자 대상 교육 프로그램 : 6,820달러

- 토니 로빈슨 Tony Robbins의 날리지 브로커 블루프린트 Knowledge Broker Blueprint by : 3,761달러
- 크리에이트 오섬 온라인 코시스 Create Awesome Online Courses by DSG : 97달러
- 페드로 아다오 Pedro Adao의 크러시 잇 위드 챌린지스 Crush It with Challenges : 2,962달러

3. 팟캐스터 대상 업체 : 536달러

- 팟캐스팅 프레스Podcasting Press : 73달러
- 스플래시어Splasheo : 198달러
- 립신Libsyn : 210달러, 이번 달과 다음 달 무료 할인 코드를 활용
- 유데미 팟캐스팅 코스Udemy Podcasting Course : 55달러

4. 기타 : 498달러

- 아마존 제휴 프로그램 : 116달러
- 기타 : 382달러

- **더 와이어커터**The Wirecutter. 각종 기기 소개 및 할인판매 정보 사이트 더 와이어커터는 2016년 3,000만 달러에 〈뉴욕타임스〉에 매각되었다. 더 와이어커터는 사이트에서 추천하는 제품이 판매될 때마다 약간의 돈을 버는데 합쳐 놓고 보면 결코 적지 않다. 더 와이어커터는 2015년 제휴마케팅 매출로 1억 5,000만 달러가 넘게 벌었다.
- 버즈피드. 〈월스트리트저널〉에 따르면, 버즈피드는 2019년에 제휴 링크들을 통해서만 3억 달러 이상을 벌었다.

구독

고객이 비용을 지불하는 구독은 일정 기간 동안 (보통은 1년) 고객이 사전 동의한 콘텐츠 전달을 보장한다는 점에서 일회성인 프리미엄 콘텐츠와는 다르다.

- 카피블로거. 브라이언 클라크는 카피블로거의 소프트웨어 프로그램 부서를 매각한 뒤에 교육과 훈련 프로그램을 통한 수익 창출에 집중했다. 이를 위해 연간 회원제 프로그램인 '카피블로거 프로'를 신설했다. 연간 495달러를 내고 기초교육, 월간 고급 마케팅 정복 강좌, 지속적인 코칭 서비스까지 누릴 수 있는 프로그램이다.
- 에이전시 매니지먼트 인스티튜트Agency Management Institute. CEO 드루 맥렐런Drew McLellan은 후원과 행사를 포함한 여러 수입원을 가지고 있다. 그중에 핵심은 에이전시 대표들이 1년 내내 다른 에이전시 대표들을 사적인 모임에서 만날 기회를 제공하는 연간 회원제 프로그램이다. 가장 높은 단계가 연간 3,000달러이며, 이외에도 다양한 회원 등급이 있다.
- 더허브The Hub. 소셜 미디어 매니저들을 위한 회원제 사이트인 더 허브는 로라 무어와Laura Moore와 로라 데이비스Laura Davis가 만든 영국의 페이스북 그룹에서 시작되었다. "처음 3개월 동안 회원 50명 확보를 목표로 했는데 100명을 넘어섰습니다." 무어의 말이다. 회원제 사이트로서 첫 해 결산을 해보니 매출이 대략 30만 달러였다.
- 네이선 탱커스Nathan Tankus. 네이선은 2015년부터 온라인에서 팔로어를 모으기 시작했지만, 한편으로 항상 전통적인 일자리를 찾으려고 했다. 최근 네이선은 통화역학monetary mechanics을 다루는 콘텐츠 틸트를 중심으로 방향을 전환했다. 조사 결과 해결되지 않고 남아 있는 통화역학 관련 질문들이 많았기 때문이다. 네이선은 코로나 19 위기가 한창이던 때 〈노츠 온 더 크라이시스Notes on the Crisis〉라는 이메일 뉴스레터를 시작했고, 구독료 1,000달러에 450명의 구독자를 확

보했다. 그는 강연과 저술을 통해 추가로 2만 달러를 벌 수 있을 것
으로 보고 있다.

- 서브스택 Substack. 서브스택은 애초 작가들이 오디언스를 확보할 수
있게 도와주는 무료 툴에서 출발한 이메일 뉴스레터 지원 플랫폼
이다. 어떤 작가가 오디언스를 어느 정도 확보하고 나면, 서브스택
에서 유료 회원제를 판매하도록 돕는다. 그리고 거기서 일정 비율
을 가져간다. 트위터가 최근 서브스택과 유사한 서비스인 레뷰 Revue
를 인수했다. 서브스택 서비스 이용 사례들을 살펴보도록 하자.
  - 광고잡지 〈애드위크 Adweek〉에서 미디어와 기술 담당자로 일했던
  조쉬 스턴버그 Josh Sternberg 는 코로나 19로 인한 경기침체로 일자리
  를 잃었다. 머지않아 조쉬는 서브스택을 통해 미디어 산업을 다
  루는 〈미디어 넛 Media Nut〉이라는 이메일 뉴스레터를 만들었다. 단
  기간에 조쉬는 점점 증가하는 충성도 높은 오디언스를 모았다.
  이제 조쉬는 수익 창출에 나서고 있다.
  - 에밀리 앳킨 Emily Atkin 은 서브스택에 매달 8달러(연간 75달러)를 내
  고 기후과학 뉴스레터 〈히티드 Heated〉를 발송한다.
  - 제이콥 코언 도넬리 Jacob Cohen Donnelly 는 2019년 8월 미디어 산업을
  다루는 주간 뉴스레터 〈어 미디어 오퍼레이터 A Media Operator〉를 시
  작했다. 그는 구독료로 연간 100달러를 받는다.

서브스택의 경쟁자로는 메일침프 Mailchimp 에서 운영하는 캠페인지 Campaign-
zee, 페이트리언 Patreon, 바이 미 어 커피 Buy Me A Coffee, 앞서 말한 트위터 소유의
레뷰 등이 있다.

간접적인 수익 창출 방법

직접적인 수익 창출 방법들이 전통적으로 미디어 회사 모델의 일부로 간주되어온 반면에 간접 수익은 콘텐츠 마케팅이라고 알려진 접근법에 속한다. 콘텐츠에서 직접적으로 돈을 벌지 않고 시간이 흐르면서 나타나는 콘텐츠의 영향을 통해 돈을 번다는 의미다.

수익 수확하기

여기에는 특정 상품이나 서비스 판매를 목적으로 콘텐츠를 제작하고 배포하는 것이 포함된다.

상품

- **칠리 클라우스** Chili Klaus. 클라우스 필가르드는 덴마크 최고의 유명인사 중에 하나로 꼽힌다. 클라우스가 이처럼 유명해진 이유는 오직 하나, 고추에 대해 이야기하는 별난 방식 때문이다. 수백만 조회수를 기록하는 클라우스의 유튜브 동영상 중에는 세계에서 가장 매운 고추를 먹으면서 〈질투의 탱고 Tango Jalousie〉라는 곡을 연주하는 덴마크국립실내관현악단을 클라우스가 직접 지휘하는 영상도 포함되어 있다. 이 동영상 하나의 조회수가 500만 회를 넘어서고 있다. 클라우스는 유튜브에서 거둔 성공을 발판으로 "칠리 클라우스Chili Klaus"라는 브랜드를 내세워 성공적인 여러 제품을 만들었다. 칠리 칩, 칠리 소스, 칠리 감초, 이외에 수십 가지 제품들이 있다.
- **인듐 코퍼레이션** Indium Corporation. 인듐은 뉴욕 북부에 본부를 둔 글로벌 제조회사로 전자제품 조립 업계에서 주로 사용하는 재료를 개발하

고 제조한다. 특히 전자제품의 부속들이 떨어져나가지 않게 고정시키는 납땜 재료를 개발하는 것이 인듐 사업의 핵심이다.

인듐의 마케팅 커뮤니케이션 총괄책임자 릭 쇼트Rick Short는 인듐 직원들이 산업용 납땜에 대해서라면 세계 어느 회사 직원에게도 뒤지지 않는 지식을 가지고 있다고 믿었다. 인듐에서 생산하는 제품 대부분이 납땜과 관련되어 있으니 충분히 일리가 있는 이야기다. 인듐은 만약 이런 전문성을 콘텐츠로 만들어 꾸준히 공개한다면, 신규 고객들의 관심을 끌어 더욱 많은 제품 판매 기회가 생기리라고 보았다. 현재 인듐의 블로그 〈엔지니어가 엔지니어에게From One Engineer to Another〉는 신제품 판매 견인차 역할을 하고 있다.

- **미주리 스타 퀼트 컴퍼니.** 제니 돈은 해밀턴 소재 퀼트 회사인 미주리 스타 퀼트의 공동창립자이다. 현재 미주리 스타 퀼트는 퀼팅에 맞게 재단된 퀼팅용 직물 보유량 면에서 세계 최대 규모를 자랑한다. 한때 이런저런 사정으로 하락하는 판매를 끌어올리기 위해 제니는 퀼팅 교육 동영상을 제작해 유튜브에 올렸다. 제니가 올린 동영상들이 자체 웹사이트로 트래픽을 끌어온 덕분에 하루에 평균 2,000건의 온라인 판매가 이루어지고 있다. 덕분에 미주리 스타 퀼트는 세계 최대의 퀼트 원단 공급자가 되었다.

- **더 부티크 허브** The Boutique Hub. 캐나다 출신 애슐리 앨더슨Ashley Alderson은 더 부티크 허브를 부티크 주인들이 정보를 얻는 최고의 디지털 정보제공자로 변모시켰다. 2017년 애슐리는 수상 프로그램인 더 부티크 어워즈The Boutique Awards를 만들었는데 그야말로 폭발적인 인기를 끌었다. 현재 더 부티크 허브는 미국, 캐나다, 오스트레일리아

50개 지역에서 수상 프로그램을 서비스하고 있다.

- 미스터비스트 MrBeast. 미스터비스트, 본명 지미 도널드슨 Jimmy Donaldson
은 구독자가 5,000만 명이 넘는 역사상 가장 성공한 유튜브 채널
중에 하나를 만든 뒤에 300여 개 지역에서 동시에 미스터비스트
버거 MrBeast Burger 를 출시했다.

사례 : 세상에서 가장 잘나가는 미용실

쌍둥이 형제 에밀 빌라인 알브레크센 Emil Vilain Albrechtsen 과 라스무스 빌라인
알브레크센 Rasmus Vilain Albrechtsen 은 2009년 온라인 사업을 시작하자는 목표
를 가졌다. 당시 형제는 덴마크 오르후스에서 대학에 다니는 학생들이었
다. 에밀은 국제 마케팅과 영업을 공부하고 있었고, 라스무스는 마케팅 관
리와 사업가 정신을 집중적으로 공부하고 있었다.

형제 둘 다 머리 손질에 관심이 많았고, 머리 손질 제품을 온라인에서
판매하는 사업이 유망하리라고 보았다. 머지않아 그들은 덴마크에 온라인
상점을 열었다. 형제의 예상은 맞아떨어졌고 금방 국제적인 도메인 슬릭
호르숍닷컴 slikhaarshop.com 으로 확장되었다. 그러나 그들은 단순한 온라인 상
점 하나에 만족할 수 없었다. 적당한 때가 되면 자체 미용 브랜드를 만들
고 싶어 했다.

에밀은 다음과 같이 회상한다.

온라인 상점을 열고 3개월 뒤쯤 되자 어느 정도 판매 실적이 나오고 있었습

니다. 그렇지만 동시에 우리 상점이 다른 온라인 상점들과 차별화되지 않았다는 사실도 깨달았습니다. 좀 더 창의적인 방식으로 바꿔야 했습니다. 라스무스가 맥북 웹캠을 이용해서 영상을 하나 제작했는데 녹음이 엉성해서 소리는 좋지 않았지만 내용은 알찼습니다. 우리는 유튜브에서 〈슬릭호르Slikhaar TV〉를 시작하고 거기에 영상을 올렸습니다. 당시 유튜브에서 많은 조회수를 올렸고 머지않아 여러 나라 사람들이 와서 댓글을 달기 시작했습니다.

바로 그것이 오늘날 3억 5천만이 넘는 조회수에 210만 구독자를 갖춘 모습으로 성장한 〈슬릭호르 TV〉의 첫 걸음이었다. 형제가 10편에서 20편 정도 영상을 올렸을 무렵 조금씩 반응이 오기 시작했다. 세계 각지에서 쏟아지는 피드백에 흥분한 형제는 더욱 많은 영상을 제작했다. 에밀과 라스무스에게 유튜브는 하나의 미디어 채널일 뿐만 아니라 검색 엔진이기도 했다. 초기에 그들은 방법을 알려주는 영상에 집중했다. 그리고 가장 많은 조회수를 올릴 포맷을 찾는 실험을 했다.

학업을 마친 형제는 자신들의 벤처기업을 평가했다. 그들은 잘하고 있었고 앞으로도 계속 그 사업을 하고 싶었다. 그래서 덴마크에서 두 번째로 큰 도시인 오르후스의 보행자 전용 거리에 가게를 하나 빌려서 미용실 겸 사무실로 꾸몄다. 상점은 형제가 콘텐츠를 생산할 완벽한 무대를 제공했을 뿐만 아니라 미용업을 통한 추가적인 매출 흐름을 만들어주었다. 형제는 고객의 머리카락을 자를 뿐만 아니라 새로운 영상 콘텐츠에도 참여할 재능 있는 미용사들을 고용했다. 형제는 머리카락을 자르는 것보다 콘텐츠 제작에 우선순위를 두었고 미용실 이름을 슬릭호르 스튜디오Slikhaar Studio 라고 붙였다.

〈슬릭호르 TV〉는 반응이 좋았다. 때는 2012년, 금융위기 여파가 아직 생생하게 남아 있던 시기였고 따라서 젊은 사업가들의 이런 과감한 시도는 그리 흔치 않았다.

〈슬릭호르 TV〉를 토대로 콘텐츠 제작 규모는 더욱 커졌고 오디언스는 그런 성장 과정의 일부가 되었다. 에밀과 라스무스는 서서히 콘텐츠 제작에 커뮤니티를 포함시켰다. 동영상 시청자들에게 보고 싶은 주제를 알려달라고 했다. 시청자들의 피드백을 바탕으로 아이디어를 얻어 편집했다. 오디언스의 제안으로 무장한 그들은 사람들이 가장 보고 싶어 하는 머리 모양 목록을 만들고, 적합한 머리 모델을 찾고, 스튜디오 미용사들 중에 하나와 함께 그런 머리 자르기를 준비했다.

에밀은 핵심은 어떤 것이 효과가 있는지를 판단하는 것이라고 말한다.

나는 타깃 오디언스라는 표현을 썩 좋아하지 않습니다. 세계 어느 지역에 사느냐에 따라 사람들의 취향은 다양합니다. 축구선수 머리 모양을 좋아할 수도 있고, 발리우드 배우의 머리모양 혹은 K팝 스타의 머리 모양을 좋아할 수도 있습니다. 우리는 영상을 기획할 때 사용자들의 피드백을 살피지만 그와 별개로 유행하는 주제와 썸네일 사진에도 주의를 기울입니다. '크리스티아누 호날두 머리모양Cristiano Ronaldo Haircut'이라는 영상을 공개했을 때, 경쟁 영상이 너무 많아서 애를 먹었습니다. 유튜브 알고리즘은 다른 무엇보다 영상들 각각의 클릭률를 중시합니다. 오늘날 콘텐츠 경쟁에서는 이런 알고리즘을 이해하고 어떤 것이 효과가 있는지 파악하는 것이 더 중요하므로, 우리는 이를 분석하고 실험하는 데에 많은 시간을 씁니다.

에밀이 유튜브를 하던 초기를 돌아보는데, 당시는 경쟁이 덜했던 시기였다. 유튜브는 추가 비용이나 노력이 필요하지 않은 자연도달을 제공했고 엄청난 조회수가 나왔다. 그러나 형제는 유튜브 채널에만 의존할 수는 없다는 것을 알고 있었다. 그들은 페이스북을 함께 추가했다. 그러나 슬릭호르가 페이스북에 제대로 관심을 갖기 시작한 것은 2014년부터였다. 바로 페이스북이 진심으로 비디오에 집중하기 시작한 시점이었다. 현재 슬릭호르는 페이스북에 230만 명의 팬이 있고, 인스타그램으로까지 그 영역을 넓혔다.

에밀의 설명을 들어보자.

> 페이스북에서 오디언스를 늘리는 것은 성장세가 지속되는 동안은 즐거웠습니다. 하지만 지금은 마치 번화한 거리에 가게를 가지고 있다가 갑자기 우회로가 생겨서 교통량이 다른 어딘가로 새어나간 것 같은 모습입니다. 자연도달에 의한 조회수는 거의 0으로 줄어들었습니다. 그러므로 미디어들을 제대로 섞어서 활용하는 것이 중요한데, 정답은 항상 변하지요. 일단 그걸 의식하고 있으면 기회는 많습니다. 인스타그램 릴스의 전망이 상당히 밝습니다. 우리는 상대적으로 긴 영상에 맞는 인스타그램 TV를 활용한 초기 브랜드 중에 하나였습니다. 기술 플랫폼들은 항상 새로운 상품들을 홍보하고 싶어 합니다. 그러므로 선발주자들에게 주어지는 혜택이 많습니다. 우리 오디언스가 거기 있으니 당연히 이런 혜택들을 누리도록 해야지요.

발전하기란 쉽지 않다. 소셜 미디어 지형은 계속 변하고 있다. 변화하는 지형을 따라가려면, 자신이 잘하는 것을 계속 발전시키는 한편 새로운 포맺을 시도하는 실험적인 접근이 필요하다. 예를 들어 슬릭호르는 틱톡에서 더욱 많은 활동을 할 수도 있었을 테지만, 형제는 인스타그램이 자신들의 회사에 더 효과적이라고 생각한다. 무료 노출의 시대는 끝났다. 지금은 남보다 높은 도달률을 위해서 돈을 지불해야 한다. 슬릭호르는 다양한 플랫폼과 알고리즘으로 실험을 하기 때문에, 각각의 채널에서 팔로어 수에 대한 목표를 세우지는 않는다.

인스타그램 스토리와 스냅챗도 현재 슬릭호르의 마케팅 조합에 포함된다. 이메일 마케팅도 마찬가지인데 이메일 마케팅은 주로 고객들과 연락하는 데 사용된다.

〈슬릭호르 TV〉의 구독자가 10만 명을 넘어섰을 때 형제는 사업을 확장하기 위해 여러 머리 손질 제품 브랜드들과 협력했다. 슬릭호르의 영상은 여러 브랜드들이 수요를 늘리는 데 도움을 주었고, 대부분의 브랜드들과 좋은 재판매 계약을 맺을 수 있었다. 형제는 슬릭호르 영상에 많이 등장하는 특정 브랜드 하나를 눈여겨보았다. 하지만 런던에서 판매 네트워크를 구축하고 대규모 엑스포에도 참여한 뒤에, 그들은 상황이 생각했던 것만큼 우호적이지 않다는 것을 알게 되었다. 해당 브랜드는 형제에게 명확한 메시지를 전했다. 영국에서 손을 떼라고.

당시 상황과 자신들의 대처에 대해 떠올리면서 에밀은 이렇게 말한다.

우리는 거기에 정말 많은 돈과 시간, 에너지를 쏟았습니다. 해당 브랜드는 우리 영상에서 가장 많이 노출되었습니다. 그런데 그런 취급을 받았지요. "한바탕 싸울 수도 있고, 애초 우리 꿈을 좇아서 자체 상품을 개발할 수도 있다." 우리가 놓인 상황이 그랬고, 우리는 후자를 선택했습니다. 이내 우리는 현지 생산자를 찾아냈고, 손을 잡고 자체 헤어스타일링 브랜드, 바이 빌라인By Vilain 을 만들었습니다.

대략 9개월 뒤에 최초의 상품을 온라인에서 판매할 준비가 되었다. 그것은 사업에 큰 영향을 미쳤다. 이전에는 수백 가지 브랜드에 대한 수요를 자극하고, 누군가가 슬릭호르닷컴에서 구매하면 소량의 수익을 챙기는 구조였다. 하지만 이제 구독자들은 형제가 만든 자체 상품을 주로 구매한다. 2013년 5월 최초의 바이 빌라인 상품들이 방송에 소개되었고, 온라인 판매가 이어지고 자연스럽게 수익이 급상승했다.

현재 자체개발 제품군에는 10가지 헤어스타일링 제품과 7가지 머리손질 도구가 있다. 특별한 경우 형제는 특별한 향기나 색을 가진 한정판을 내놓기도 한다.

한정판은 블랙 프라이데이Black Friday 같은 온라인 상거래 행사 등에도 안성맞춤이다. 형제는 대폭 할인을 제공하여 브랜드 가치를 낮추는 대신에 블랙 프라이데이용 한정판을 내놓는다. 구독자들은 한정판을 살 수 있는 딱 한 번의 기회를 갖는다.

현재 에밀과 라스무스 형제의 회사는 미국, 영국, 독일, 베트남, 덴마크의 핵심 마켓은 물론 아마존에 집중하고 있다. 아마존의 독특한 방식 때문에 별개의 나라에 들어가는 것 같다고 한다.

전체적으로 사업은 잘되고 있고 2013년 이래 수익성도 좋다. 실적이 가장 좋았던 몇몇 해에는 연간수익이 160만 달러가 넘었다. 슬릭호르는 현재 11명의 직원을 두고 있다. 무엇보다 중요한 것은 형제와 그들의 팀이 행복한 시간을 보내고 있다는 것이다.

에밀은 이를 다음과 같이 요약한다.

> 우리는 즐겁게 할 수 있는 한 이 일을 계속할 겁니다. 지금 단계에서 출구 전략은 없습니다. 퇴장해야 할 이유도 없고 필요한 모든 것을 가지고 있습니다. 차고에 있는 람보르기니를 포함해서요. 오히려 우리는 규모를 지금보다 더 키울 생각입니다. 기업 공개나 업계 대형 브랜드에 사업의 일부를 매각하는 것에 대해서도 이야기를 나누고 있습니다.

서비스

- 게임 이론. 현재 매슈 패트릭의 〈게임 이론〉 브랜드는 800만 명이 넘는 구독자를 확보하고 있다. 이런 성공을 토대로 매슈는 시어리스츠 Inc.Theorists Inc.라는 회사를 출범시켰는데 유튜브에서 성공하려는 대형 브랜드들과 함께 일하는 전문 컨설팅 회사다. 세계에서 가장 잘나가는 유튜브 스타들 중에 몇몇이 이 회사에서 컨설팅을 받고 있다. 뿐만 아니라 포춘 선정 500대 기업 중에 다수가 이곳의 고객이다. 심지어 막강 파워를 자랑하는 유튜브 자체도 시어리스츠 Inc.를 고용해 유튜브가 오디언스를 유지하고 더욱 늘릴 방법에 대해 직접 자문을 받고 있다.

- 스마트 심플 마케팅Smart Simple Marketing. 2006년 시드니 크레이그-하트Sydni Craig-Hart는 남편 윌will과 함께 마케팅 컨설팅 회사인 스마트 심플Smart Simple을 세웠다. 현재 스마트 심플은 특히 여성과 사회 소수자 출신이 소유한 기업을 지원하는 데 초점을 맞추는 대표적인 마케팅 에이전시 중에 하나가 되었다. 어떻게 가능했을까? "14년 동안 439가지 콘텐

츠 중심 프로그램을 만들었습니다." 시드니의 말이다. 그런 식으로 꾸준함을 보여준 결과 스마트 심플은 구독자가 3만 명이 넘는 주간 이메일 뉴스레터를 가지게 되었다.

뉴스레터는 우리가 고객을 확보하는 세 가지 핵심 방법 중에 하나입니다. 워낙 꾸준한 데다 실용적이니까요. 거기서 저는 꾸준함이면 못할 것이 없다는 것을 배웠지요. 사람들은 뉴스레터를 세 달 혹은 여섯 달, 혹은 1년이나 2년 동안 받아 보았습니다. 저한테 이런 글을 보내온 여성도 있었습니다. "2년 동안 매주 당신의 뉴스레터를 받았습니다. 처음에는 당신도 다른 사람들과 같다고 생각했습니다. 하지만 당신은 꾸준했고 당신의 콘텐츠는 항상 좋았습니다. 코치가 필요한데 당신과 일하고 싶습니다."

수익 유지하기 : 충성도 높은 고객

여러 수익 창출을 부르는 것 중에 가장 오랜 역사를 가진 것은 뭐니 뭐니 해도 고객의 충성심이며, 이는 오늘날에도 여전히 매우 중요하다. 규모에 상관없이 모든 조직은 원래는 고객 충성도를 장기간 유지하기 위해 인쇄 잡지를 만들었다.

- 존 디어의 〈더 퍼로우〉. 농기계 제조업체 존 디어는 1895년 〈더 퍼로우〉라는 잡지를 창간했다. 잡지는 지금까지도 발행되고 있으며 인쇄물과 디지털 형태로 14개 언어로 나와 세계 40개국에 배포되고 있다. 〈더 퍼로우〉는 항상 최신 기술을 익혀 농장과 사업을 키울 수 있도록 농부들을 돕는 데 초점을 맞추어왔다. 창간 이래 100여 년

이 흐르는 동안 잡지에 실린 존 디어 제품과 서비스에 관한 기사는 불과 수십 개 밖에 되지 않는다.

- 할리 데이비슨의 〈디 인수지애스트 The Enthusiast〉. 오토바이 회사 할리 데이비슨Harley-Davidson은 세계에서 가장 충성도 높은 팔로워들을 거느리고 있다. 한 가지 이유는 인쇄물과 디지털 형태로 출간되는 잡지 〈디 인수지애스트〉 덕분이다(예전 명칭은 〈HOG〉였다). 2016년에 처음 발간된 잡지는 현재 분기마다 65만 명의 고객들에게 발송되고 있다.

수익 키우기 : 더 좋은 고객

혁신적인 회사들은 일단 어떤 고객을 확보하면, 고객 데이터를 활용해 고객에게 맞는 콘텐츠를 꾸준하게 전달한다. 목적은 시간이 흐르면서 고객을 더 좋은 고객으로 만들기 위해서다.

- TD 아메리트레이드TD Ameritarde의 〈싱크머니 thinkMoney〉. 어떤 투자업체들은 보수적이고 경직되어 있으며, 복잡한 파생상품 시장에서는 더욱 그런 경향이 있다. 그러나 〈싱크머니〉는 다른 접근법을 따른다. 〈싱크머니〉는 투자라는 주제를 심각하게 받아들이지만, 많은 월스트리트 회사들이 보이는 암울한 심각함은 거부한다. 대신에 〈싱크머니〉는 건방지지 않은 예리함, 무례하지 않은 익살로 표현되는 '세련된 단순함'이라는 접근법을 받아들인다. 〈싱크머니〉를 출판하는 T3에서 진행한 조사에 따르면, 이 잡지를 읽는 사람들은 읽지 않은 사람들보다 5배 자주 거래를 하는 것으로 나타났다.

• 폴드 팩토리Fold Factory. 폴드 팩토리의 CEO 트리시 위트코프스키Trish Witkowski는 정기적으로 올리는 〈더 60-세컨드 수퍼 쿨 폴드 오 더 위크The 60-second Super Cool Fold of the Week〉이라는 비디오 쇼 덕분에 광고우편물 업계에서 유명인사가 되었다. 쇼에서 트리시는 놀라운 인쇄 광고 우편물 사례들을 자세히 말해준다. 2020년에 트리시의 쇼는 500회를 기록했다. 이는 트리시가 쇼를 10년 동안이나 쇼를 제작했고, 각기 다른 문구가 들어간 500개의 티셔츠를 만들었다는 의미다. 트리시는 매 에피소드에서 별도 제작한 다른 문구가 들어간 티셔츠를 입고 등장하며, 판매도 한다. 폴드 팩토리 영상은 매출 면에서 직접적으로 75만 달러 이상을 벌어주었다.

트리시의 말을 들어보자. "또 다른 흥미로운 점은 쇼에 등장한 회사들의 사업에 직접적으로 활력을 불어넣는다는 것입니다. 심지어 다른 인쇄 기법을 알리고 그에 대한 수요를 창출함으로써 인쇄업 장비 판매에도 영향을 미칩니다."

크게 성공하는 이들은 콘텐츠 비즈니스 모델에서 한 가지가 아니라 복수의 매출 흐름을 활용한다. 주식투자자가 다양한 주식과 뮤추얼 펀드 등으로 포트폴리오를 다변화하듯이, 사업가들은 콘텐츠와 오디언스에서 창출되는 매출 흐름을 다변화할 필요가 있다.

이미 뭔가를 팔고 있다면?

이미 다수의 상품과 서비스를 갖춘 성숙기에 있는 회사라면 다음 질문을 던져보라. 콘텐츠를 수익으로 전환할 방법을 찾는 데 도움이 될 것이다. "우리 콘텐츠를 구독하는 사람과 그렇지 않은 사람 사이의 차이는 무엇인가?"

다시 한 번 리버 풀스 앤드 스파스의 사례를 들여다보자. 콘텐츠 비즈니스 모델을 시작하기 전에 회사는 유리섬유로 된 수영장을 설치하는 일을 했다. 회사 블로그 콘텐츠와 관련 동향을 지켜본 결과, 적어도 30페이지의 콘텐츠를 보고 영업부와 상담예약을 요청한 오디언스는 최종 구매 비율이 80퍼센트에 이른다는 것을 알게 되었다. 영업부 상담예약이 구매로 이어지는 비율을 보면 업계 평균은 10퍼센트에 불과하다. 말하자면 콘텐츠가 더해지면서 성사 가능성이 800퍼센트 증가했다는 의미가 된다.

리버 풀스 앤드 스파스는 또한 특정 글이 어떤 성과를 내는지도 분석한다. 회사는 허브스폿이라는 마케팅 자동화 시스템을 이용해 "유리섬유 풀장은 비용이 얼마나 드나?"라는 제목의 블로그 포스트 하나가 1,500만 달러 이상의 판매실적을 올렸다는 사실을 파악했다. 이런 것이 진정한 투자 수익 아니겠는가!

여러분의 콘텐츠가 지닌 영향력을 확인해보고 싶다면 다음 몇 가지 질문에 답해보라.

- 구독자가 구매할 가능성이 높은가?
- 구독자가 새로운 상품을 구매할 가능성이 높은가?
- 구독자가 고객만큼 사이트에 오래 머무는가?

- 구독자가 비구독자에 비해 소셜 미디어에서 우리 회사를 많이 언급하는가?(입소문)
- 구독자가 비구독자보다 더 빨리 친해지는가?
- 구독자가 비구독자보다 평균적으로 많이 구매하는가?

위의 질문 가운데 어떤 것이든 긍정적인 답이 나온다면, 콘텐츠 비즈니스 접근법에 대한 투자를 해도 좋다고 볼 수 있다.

Content INC.

경력은 다양하게 쌓을 필요가 있지.
_ 빈 디젤Vin Diesel

PART 7

다각화

콘텐츠가 만드는 부의 파이프라인

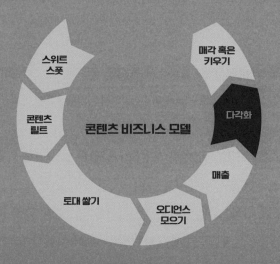

스위트
스폿

매각 혹은
키우기

콘텐츠
틸트

콘텐츠 비즈니스 모델

다각화

토대 쌓기

오디언스
모으기

매출

콘텐츠 비즈니스 모델을 구축했다면, 지금쯤 여러분은 그 모델을 통해
새로운 구독자와 오디언스의 충성심이라는 결실을 수확하는 중일 것이다.
그러나 거기서 끝이 아니다. 이제 정말 중요한 단계가 남았다.
바로 포트폴리오를 다양하게 구성해 분야 최고의 전문가가 되는 것이다.

제로부터 시작해 사업 확장

지속적인 성장과 진보 없이 개선이니 성과니 성공 같은 말이 무슨 의미가 있으랴!

_ 벤저민 프랭클린Benjamin Franklin

토대를 단단히 하고 수익을 올리기 시작했다면, 모델 안에서 전체적인 위험을 낮출 필요가 있다. 이제 다른 채널로 다각화하면서 사업을 확장할 때다.

월트 디즈니가 처음 극장 영화 사업을 시작했을 때 그것은 엄청난 콘텐츠 비즈니스였지만 동시에 부담도 컸다. 그러나 시간이 흐르면서 디즈니는 텔레비전, 책, 만화, 음악, 테마파크 사업으로 다각화를 꾀했다. 매번 브랜드 확장을 다음 확장으로 나아가는 디딤돌로 활용하면서. 그리고 몇 해 전에 디즈니는 더 심화된 다각화가 필요하다는 것을 깨달았다. 테마파크 매출이 총매출의 거의 40퍼센트를 차지하고 있었기 때문이다.

예를 들어 세계적인 유행병이라도 생기면 어쩌지?

한때 다각화된 미디어 자산 복합체였던 디즈니는 이제 테마파크 사업의 비약적인 성장으로 충분히 다각화되어 있지 못했다. 그것은 너무 위험했다. 디즈니는 어떻게 했을까? 2019년 디즈니는 디즈니플러스Disney+를 시작했고 현재 6,000만 명이 넘는 유료 구독자를 확보하고 있다. 바로 이 디즈니플러스가 회사를 구했다. 테마파크 매출이 2020년 85퍼센트나 감소했기 때문이다.

2020년 10월 디즈니는 독점적인 스트리밍 서비스가 이제는 전체 회사 전략에서 중심이 될 것이라고 선언했다. 이것은 다각화가 없었다면 결코 가능하지 않았을 일이다.

나는 마케팅 강연자들이 모인 페이스북 그룹에 속해 있다. 이 그룹의 많은 이들에게는 강연이 자신들의 유일한 수입원이다. 5만 달러 내외를 버는 사람이 있는가 하면, 여러 행사에서 강연을 해서 100만 달러를 긁어모으는 사람들도 있다. 세계적인 코로나 19 팬데믹에 이들은 평균 이상으로 큰 타격을 받았다. 사우스 바이 사우스웨스트South by Southwest, 세일즈포스의 드림포스Dreamforce 같은 대형 국제 컨퍼런스들이 취소되었다. 어도비와 페이스북을 포함 수천 곳의 회사들 역시 자체 행사들을 취소했다.

단일 수입원 사업 모델이 강연자들에게만 영향을 미친 것은 아니다. 대부분의 사업에 영향을 미쳤다. 크루즈 회사, 항공사, 서점, 음악가, 식당이 모두 바이러스에 충격을 받고 휘청거렸다.

나의 친한 친구 중 한 명은 오하이오 클리블랜드 도심에 코미디 클럽 겸 식당을 운영하고 있다. 코로나 19 충격 이후 3개월 뒤에 나는 친구에게 사업이 어떻게 되어 가느냐고 물었다. 친구는 이렇게 대답했다. "내가 만약 완전히 문을 닫으면 매달 5만 달러를 잃어. 문을 열면, 매달 4만 달러를 잃지. 썩 잘 되고 있지 않네."

사실 위기란 어느 시점엔가는 찾아오게 마련이다. 단일 수입원 사업 모델을 가진 회사들은 충격과 당혹을 떨치고 살아남지 못하는 경우가 많다.

오디언스 구축 플랫폼이 하나뿐일 때도 위험하기는 마찬가지다. 유튜브가 어느 날 갑자기 사라지기라도 하면 어쩔 것인가? 틱톡 사용이 금지되면? 다각화는 오디언스 확대와 매출 성장 모두에 없어서는 안 될 핵심 요소다.

다각화하지 않으면 살아남지 못한다

앞장에서 우리는 수익을 창출하는 10가지 방법을 이야기했다. 대부분의 콘텐츠 비즈니스는 단일 수입원으로 시작한다. 충분히 이해되는 상황이다.

그러나 사업을 한 단계 끌어올리고 싶다면, 기본 토대를 넘어 사업을 확장해야 한다. 그리하여 새로운 수입 기회를 만들어내야 한다. 이때 주의할 점이 있다. 토대가 되는 오디언스가 여러분과 여러분의 콘텐츠를 진심으로 신뢰하기에 충분한 시간을 가져야 한다. 그렇지 않은 상태에서 성급하게 확장을 시도하는 경우 파멸적인 결과를 가져올 수 있다.

내가 처음 출판 업계에서 일하기 시작했을 때, B2B 쇼플레이스Showplace 라는 프로젝트를 맡게 되었다. B2B 쇼플레이스는 그런 종류로는 최초로 시도되는 가상 행사였는데, 사람들이 온라인 프레젠테이션에 참석하고 가상으로 후원사 부스를 방문할 수 있는 형식이었다.

우리는 냉난방기 업계를 대상으로 최초로 이런 형식을 테스트했다. HVACR 쇼플레이스라는 행사였다. HVACR 쇼플레이스는 시작되기도 전에 후원사 모집이 완료되어 대성공을 거뒀다. 워낙 새롭고 색다른 제품이다 보니 후원사들은 이런 신기술 분야에서 최초가 되고 싶어 했다.

이런 판매 진행 상황을 전해들은 경영진은 한껏 고무되었다. 그래서 HVACR 쇼플레이스가 끝나자마자 시작할 시장 13곳을 추가하면서 외연을 대폭 확장했다.

결과는 재앙이었다. 제품을 얻으려고 몰려드는 인파에 여러 가지 기술적인 문제들이 야기되었다. 동시에 대부분의 시장은 이런 유의 제품에 준비가 되어 있지 않았다. 그들은 기술 채택 면에서 한참 뒤쳐져 있었다.

여기서 교훈은 이렇다. 새로운 수익 창출 기회가 있는 브랜드 확장은 당연히 가능한 빨리 시작하라. 그러나 오디언스가 지지하리라는 확신이 있기 전까지는 아니다.

| 스마트 스피커 붐 |

2020년 초에 미국 가정에는 1억 5,700만 대의 스마트 스피커가 있다. 전미공공방송협회 NPR와 에디슨 리서치 Edison Research 조사 결과 머지않은 미래에 거의 모든 가정이 최소 하나의 스마트 스피커를 가지게 될 것이다.

이는 앞으로 점점 많은 사람들이 예전에는 컴퓨터에 타이핑을 해서 묻던 질문들을 아마존, 구글, 애플, 바이두 등의 장비를 향해 입으로 묻게 된다는 의미다. 마케팅 대행업체 DBS 인터랙티브 DBS Interactive에 따르면 미국인의 거의 3분의 1이 현재 음성 검색 voice search을 이용하고 있다.

이런 장치들이 살아남기 위해 필요한 것은 무엇일까? 바로 콘텐츠, 그것도 많은 양의 콘텐츠다. 구글과 빙 Bing은 검색 질문들에 답을 해줄 오디오 콘텐

아주 작은 시작의 힘

〈치킨 위스퍼러〉 앤디 슈나이더가 처음에 구축한 것은 오프라인에서 사람들을 직접 만나는 플랫폼이었다. 한 달에 한 번 정도 그의 집과 농장이 있는 애틀랜타에서 오디언스들을 만나고 집에서 쇼를 진행했다. 그러던 것이 리디오 쇼 〈치킨 위스퍼러와 함께하는 뒤뜰 닭치기Backyard Poultry with the Chicken Whisperer〉로 확장되었다. 앤디는 책도 출간했다. 《치킨 위스퍼러가 일러주는 닭치기 가이드The Chicken Whisperer's Guide to Keeping Chickens》라는 책이다. 앤디의 활동은 거기서 끝나지 않는다. 이어서 그는 〈더 치킨 위스퍼러 매거진〉이라는 오프라인 잡지도 발간했다. 현재 잡지를 받아 보는 구독자가 6만 명에 이른다.

스콧 맥카퍼티Scott McCafferty와 마이크 에미히Mike Emich는 WTWH 미디어WTWH Media의 공동 창업자로 기계공학자들을 대상으로 온라인 제품 정보를 제공하는 디자인 월드 온라인Design World Online이라는 플랫폼을 구축하면서 사업을 시작했다. 그리고 얼마 지나지 않아 〈디자인 월드Design World〉라는 잡지를 발간하기 시작했다. 이어서 그들은 기계공학자 대상 고객 행사와 업계 행사를 모두 개최하기 시작했다.

그러나 이것은 시작에 불과했다. 스콧과 마이크는 현재 재생에너지, 유체동력, 의료기기설계 같은 다양한 연관 사업에 진출했다. 오늘날 등록된 이용자만 해도 100만 명이 넘는 WTWH는 맨손으로 시작해 불과 10년도 안 되어 1,000만 달러가 넘는 수익을 올리고 있다.

확장 사업 제대로 선택하기

추가 플랫폼 확장에는 두 가지 방식이 있다.

- 같은 플랫폼 안에 새로운 채널 추가하기. 예를 들어보자. 매슈 패트릭은 유튜브 채널 〈게임 이론〉의 성공에 편승하여 같은 콘셉트(즉 본인이 좋아하는 것에 대해 과도하게 생각하기)에 초점을 맞춘 새로운 확장도 충분히 가능하리라고 보았다. 하지만 그는 게임에서 영화와 음악으로 이동했다. 〈필름 이론〉은 현재 900만 명이 넘는 구독자를 모았고, 〈푸드 이론〉은 불과 서너 달 만에 200만 명의 유튜브 구독자를 모으는 기염을 토했다.
- 기존 브랜드를 새로운 플랫폼으로 확장하기. 앤디 슈나이더 사례가 바로 그런 경우다. 앤디는 오프라인 플랫폼에서 출발한 뒤 이를 라디오 쇼나 책, 잡지 출판으로 확장시켜 나갔다.

보통의 콘텐츠 비즈니스 모델이라면 (웹사이트, 팟캐스트, 유튜브 채널, 블로그 등등) 온라인 플랫폼을 갖추고 구독자 리스트를 확보하기 위해 온라인 뉴스레터를 제공하는 정도까지는 기본일 것이다.

이후 이어지는 가장 일반적인 브랜드 확장은 다음과 같은 것들이다.

- **책**. 인스타그램 채널 〈우연히 웨스 앤더슨〉의 성공이 베스트셀러 책 《우연히 웨스 앤더슨》으로 이어졌다.

- **팟캐스트**. 엔지니어링 매니지먼트 인스티튜트ᴇᴍɪ의 성공은 토목공학자들을 대상으로 하는 팟캐스트의 성공에서 시작되었다. 이후 EMI는 CEMENT Civil Engineering Media and Entertainment Network라는 팟캐스트 네트워크로 다각화하였는데, 여기에는 〈디스 위크 인 시빌 엔지니어링 This Week in Civil Engineering〉, 〈위민 인 시빌 엔지니어링 Women in Civil Engineering〉을 비롯한 여섯 개의 팟캐스트가 포함되어 있다.

- **이메일**. 클리블랜드 클리닉 The Cleveland Clinic은 (주 3회 발송하는) 매우 영향력 있는 이메일 뉴스레터를 이미 운영하고 있었다. 그리고 코로나 19 위기 기간에 환자들이 병원에 가기 전에 알아야 할 사항들을 다룬 〈노우 비포 유 고 Know Before You Go〉라는 새로운 이메일 뉴스레터를 추가했다. 더욱 반가운 소식은 해당 뉴스레터를 CEO가 직접 발송한다는 것이었다.

- **오프라인 행사**. 알레산드라는 알레산드라 토레 잉커스 페이스북 그룹을 회원 1만 명이 넘는 규모로 키운 뒤에 연례행사인 잉커스 콘ɪɴᴋᴇʀs ᴄᴏɴ으로 다각화했다.

- **가상 행사**. 지구상의 거의 모든 미디어 회사가 일종의 가상 행사로 사업 다각화를 꾀하고 있다. 꾸준히 개최하는 웨비나 시리즈일 수도 있고(보통 45분에서 1시간 정도), 호핀 Hopin, 줌 Zoom, 비자보 Bizzabo, 시벤

트ᴄᵥₑₙₜ, 고투미팅GoToMeeting, ON24 같은 플랫폼을 활용한 완전한 가상 행사일 수도 있다.

- 잡지. 그렇다. 디지털 시대지만 인쇄물은 여전히 역할을 하고 있다. 콘텐츠 마케팅 연구소는 3년 동안 세계적인 명성을 얻은 블로그에 집중한 뒤에, 인쇄 잡지 〈최고 콘텐츠 책임자〉를 창간했다. CMI 조사에 따르면 (연간 기준으로 CMI에 가장 많은 돈을 쓰는) 우수 고객들이 잡지 구독을 신청했다.

사례 : 세계적 밴드 '퀸'의 다각화

———

나는 그룹 퀸을 좋아한다. 나는 〈또 한 명이 죽었다Another One Bites the Dust〉를 처음 들었을 때를 생생하게 기억한다. 당시 나는 일곱 살이었는데 그로 인해 인생이 바뀌었다. 그리고 〈보헤미안 랩소디Bohemian Rhapsody〉를 들었다. 정말 "와우!"였다.

퀸은 분명 역사상 가장 위대한 록밴드였다. 그런데 퀸은 어떻게 그렇게 할 수 있었을까?

이 책이 나오기 서너 달 전에 나는 넷플릭스에서 〈쇼는 계속되어야 한다 : 퀸 + 아담 램버트 스토리The Show Must Go On : The Queen + Adam Lambert Story〉라는 다큐멘터리를 보았다. 정말 좋았고 워낙 좋아서 다시 보게 될 것 같다.

해당 다큐멘터리에서 록밴드 푸 파이터스Foo Fighters의 테일러 호킨스는 퀸을 위대하게 만들어준 것이 무엇인가에 대해서 폭넓게 이야기한다. 호킨스는 다른 밴드들이 자신들의 이전 앨범과 다를 바 없는 음악들을 대량으로 생산하고 있었던 반면, 퀸은 매번 앨범을 만들 때마다 진정으로 독특한 무언가를 가지고 홈런을 치려고 노력했다고 말한다. 〈보헤미안 랩소디〉 같은 인기곡들이 탄생한 것도 그런 과정에서였다. 모든 앨범에서 퀸은 경지를 끌어올렸고 대다수 밴드들이 생각도 못하는 무언가를 해냈다.

퀸이 밴드 활동을 하는 내내 제작한 곡은 모두 84곡에 불과하다. 그런데 거의 20곡이 영국 인기차트 상위 10곡 안에 들었다. 이는 25퍼센트의 확률로 퀸이 대히트를 기록한다는 의미가 된다. 퀸은 장기간에 걸쳐서 상대적으로 매우 적은 수의, 그러나 대단한 노래들을 꾸준하게 내놓음으로써 세계 최대 규모의 오디언스를 확보할 수 있었다.

다큐멘터리에서는 퀸이 프레디 머큐리가 죽은 이후에도 계속해서 오디언스를 늘리기 위해서 무엇을 했어야 했는가에 대한 이야기도 나왔다.

꾸준히 계속된 홈런을 통해서 퀸의 오디언스가 구축되었다. 1991년 프레디 머큐리가 세상을 떠났지만 30년이 흐른 지금도 퀸은 오디언스를 그대로 유지하고 있을 뿐만 아니라 규모를 더욱 키우고 있다.

답은 다각화다. 이에 대해서 좀 더 자세히 이야기해보자.

- **콘텐츠 신디케이션.** 퀸은 히스 레저가 출연한 〈기사 윌리엄The Knight's Tale〉, 〈웨인즈 월드Wayne's World〉 같은 여러 영화에서 자신들의 곡을 사용하도록 허락했다.
- **제휴.** 1992년 이래로 퀸은 세계 각지의 훌륭한 음악가들과 협력했다. 그들은 프레디 머큐리 헌정 콘서트를 개최하고 이익금을 AIDS 구호단체에 전달했다. 무려 12억 명이 텔레비전을 통해 시청했다는 이 콘서트는 '최대 규모의 록스타 자선 콘서트'로 기네스북에

등재되었다. 2004년부터 2009년까지 퀸은 폴 로저스와 함께 세계를 도는 투어를 진행했다.

2009년 퀸은 가수 지망생들이 나와 노래 실력을 겨루는 텔레비전 프로그램 〈아메리칸 아이돌〉에 출연했는데, 당시 아담 램버트는 최종 결승까지 남았던 후보자들 중에 하나였다. 2011년 아담 램버트는 퀸과 함께 투어를 시작했고 이들의 협력은 지금까지도 계속되고 있다.

- 비디오 게임. 1998년 퀸은 세계적인 게임 개발 및 유통 업체인 일렉트로닉 아츠Electronic Arts와 함께 〈퀸 : 디 아이Queen : The eYe〉 비디오 게임을 내놓았다. 퀸은 또한 음악 비디어 게임인 〈기타 히어로Guitar Hero〉에도 여러 차례 등장한다.

- 뮤지컬. 2002년 퀸은 〈위 윌 록 유We Will Rock You〉라는 뮤지컬을 공동으로 제작했다.

- 영화. 2018년 〈보헤미안 랩소디〉라는 영화가 대형 스크린에서 상영되었다. 이 영화는 그해 가장 인기를 끌었던 영화 중에 하나로 꼽혔다.

이상은 퀸이 최초의 오디언스 구축 활동(앨범 발표와 콘서트 투어)에서 어떻게 활동을 다각화했는가를 보여주는 사례들이다. 음악 사용허가, 제휴, 콘텐츠 통합, 신제품 출시 등은 모두 퀸이 오래도록 록스타 명단에서 상위를 유지할 수 있게 해주었다.

이외에도 사례는 많다.

| ⟨CCO⟩ 잡지 뒷이야기 |

⟨최고 콘텐츠 책임자Chief Content Officer⟩, 약칭 ⟨CCO⟩ 잡지를 기획한 본래 의도는 회사 콘텐츠 마케팅 예산 편성에서 핵심적인 역할을 하는 최고 마케팅 책임자를 비롯한 고위직 마케터들에게 우리 브랜드를 노출하기 위해서였다. 우리의 전략은 단순했다. 일단 잡지를 접하게 되면 그들은 콘텐츠 마케팅을 가치 있는 시장진출 전략으로 고려할 것이고, 그렇게만 되면 기업 내부 콘텐츠 자원 개발에 비용을 지출할 것이라는 계산이었다.

잡지 발간 이면의 예산 편성 및 운용에 대해 이해하는 것도 아주 중요하다. 잡지 출간 비용과 관련해서는 다음과 같은 사항들을 고려해야 한다.

- **프로젝트 관리.** 잡지 제작을 총괄할 사람의 인건비
- **편집.** 1차 콘텐츠 생산, 편집, 교정 비용. 외부 기고자들도 포함될 수 있다.
- **디자인.** 출판에 맞는 외양을 디자인하고 매 호수의 지면을 디자인할 사람의 인건비
- **사진 및 일러스트.** 사진 촬영 비용 혹은 그래픽 이미지 비용
- **데이터베이스 수수료.** 고객 발송 명단 확인 비용
- **인쇄.** 출판물 인쇄 비용
- **우송료.** 각 부수별 우편 발송비용
- **운송.** 인쇄소에서 사무실로 대량으로 싣고 오는 비용
- **수수료.** 광고수입으로 운영되는 잡지라면 영업 직원에게 수수료를 지불해야 한다. 수수료 비율은 내부 직원인 경우 일반적으로 8~10퍼센트이고 외부 프리랜스 영업 직원이나 외부 판매팀인 경우는 20~25퍼센트이다.

⟨CCO⟩는 40쪽에서 64쪽 정도 분량이다. 전체 쪽수, 편집 쪽수, 전체 인쇄 쪽수 등에 따라 제작비용이 달라진다. 그러나 한 번 잡지를 발행할 때마다 최소 4만 달러는 쓸 각오를 해야 한다. 비용 조달을 위해 우리는 후원 광고주를 유치한다. 발행 비용 전체를 그들이 부담하는 셈이다. 보통 매 호수를

발행할 때마다 본전치기를 하거나 소액의 이익을 남기는 식이었다. 이 정도면 괜찮다. 인쇄 잡지의 큰 목표는 매출이나 수익이 아니라 공동으로 마케팅을 하고 구독자 데이터를 모을 채널 역할을 하는 것이기 때문이다.

- 에이전시 매니지먼트 인스티튜트는 기본 플랫폼을 블로그로 해서 시작했다가 나중에 팟캐스트로, 이어서 오프라인 이벤트로 다각화를 시도했다.
- 살라트퇴슨은 페이스북 팔로어를 토대로 인스타그램으로 다각화하고, 이어서 여러 권의 시리즈 책을 내놓았다.
- 크리스틴 보어는 〈베어풋 시어리〉 인스타그램을 테스트하는 데서 시작하여, 블로그를 통해 오디언스를 확보하고, 이어서 핀터레스트로 다각화했다.
- 티치 베터는 블로그로 시작하여, 교육용 비디오로 확장했다. 현재 티치 베터에서는 원고 집필부터 편집, 인쇄, 배포까지 전체 과정을 스스로 처리하는 자가 출판을 고려 중이다.

일단 충성도 높은 오디언스를 확보하면 계속해서 새로운 확장을 시도하고 싶은 유혹이 생기게 마련이다. 새로운 확장도 좋다. 그러나 새로운 시작과 시작 사이에 최소 9개월의 기간을 두라고 권장하고 싶다. 그래야 다음 확장으로 나아가기 전에 각각의 확장에서 생기는 문제들을 해결할 시간을 가질 수 있다.

20

인수합병도 방법이다

땅을 사두어라. 사람들이 더 만들어 낼 수 없는 것은 그것뿐이니.
_ 마크 트웨인

사고 싶은 자산들을 정하고 시간을 두고 소유자와 관계를 구축한다면, 좋은 가격에 살 수 있는 가능성이 높아진다.

지난 20년에 걸쳐 디즈니는 ESPN, 픽사, 마블, 루카스필름을 사들이면서 세계 최대의 콘텐츠 도서관을 얻었다. 이것이 위대한 미디어 회사들의 방식이다. 그들은 인수합병을 우선적으로 고려하고, 직접 구축하는 것은 차선으로 생각한다.

　몇 해 전에 세계 굴지의 소비재 생산업체 마케팅 회의에 참석한 적이 있다. 의제는 다양한 시장에서 콘텐츠를 통해 오디언스를 모으는 것이었다. 일부 시장에서는 이미 탄탄한 콘텐츠 플랫폼을 구축해놓은 상태였지만 다른 시장에서는 전혀 오디언스를 확보하지 못한 상태였다.

그날 회의에서 논의된 계획은 다수의 자산을 인수합병하는 전략이었다. 구체적으로는 이미 안정적인 오디언스와 콘텐츠 플랫폼을 확보하고 있는 블로그 사이트나 매체를 사들인다는 것이었다.

콘텐츠 자산을 늘리는 데는 크게 두 가지 방법이 있다. 직접 새로운 자산을 구축하는 방법과 남이 구축해놓은 기존 자산을 사들이는 방법이다. 상황에 따라 전자가 효과적일 수도 있고, 후자가 효과적일 수도 있다. 요점은 이렇다. 미디어와 출판 전문가들은 항상 시간과 자원을 들여 직접 구축하기 전에 먼저 합리적인 가격에 사들일 방법을 모색하라고 배운다. 당장은 높아 보이는 비용이 3년 혹은 5년에 걸쳐(진정한 콘텐츠 비즈니스 모델을 구축하기까지 필요한 시간) 비용을 들인다면 그렇게 비싸지 않을 수도 있다.

세계 최대 기업에서 최고 마케팅 책임자로 일하는 내 친구는 이렇게 말한다. "0에서 1로 가는 것이 1에서 100으로 가는 것보다 훨씬 어려운 법이야. 항상 먼저 사들일 방법을 모색해야 해."

그들이 가진 두 가지

블로그 사이트나 미디어 회사들은 두 가지를 원하고 필요로 한다.

첫째는 **스토리텔링 능력**이다. 그들에게는 일관된 토대 위에서 놀라운 콘텐츠를 대량으로 만들어내는 사람들과 그에 맞게 구축된 체계적인 절차가 있다.

둘째는 블로그와 미디어 사이트에는 **탄탄한 오디언스**가 딸려 있다. 어찌 보면 스토리텔링 능력보다 이것이 더 중요하지 않을까 싶다.

지금까지는 우선 미디어 회사를 설립한 이후 다른 미디어 회사를 인수 합병하는 것이 일반적이었지만, 최근에는 비미디어 회사들이 게임판에 뛰어들기 시작했다.

- 〈JPG〉 잡지가 사업을 접을 즈음 사진공급 업체인 아도라마Adorama 가 구매단을 투입한 것이 대표적인 사례다. 아도라마는 〈JPG〉라는 콘텐츠 비즈니스 플랫폼과 콘텐츠뿐만 아니라 30만 구독자도 함께 사들였다고 볼 수 있다(이제 30만 명은 아도라마의 잠재고객이자 고객이 되었기 때문이다).
- 로레알은 세계적인 화장품 기업이다. 그들은 2010년 라이브 커런트 미디어Live Current Media로부터 메이크업닷컴Makeup.com을 100만 달러에 사들였다.
- 마케팅 자동화 회사인 허브스폿의 경우는 또 어떤가? 자신들이 운영하는 마케팅 블로그와 영업 블로그에 어울릴 에이전시 블로그를 새롭게 추가하고 싶었던 허브스폿은 에이전시 포스트Agency Post 와 접촉했다. 자체적으로 블로그를 구축하는 것보다 에이전시 포스트의 블로그를 인수하는 편이 효과적이라고 판단했기 때문이다. 2021년 허브스폿은 이메일 뉴스레터 미디어 회사인 더 허슬The Hustle과 100만 명이 넘는 구독자들을 사들였다.
- 호주의 대표적인 온라인 판매점인 서프스티치SurfStitch 그룹 사례도 주목할 만하다. 서프스티치는 서핑 업계의 소규모 미디어 회사 둘

을 사들여 업계에서 확실한 콘텐츠 리더로 자리매김했다.

콘텐츠 플랫폼 인수 과정

콘텐츠 마케팅 연구소도 다수의 기존 자산을 사들여 플랫폼에 추가했다. 거기에는 인텔리전트 콘텐츠 컨퍼런스Intelligent Content Conference라는 서부 연안에서 열리는 회의 프로그램, 콘텐츠 마케팅 어워드라는 수상 프로그램도 포함된다. 우리는 이런 플랫폼을 구매하는 쪽이 바닥에서부터 새로 만들어 기존 플랫폼들과 경쟁하는 것보다 효율적이라고 생각했다.

새로운 플랫폼을 인수하기 위해서는 다음과 같은 7단계 과정이 따른다.

1단계 : 목적을 명확히 하라

사업에서 내리는 훌륭한 결단이 항상 그렇듯이 이유를 명확히 하는 것에서 출발하라. 기존의 콘텐츠 플랫폼을 사들이는 것이 현실적으로 일리가 있다고 판단하는 근거가 무엇인가? 인수합병을 통해 얻으려는 사업 목표에는 다음과 같은 것들이 포함될 것이다.

- 현재 회사가 직접 진출하지 않은 신규 영역을 개척하기 위해서다. 궁극적으로는 더욱 많은 고객을 확보해 교차판매, 상향판매를 유도하고, 고객 이탈을 줄이기 위해서다.
- 우리 브랜드가 많이 알려져 있지 않은 분야 혹은 주제에 관한 대화에 브랜드 이름을 끼워 넣어 인지도를 높이기 위해서다. 예를 들어

특정 유형의 철강재를 만드는 회사라고 가정해보자. 생산제품이 석유 및 가스 산업에서 사용되는데 사람들은 이런 사실을 알지 못하는 상황이라면? 소규모의 석유나 가스 관련 블로그 사이트, 혹은 관련 행사를 물색해 운영하면, 이들 산업 분야에서 우리 회사를 믿을 만한 기업 목록에 올리는 데 도움이 될 것이다.

- 구독 목표치를 달성하기 위하여. 특정 플랫폼을 인수하면 자동적으로 그곳의 오디언스도 따라온다. 이들과의 관계를 발전시키면서 교차판매를 위한 지렛대로 활용할 수 있다.
- 콘텐츠 자산 자체와 연관 SEO를 사들여 거기에 수반되는 혜택을 공유할 수 있다.

2단계 : 오디언스를 명확히 파악하라

신규 플랫폼 인수에서 효과를 보려면 공백이 있어 채워 넣으려 하는 오디언스의 유형을 분명하게 이해해야 한다. 예를 들어보자. 콘텐츠 마케팅 연구소에서 발간하는 잡지 〈CCO〉가 겨냥하는 고객은 대형 조직의 고위직 마케터다. 한편 CMI가 오프라인 행사인 콘텐츠 마케팅 월드 포럼에서 겨냥하는 오디언스는 중간 규모 혹은 중간보다 큰 기업에서 일하는 마케팅, PR, 소셜 미디어, SEO 분야 팀장급 및 책임자들이었다.

3단계 : 간단한 플랫폼 목록을 작성하라

목표와 오디언스를 정했다면 다음 할 일은 그런 목표 달성에 유용할 플랫폼 목록을 작성하는 것이다. 여기서 핵심은 어떤 제한도 두지 않는 것이다. 오프라인 행사든, 블로그 사이트든, 미디어 회사든, 협회 사이트든 목록에서 배제하지 마라. 어쩌면 일부 목록은 여러분의 '인플루언서' 명단에서 나올 수도 있다.

목록을 작성해 구독자 정보가 들어간 스프레드시트에 함께 정리해두면 편리하게 활용할 수 있다. 인수 대상 플랫폼 목록에는 다음과 같은 항목이 포함된다.

- 최초 시작일
- 현재 구독자 수
- 알려진 수입원(일일이 기입할 것)
- 소유구조(예를 들어, 독립 블로거 혹은 미디어 회사 등등)

인수 대상이 컨퍼런스나 무역박람회 같은 오프라인 행사라면 인수할 때 살펴볼 자산 목록으로는 다음과 같은 것들이 있다.

- (지난 2년간) 참가자 수와 증가 혹은 감소 추세
- (지난 2년간) 전시업체 수와 증가 혹은 감소 추세
- (지난 2년간) 협력 매체 수
- 행사 개최 지역
- 등록비용(요율표)
  - 오디언스 흡인력(드러나지 않은 잠재력을 판단하는 주관적인 수치. 5점 만점으로 점수를 매기면 무방하다)
  - 행사 관련 미디어 플랫폼 구축 가능성(이것 역시 5점 만점으로 점수를 매기면 된다) 부연하자면 오프라인 행사를 향후 온라인 콘텐

츠나 웹이벤트 등으로 활발하게 돌아가는 미디어 플랫폼으로 확장할 가능성이 있는가 하는 문제다.

| WTWH 미디어 이야기 |

스콧 맥카퍼티와 마이크 에미히가 WTWH 미디어를 설립한 것은 2006년의 일이다. 소규모 광고 판매 대행사를 운영하던 그들이 이런 결단을 내린 데는 계기가 있었다. 9개월 전 출판사 여섯 곳이 모이는 영업회의에 참석했던 맥카퍼티는 일관된 트렌드 하나를 발견했다. 맥카퍼티가 온라인 광고를 제안하자 모든 회사가 약속이나 한 듯 지금껏 해오던 대로 지면 광고 판매에나 집중해달라고 했던 것이다. 맥카퍼티은 뭔가 변화를 꾀할 필요가 있다고 직감했다.

맥카퍼티와 에미히는 50쪽에 달하는 사업계획서를 작성하기 시작했다. 사업계획서 안에 자신들의 예상과 전망을 상세히 담았다. 10년 전에 작성된 것이지만 그들의 계획서에는 지금도 유효한 결정적인 두 가지 통찰이 담겨 있다. 독자는 자신의 정보습득 채널을 직접 선택하려 한다는 사실, 마케터는 투자한 비용에 대해 측정 가능한 결과물을 요구한다는 사실이다.

이런저런 인수합병을 통해 회사를 키우는 동안 맥카퍼티에게 일종의 지침이 되었던 말이 있다. 돌Dole 식품회사 회장이자 최고경영자인 데이비드 머독David Murdock이 해준 조언이었다. 어느 친목모임에서 머독을 만난 맥카퍼티가 어떻게 회사를 사고팔았느냐고 물었을 때였다. 머독은 어느 업종의 어느 회사를 인수하고 싶은지 목록을 만들었을 뿐이라고 대답했다. 그러고는 목록에 적힌 회사 주인에게 전화를 걸어 판매 의향이 있는지 물었다는 것이다. 당연한 얘기겠지만 누군가는 팔겠다고 했고 누군가는 팔지 않겠다고 대답했을 것이다.

머독의 조언에 따라 맥카퍼티는 WTWH가 다루는 기술과 관련된 웹사이트 목록을 작성했다. 그리고 웹사이트 소유자에게 이메일을 보내 판매 의향이 있는지 물었다. 결과적으로 WTWH는 이런 원칙을 적용하여 8년 동안 다섯 건의 거래를 성사시켰다. 그 과정에서 맥카퍼티는 다섯 건의 거래에서 공통적으로 나타나는 요소들이 있음을 깨달았다.

- 이들 사이트는 적극적인 사용자 집단을 토대로 하는 커뮤니티 사이트였다.
- 이들 사이트를 소유하고 운영하는 사람은 그것을 취미활동으로 생각하는 개인이었다.

현재 WTWH는 40개 이상의 기술 기반 웹사이트와 다수의 인쇄출판업체, 틈새시장을 겨냥한 여러 행사를 인수해 운영하고 있다. 아울러 설계공학, 재생에너지, 유체동력, 의료시장에서 마케팅 서비스도 제공하고 있다.

4단계 : 최적의 기회를 노려라

두 가지 접근 방법을 추천하고 싶다. 경험상 어느 쪽이든 효과적이다. 첫 번째 방법은 여러 면에서 최적이다 싶은 최종 후보 한 곳을 선정해 접근한 다음, 대화 진척 상황을 보는 것이다. 이 경우 문제는 하나에 몰아주기 때문에 위험이 분산되지 않는다는 것이다. 그렇게 본다면 두 번째 방법이 더 나을지도 모르겠다. 즉 최종 후보를 세 곳으로 압축해 동시에 의향을 전달하는 것이다. 즉 우리가 그들의 웹사이트나 오프라인 행사 등을 인수하는 데 관심이 있다는 사실을 알리는 것이다.

아마도 상대가 보여주는 반응에 많이 놀랄 것이다. 어떤 이들은 인수 요청이 오리라고는 상상조차 해본 적이 없을 수도 있다. 그런가 하면 정확한 철수 전략을 가지고 적절한 대상을 물색하던 차에 이런 제안을 받은 경우도 있을 것이다(아마도 미디어 분야 배경을 가지고 있는 경우 그럴 가능성이 높다).

여기서 핵심은 잠재적 이익이 어디에 있는지를 가늠할 수 있도록 대화를 시작하는 것이다. 최악의 시나리오는 내심 우선순위 계약 대상으로 점찍어둔 후보와 거래를 진척시킬 생각을 하고 있는데 상대는 관심이 없을 때 발생한다. 상대의 마음을 바꿔야 비로소 여러분이 유리한 위치에 서게 될 터인데 문제는 그때가 언제가 될지 알 길이 없다는 것이다.

5단계 : 구매가치를 결정하라

소규모 웹사이트나 오프라인 행사의 가치를 쉽고 빠르게 평가하는 표준 측정방법이 있다(이에 대해서는 22장에서 좀 더 다룰 예정이다). 그러나 그에 앞서 중요한 것이 하나 있다. 소유자가 무엇을 원하는지 파악하라. 인플루언서 프로그램을 준비할 때처럼 우선 플랫폼 소유자의 목적이나 열망이 무엇인지 알아야 한다. 얼핏 그렇게 보이지 않아도 알고 보면 돈이 핵심일 수도 있다. 새로운 기회를 모색하고 싶은 마음에 플랫폼을 판매하려 할 수도 있고, 그저 하루라도 빨리 손을 털고 싶어 안달이 났을 수도 있다. 자신의 프로젝트가 스스로 감당하기 힘들 만큼 커질 수도 있고, 원래 의도와는 다른 방향으로 확장될 수도 있다는 사실을 상상조차 못하는 블로그 사이트 혹은 오프라인 행사 소유자들이 의외로 많다.

앞서 말한 것처럼 소규모 웹사이트나 오프라인 행사의 가치를 적절히 평가할 방법이 있다. 우선 평가를 하려면 양측이 상호비밀협정에 서명을 해야 한다. 그런 다음 최소 최근 2년간 이익 및 손실 관련 자료를 요청할 수 있다. 또한 현재 업무협정 현황과 관련된 서류들을 요청할 수도 있고 상대 회사가 맺고 있는 기타 계약 서류들도 열람할 수 있다. 이러한 서류 확인이 중요한 이유는 인수 대상의 사업 손익 계산을 정확히 알 수 있기 때문이다(법률과 관련된 세부사항들은 매우 다양하고 광범위할 수 있다. 그러므로 기회다 생각하고 무작정 접근하기 전에 법무담당과 충분히 상의하도록 한다).

웹사이트를 인수할 때는 두 가지 경우가 있다. '구독자 기준'으로 계산해 거래하는 경우와 순이익을 계산해 거래하는 경우이다. 개인적인 경험을 말하자면 미디어 회사를 인수하면서 구독자 한 명당 1달러를 지불하는 조건으로 계약을 맺은 적이 있고, 2년에 걸쳐 지불한다는 단서를 달고 연간 수익의 5배를 계산해 계약을 맺은 적도 있다. 소규모 컨퍼런스의 경우 일반적으로 연간 순이익의 5배 정도에서 거래가 이루어진다(예를 들어 인수하려는 컨퍼런스의 연간 수익이 10만 달러라고 하면, 지불해야 할 금액은 50만 달러인 셈이다).

소규모 컨퍼런스 사례를 좀 더 살펴보도록 하자.

- 회의 참석자 : 250명
- 전시 참여자 : 20명
- 수입 : 34만 달러
- 경비 : 27만 달러
- 순수익: 7만 달러

일반적인 가치 : 7만 달러 × 5 = 35만 달러.

물론 들어갈 돈이 좀 더 있기는 하지만, 위 행사의 일반적인 가치는 35만 달러 정도다.

6단계 : 인수 조건을 제안하라

정식 제안 전에 제안하는 가격이 적절한지, 상대가 제시한 기본 조건에 동의할지 확실하게 해두고 싶을 것이다. 그런 동의를 받은 상태라면, 일종의 가계약서에 해당하는 매매동의서에 행사 소유주의 서명을 받아둘 필요가 있다. 이때 매매동의서 서명은 기본적으로 양측이 대화를 계속해 관계를 다음 단계로 진척시키기로 합의했음을 의미한다. 사업 인수 과정에서의 '약혼'에 해당한다고 볼 수 있다. 자체로는 의미 있거나 법적 구속력을 갖지 않지만 양측의 의도가 어떤지 공식적으로 천명하는 것이라 할 수 있다 (매매동의서를 작성할 때는 법무 컨설팅을 받는 것이 좋다).

7단계 : 최종 협상에 들어가라

서명 전에 다음 다섯 가지 질문을 고려하라.

- 활용 가능한 이메일 또는 인쇄물 구독 목록에는 어떤 것이 있는가? 데이터베이스에 있는 사람들에게 직접 이메일을 보낼 권한이 있는가? 이중으로 사전 동의를 받아야 하는가?
- 활용 가능한 자산은 무엇인가? 동영상? 블로그 포스트? 팟캐스트 에피소드? 인수 대상 회사의 모든 자산에 대한 감사가 필요하다.
- 사용 중인 소셜 미디어 채널은 어떤 것들인가?
- 이쪽 분야에서 연락해야 하는 핵심 인플루언서는 누구인가? 필요하다면 상세한 연락처 정보와 각각의 전문분야 등을 요청하라.
- 인수 대상 회사와 일하는 협력업체들은 어디인가? 이들 중에 대상 회사에서 추천하는 업체는 어디인가?

이어지는 30일에서 60일 동안 여러분은 공식 자산 매입 계약서를 작성하게 된다. 그리고 모든 사실이나 수치, 논의사항들이 정확히 유의미하게 기입되었는지 서류를 검토하는 과정을 거치게 된다. 그런 다음 계약서에 서명하면 이제 샴페인 마개를 따고 축배를 드는 일만 남았다. 꼭 그래야 하는 것은 아니지만 멋진 마무리 아닌가!

| 전자공학 분야의 정보제공자 |

빅터 가오Victor Gao는 포춘 선정 150대 기업 가운데 하나인, 애로우 일렉트로닉스Arrow Electronics가 전자공학 분야를 선도하는 정보제공자가 되어야 한다고 생각했다. 그는 또한 무에서 유를 구축하기보다는 그런 열망을 구매하는 편이 한결 수월하리라고 생각했다.

빅터의 팀은 18개월에 거쳐 전자공학 분야의 대규모 미디어 회사와 독립적인 사업자들에게 접근했다. 결과적으로 애로우 일렉트로닉스는 50개가 넘는 믿을 만한 미디어 웹사이트들을 사들였다. 이들 웹사이트는 현재도 이익을 남기면서 운영되고 있을 뿐만 아니라 애로우 일렉트로닉스에 지상 최대 규모의 전자공학 엔지니어 오디언스를 제공해주었다.

최종단계 : 품질을 유지하라

존 블로딘Jonh Blondin은 인수합병을 전문으로 하는 미디어 및 마케팅 컨설턴트다. 존은 누구든 미디어 자산을 구매하려는 사람이라면 잊지 말아야 할 것이 있다고 말한다. "나는 강력하고 효율적인 구조를 지닌 대기업은, 과거 전통적인 기사 형태 광고로 오염되지 않은 콘텐츠 전달을 함으로써 신뢰를 유지하는 미디어 자산 인수합병을 통해 이익을 볼 수 있다고 믿어 의심치 않습니다. 지속성을 갖춘 질 좋은 콘텐츠야말로 반드시 지켜야 할 좌우명이 되어야 합니다."

존의 마지막 말이 핵심이다. **지속성을 갖춘 질 좋은 콘텐츠.** 어떤 미디어 자산을 구매하려 하는 경우, 해당 플랫폼에서 지속적으로 질 좋은 콘텐츠를 내보내지 않는다면 그것은 더 이상 자산이 아닐 것이다. 단순히 상품과 서비스를 홍보하기 위해 이용하고 말 생각이라면, 자산을 매입하지 마라. 결과적으로 오디언스 경험의 질을 낮춘다면 인수합병은 완전한 시간낭비가 될 것이다.

소기업에서 인수합병을 추진하는 것은 벅차고 두려운 일일 수 있다. 하지만 겁을 먹고 굽히고 들어갈 필요가 없다. 나는 1주일만에 끝나는 거래부터 1년을 끄는 거래, 총 1만 5,000달러 거래에서 100만 달러 거래까지 다양한 거래를 해본 경험이 있다. 때로는 최고의 거래가 엄청 신속하게, 불과 수천 달러에 성사되기도 한다.

매출 없는 사이트 가치 평가하기

아직 매출과 수익이 없는데 매물로 나온 웹사이트들이 많다. 그런 경우 다음과 같은 것들로 사이트를 평가할 수 있다.

- 이름. 이름에 고유한 가치가 있는가? 마케팅 같은 대중적인 단어를 포함하고 있는 웹사이트 URL(주소) 혹은 비어닷컴beer.com처럼 간결한 URL은 이름 자체만으로 가치가 있을 수 있다.
- 도메인 오서러티. 모즈닷컴Moz.com과 아레프스닷컴Ahrefs.com 같은 사이

트를 활용해 도메인 오서러티Domain authority(외부 사이트에서 해당 페이지를 얼마나 링크를 걸어주는지 측정하는 기준-옮긴이)를 판단하라. DA는 모즈Moz에서 개발한 것으로, 1점에서 100점까지 점수로 표시되며, 어떤 사이트가 검색엔진 결과 페이지에서 어떤 순위를 차지할 지를 예측해준다. 50점이면 괜찮은 편이고, 70점에서 80점이면 굉장한 수준이다. 어떤 웹사이트 투자자는 50점대인 사이트에는 2만 달러를 지불하고, 70점 이상인 사이트에는 10만 달러 대 이상을 지불한다.

- **검색결과.** 여러분 사업에 중요한 특정 검색엔진 키워드들이 있다면, 그런 키워드 중에 하나에서 이미 상위 10위 안에 드는 사이트를 구매하는 방법이 있다. 많은 웹사이트 투자자들이 이런 방식으로 사이트들을 인수해서 검색엔진이 그런 키워드에서 보여주는 랜딩 페이지로 다듬는다. 때로는 작은 변화가 검색 순위 개선에서 큰 역할을 한다.

또한 매출이 거의 또는 전혀 없는 사이트 구매에 활용되는 많은 경매 사이트들이 있다. 플립파닷컴Flippa.com이나 콰이어트 라이트 브로커리지Quiet Light Brokerage를 우선적으로 활용해보라. 가격은 몇 천 달러에서 몇 백만 달러로 다양하다. 웹사이트 투자와 관련한 더 많은 정보를 원한다면 인베스팅닷아이오Investing.io를 추천한다.

Content INC.

진정으로 중요한 것, 그리고 내가 스스로 망각해서 다시 배워야 했던 것은
바로 지금, 여기에서 나는 자유라는 사실이다.
거리낌없이 스스로에게 충실하고 스스로를 표현하라.
_ 캣 본 D Kat Von D

PART 8

매각 혹은 키우기

처음 목표를 다시 생각하라

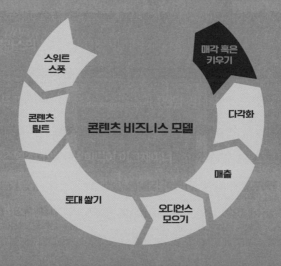

스위트
스폿

콘텐츠
틸트

콘텐츠 비즈니스 모델

토대 쌓기

오디언스
모으기

매출

다각화

매각 혹은
키우기

여기까지 왔다. 전리품이 목전에 있다. 이제 결정을 해야 한다.
전부 매각할 것인지 계속 싸울 것인지.

출구 전략이 필요하다

여러분에게도 예술가, 사업가, 래퍼, 음악가가 될 수 있는 기회가 열려 있었습니다.
심지어 운동선수를 할 기회도요. 그런데 사람들은 출구 전략을 가지고 있지 않습니다.
지금 상태로 영원히 지속되리라는 거짓된 현실에서 살고 있을 뿐이죠.
_ 닙시 허슬Nipsey Hussle(혹은 어미아스 조지프 애스게돔Ermias Joseph Asghedom)

궁극적인 목표가 무엇이든 모든 기업가는 출구 전략이 필요하다.

기업가들이 어떤 산업에 몸담고 있는지, 어느 나라에 살고 있는지 혹은 회사에 얼마나 많은 사람들이 관여하고 있는지는 중요하지 않다. 한 가지는 확실하다. 대부분은 출구 전략이 없다.

그들은 출구 전략이 필요하지 않다고 생각할지도 모른다. 자신이 죽으면 자식한테 기업을 물려주고 싶을지도 모른다. 동업자가 인수하기를 바랄지도 모른다. 언젠가 큰돈을 받고 파는 것을 꿈꿀지도 모른다. 마음속에 어떤 생각을 품고 있든 해당 계획을 종이에 쓰고 즉시 그 전략에 착수해야 한다.

언제 출구 전략을 시작할까? 처음 사업을 시작하는 시점부터다.

훗날 콘텐츠 마케팅 연구소가 되는 어떤 일을 시작하려고 미디어 회사의 중역 자리를 떠날 때, 나는 이미 수백만 달러를 받고 매각하겠다는 꿈을 꾸고 있었다. 그러나 처음에는 그와 관련하여 아무것도 하지 않았다. 그렇게 되면 얼마나 좋을까에 대해서는 생각했지만 이를 위한 구체적인 계획을 세우지는 않았다.

사업을 시작하고 약 1년 뒤에야 나는 목표 리스트의 '재정 관련 목표' 항목에 이런 문장을 썼다(1장을 참조하라). "아내와 나는 2015년에 1,500만 달러 이상을 받고 회사를 매각할 것이다."

나는 이 문장을 2008년에 썼다. 그해 회사는 총매출이 약 6만 달러였고 5만 달러 손실을 보고 있었다. 말하자면 회사는 가치가 없었다. 그런 사정을 고려하면 그 문장은 가소롭고 터무니없다.

터무니없는 목표다 싶을지 모르지만 나는 아침에 일어나서 한 번, 저녁에 잠자리에 들기 전에 한 번, 하루에 두 번 이 문장을 스스로에게 읽어주었다. 그리고 이 목표 달성에 유리하게끔 회사의 전반적인 전략을 때때로 수정했다. 나와 아내는 여러 해 동안 이 선언을 현실로 만드는 데 도움이 되는 방향으로 수천 번의 결정을 내렸다.

우리가 특정 해(2015)와 특정한 총금액(1,500만 달러)을 선택한 이유가 있었다. 첫째, 2015년이 되면 우리 아이들이 14살과 12살이 될 것이다. 나는 아이들이 대학 혹은 다른 진로를 위해 집을 떠나기 전에 회사를 매각하고 아이들과 더욱 많은 시간을 보낼 수 있기를 바랐다. 둘째, 나와 아내는 여러 차례 분석을 통해 장래에 아이들, 자선활동, 생활방식에서 우리가 원하는 모든 것을 하려면 1,000만 달러가 필요하다고 생각했다. 우리는 회계사, 변호사와 상의했고, 계산기를 두드렸고, 세전 금액으로 1,500만 달러에 회사를 매각해야 한다는 결론을 얻었다. 연방정부와 주정부에 낼 세금은 물론 직원들에게 줄 선물 등까지 고려해서 나온 수치였다.

출구 전략 세우기

———

이번 장에서 나는 개인적으로 출구 전략을 어떻게 수행했는지를 상세히 설명할 것이다. 내 출구 전략은 우리가 만든 콘텐츠 비즈니스 모델을 매각하고 경제적 자유를 얻는 것이었다. 만약 여러분의 선택지에 매각이 없다면, 무엇이 있을까?

10년 뒤에 자기 자신 그리고 가족의 모습을 그려보라. 어디에 있는가? 무엇을 하고 있는가? 달라진 것은 무엇인가? 세상에 어떻게 기여하고 있는가?

마케팅쇼러너스의 창업자 제이 아컨조는 회사를 떠나는 것은 생각도 하지 않는다. "회사와 관련한 내 목표는 영향을 미치는 것입니다. 그리고 만약 어느 날, 내가 영향을 미치고 보다 많은 사람들을 도울 수 있는 방식이 또 다른 회사가 우리 회사를 인수합병하는 것이라면, 좋습니다. 우리는 진지하게 그 선택지를 고려할 겁니다. 그러나 내가 이 일을 하는 이유는 변화를 가져올 고효율 조직을 구축하는 법을 내가 알기 때문입니다. 그러므로 나는 그런 이유와 그런 사명에 맞다면 무엇이든 할 것입니다. 그것이 사람들한테 도움이 되는 말입니다. 지금 나는 원하는 일을 하고 있고, 파티가 얼마나 오래 지속될지 보고 싶습니다."

제이의 현재 전략은 나와는 전혀 다르다. 제이는 자칭 '거대한 비전The Grand Vision'에 회사와 관련된 모든 목표를 글로 써둔다. 회사 모든 사람이 그 글을 볼 수 있다.

여러분의 거대한 비전은 어떤가?

에드워드 로우 파운데이션Edward Lowe Foundation에 따르면 출구 전략을 만드는 데는 여러 단계가 있다.

1. 자신의 역할에 변화를 주는 목표 날짜를 정하라.
2. 가족 또는 투자자에게 피드백을 받아라. 회사 내부 혹은 외부에서 일하는 소중한 사람들이 있다면, 그들도 여러분의 생각을 알아야 한다.
3. 계획을 짜라. 자식에게 회사를 매각할 수도 있고, 직원들에게, 혹은 전략적 또는 금전적 이유로 구매를 희망하는 매입자에게 판매할 수도 있다. 다른 회사와 합병할 수도 있다.
4. 일단 완성되면 계획을 공개하라. 경영진과 조직 구성원들은 이런 의향을 알아야 한다. 우리 부부가 CMI를 매각할 때 가장 잘한 일 중에 하나는 경영진이 미리 시기를 알고 모두가 충분히 보상을 받을 수 있게 한 것이었다.
5. 준비가 되면 계획 실행에 착수하라.

어떤 회사가 나의 회사를 살 것인가

우리의 콘텐츠 비즈니스 모델은 2010년에 형체를 갖추기 시작했다. 매출 기회들이 모습을 드러내고, 향후 회사 모습을 머릿속에 생생하게 그릴 수 있었다. 더불어 나는 어떤 유형의 회사들이 우리 회사를 매수하려고 할지도 머릿속에 그릴 수 있었다. 서너 달에 걸쳐서 나는 장래에 우리 회사를 살 가능성이 있는 회사들 목록을 만들기 시작했다. 금전적인 목적이 아니라 전략적인 목적에서 구매를 원할 구매자들만을 목록에 포함시켰다. 내 목표는 매각 뒤에 너무 오래 회사에 머물지 않는 것이었기 때문이다.

순수한 미디어 회사, 행사 전문 회사, 교육 회사, 컨설팅 회사, 심지어 몇몇 후원사도 목록에 포함시켰다. 전체를 망라하는 목록을 만든 다음 내가 선정한 상위 5개 회사로 좁혔다(1장에서 워런 버핏에 대해 말한 부분을 참조하라).

범위를 좁힌 구체적인 기준은 무엇이었을까? 첫 번째는 계속해서 CMI의 미션을 강화하고 활성화해줄 회사, 두 번째는 우리가 원하는 금액 혹은 그 이상에 매수해줄 자금력을 가지고 있는 회사다.

세부사항 완성하기

일단 상위 5개 회사로 압축했다면 빈 칸을 채워라. 이 시점에서는 스프레드시트가 가장 효과적이다. 다음의 칸들을 완성하라.

1. 모기업. 모기업 목록을 작성하라.

2. 인수하는 브랜드. 해당 모기업이 이번 매수에서 필수적인 하위 브랜드 혹은 확장 브랜드를 가지고 있는가? 예를 들어 알파벳/구글(모기업)이 직접 회사를 매수하려고 하는가, 아니면 구매자가 네스트(Nest, 알파벳의 자회사)인가? 후자라도 알파벳을 거치기는 해야겠지만, 협상테이블에 나오는 것은 네스트가 된다.

3. 이유. 각각이 여러분의 회사를 구매하려는 이유는 무엇인가? 여러분의 콘텐츠 비즈니스 모델이 구매자의 콘텐츠 틈새를 메우기에 충분한가? 구매자가 절실하게 필요로 하는 오디언스에 접근할 수 있는가? 구매자의 포트폴리오를 완성해줄 상품을 개발해왔는가?

4. 핵심 접촉 대상. 누가 의사결정자인가? 의사결정자에게 가는 길목을 지키는 사람들은 누구인가? 한 개인의 결정인가, 아니면 다수의 팀원들의 결정인가? 다수의 결정이라면, 팀원 명부를 작성하라.

만나서 인사 나누기

———

좋은 시작이다! 이제 작업이 시작되었다.

향후 12개월에서 18개월 동안 할 일은 리스트에 있는 핵심 접촉 대상들 각각과 만나고 대화를 나누는 것이다. 회사 매각과 관련한 무언가를 언급하라는 의미는 아니다. 이 단계에서는 그저 그들을 알아가고 사업상 관계를 맺는 데 집중하라. 정말 어쩌면 양쪽 회사가 함께할 수 있고 윈윈이 가능한 프로젝트가 있을지 모른다.

내 경우 무역박람회나 행사에서 우리가 작성한 리스트에 맞춰 약속과 미팅을 잡았다. 접촉 대상이 강연을 하거나 참석하는 행사가 있는지 조사하고 파악하라. 그리고 이메일을 보내 약속을 잡아라. 이메일을 예시하자면 다음과 같다.

> 안녕하세요,
>
> 선생님께서 저를 알고 계신지 모르겠지만, 저는 콘텐츠 마케팅 연구소 창업자 조 폴리지입니다. 제가 XYZ 행사에 참석할 예정인데 선생님께 커피 한 잔 사드리고 싶습니다. 제게 30분 정도 시간을 내주실 수 있다면요. 만나서 이런저런 정보도 나누고 이야기도 하면 좋겠습니다. XYZ 행사 도중 제가 가능한 날짜와 시간들입니다. 맞는 시간이 없다면, 가능한 다른 시간을 알려주십시오.

이메일을 간결하고 요령 있게 작성하고, 항상 가능한 날짜와 시간을 포함시켜라(임원들은 불필요하게 여러 번 이메일이 오가는 것을 싫어한다). 이런 식으로 얼마나 많은 미팅을 잡을 수 있는지 알면 깜짝 놀랄 것이다. 이메일 주소를 확보하지 못했다면 트위터나 링크드인 등을 통해 직접 메시지를 보내는 방법도 있다.

관계 발전시키기

접촉 대상을 만난 뒤에는 관계를 발전시키는 단계가 시작된다. 격월로 중요한 링크나 보고서를 보내라. 과할 필요는 없지만 "이 보고서에 흥미를 느끼실 거라고 생각됩니다. 특히 4쪽을 보세요" 정도는 덧붙이면 좋다.

내 수준에서 리스트 마무리하기

―――

리스트에 제한을 두지 않고 되도록 많은 회사와 다양한 제안 가능성을 열어두는 사람도 있다. 나는 여섯 개에서 여덟 개 회사로 압축하는 것을 좋아한다. 거기서 몇 개 정도 더 많다고 해도 무방하다. 매각을 원한다고 전세계에 트윗을 보낼 일은 없을 것이다. 회사 매입에 흥미를 보일 가능성이 높은 소수의 신뢰할 만한 사람과 기업들에 접근할 것이다. 조사를 마치면 어디가 적합할지 알게 된다.

목표에 맞게 키우기

―――

나와 아내는 2015년에 계약을 마무리하기를 원했다. 그런데 2014년 말에 회사는 1,500만 달러 가치를 정당화해줄 재무제표를 가지고 있지 못했다(가치 평가에 대해서는 곧 좀 더 설명하겠다).

이 때문에 우리는 2014년에 여러 결정을 내렸는데, 소규모 자산 두 개와 이메일 데이터베이스 하나를 사들이는 것도 포함되었다. 우리는 이런 구매가 부단한 자연적인 성장과 더불어, 우리를 원하는 곳으로 데려다줄 것이라고 생각했다.

2015년 초에 모든 것이 갖춰졌고, 우리는 전략의 나머지 단계들을 수행할 준비가 되었다.

법적인 문제와 금전적인 부분을 정리하라

두 가지 미팅을 해야 한다. 첫째는 변호사와의 미팅이다.

자신과 직원들을 보호하려면 무엇이 필요한가? 알아야 할 법적인 문제들이 있을까?

이제 제휴회사, 공급사, 직원들과의 모든 계약서를 살펴볼 차례다. 여기에 무슨 문제가 될 만한 부분은 없는가?

이렇게 하라.

1. 가지고 있는 모든 계약사 사본을 만들고 하나의 폴더에 두라(인쇄물 형태로든 디지털 형태로든).
2. 변호사에게 돈을 주고 모든 계약서를 검토(혹은 재검토)해서 문제될 부분이 있는지 봐달라고 하라.
3. 수정이 필요한 부분이 있다면 모두 수정하라.

변호사와 미팅을 가진 뒤에 다음으로 할 일은 회계사를 방문하는 것이다.

중요한 문제는 아마도 회사의 재무제표 정리 방식이 구매자가 분석 목적으로 필요로 하는 방식이 아닐 수도 있다는 점이다. 일단 그런 문제가 발생할 수 있다는 점을 기억하라(뒤에서 좀 더 설명하겠다).

회계사가 세금 관련한 모든 가능성을 검토해야 한다. 매각에 더 좋은 시점이 있을까? 좀 더 유리한 매입자 유형이 있을까? 회계사가 모든 가능성을 제시하여 여러분이 자신의 최종 리스트가 옳으며 시점도 적절한 범위 내에 있다는 확신을 가질 수 있어야 한다.

재무 자문을 찾아라

———

내가 해줄 수 있는 최고의 조언은 이렇다. 이 과정을 결코 혼자 하지 마라.

모든 서신 왕래와 협상을 처리할 수 있는 재무 자문을 찾으라는 말이다. 계약 예상 금액이 5,000만 달러 이상이 아니면, 대형 회사가 아닌 독립 재정 자문을 고용하라고 권하고 싶다.

재무 자문 고용은 면밀한 조사가 선행되어야 하는 일이기도 하다. 매각 계획을 행동에 옮기기 전 대략 1년 동안 나는 재무 자문을 조사했다. 검색을 통해 철저히 조사하는 것은 물론이고, 업계 친구들에게도 은밀하게 물었고 인수합병 관련한 행사에도 참가했다. 우리가 선택한 재무 자문은 과거 대형 미디어 회사 CFO였고, 우리 같은 소규모 인수합병 일을 20여 년 동안 해온 경험이 풍부한 사람이었다. 나는 한 행사에서 그가 강연하는 모습을 보고 연락을 취했고 우리는 금방 이야기가 통했다.

더 리버사이드 컴퍼니The Riverside Company의 할 그린버그Hal Greenberg에 따르면, 대부분의 미디어 기업은 재무 자문을 고용할 때 리먼 공식Lehman formula이라고 부르는 것을 활용한다. 공식은 다음과 같다.

- 최초 200만 달러의 5퍼센트
- 다음 200만 달러의 4퍼센트
- 다음 200만 달러의 3퍼센트
- 다음 200만 달러의 2퍼센트
- 다음 200만 달러 이상의 1퍼센트

1,000만 달러 계약인 경우 수수료는 30만 달러 즉 3퍼센트이고, 1,000만 달러를 초과하는 금액에 대해서는 1퍼센트이다. 우리 계약의 경우 다음과 같은 사항에 합의했다.

1. 재무 자문은 1,000만 달러까지는 판매가격의 2퍼센트를 받는다 (이는 매매 즉시 받는 선불금에 한해서만 적용되며, 매매 이후의 이익이나 손실 배분 같은 추후정산 또는 보너스에 대해서는 적용되지 않는다).
2. 재무 자문은 1,000만 달러가 넘는 매매에 대해서는 판매가격의 1.5퍼센트를 받는다.
3. 성공적인 매매에 대한 수수료는 최대 총 30만 달러이다.
4. 재무 자문은 거래가 없는 경우 시간당 150달러를 받는다. 우리는 재무 자문에게 시간을 기록하도록 했다.

리스트를 마무리하라

현명하게 잘 고른 재무 자문이라면 여러분의 리스트에 대해 어느 정도 생각이 있을 것이다. 재무 자문에게 리스트를 검토하게 하고 각자의 가설을 확인하라.

내가 최초로 만든 잠재적 구매자 리스트에는 네 곳이 있었는데, 재무 자문과 이야기를 나눈 뒤에 여덟 곳으로 늘었다. 우리는 스프레드시트에 각각의 가능성을 기입하고, 철저한 분석을 마친 다음, 이들 여덟 회사에 접근해보기로 했다.

투자제안서에 들어갈 것들

──

최종 목록에 합의한 뒤에 우리는 전체적인 일정을 세워놓고, 투자제안서를 발송하는 단계로 나아갔다. 투자제안서에는 다음과 같은 것들이 포함된다.

- 개요, 투자 핵심, 회사
- 개관-콘텐츠 마케팅 연구소
- 재무 요약
- 제품(상세히 나누어 제시)
- 오디언스/데이터베이스
- 마케팅 및 영업

그 밖에 생산, 성장 기회, 시장 개관, 경쟁사, 경영 및 소유관계, 임원진, 직원 및 계약업체, 소유관계, 결론이 포함되어야 한다.

문서 전체가 20쪽을 넘지 않게 하라. 나는 투자제안서 작성을 두고 많은 고민을 했다. 여러 차례 초고를 쓰고 고치는 과정을 거치면서 3개월 넘는 시간이 걸려 완성했다. 아마 여러분도 그러리라고 생각한다.

적임자를 찾아라

나는 직접 얼굴을 익힌 모든 대상에게 간단한 이메일을 보냈다.

> 안녕하세요, ○○○님.
> 저는 콘텐츠 마케팅 연구소를 매각하는 과정에 있습니다. 매수 제안서를 보고 싶지 않으신가요?

누군가 보고 싶다고 말하면 우리 재무 자문을 소개했고, 그가 내가 받은 이메일을 가져가서 이후 과정을 진척시켰다.

내가 핵심 접촉 대상을 모르는 경우에는 재무 자문이 적임자를 찾아내고 기회를 설명하는 짧은 통화를 성사시키려 노력했다.

일단 어디가 관심이 있고 어디가 그렇지 않은지를 알고 나면, 다음 단계로 나아갔다.

비밀유지계약서

여덟 곳 중에 다섯 곳에서 우리 재무 상태를 자세히 살펴보고 싶으며, 전체 제안서를 보고 싶다고 요청해왔다. 재무 자문이 비밀유지계약서에 핵심 연락대상의 서명을 받은 뒤에 이메일로 제안서를 보내주었다.

재무 자문은 관심을 보이는 인수자의 의향서 접수 마감기한은 물론 우리가 전화를 받고 질문에 대답할 수 있는 날짜도 보내주었다.

인수의향서

관심을 보이는 다섯 곳의 잠재적인 인수자들로부터 두 개의 인수의향서를 받았다. 인수의향서는 주식매매계약서나 자산매매계약서 같은 구속력 있는 합의에 앞서 작성하는 간결하고, 구속력이 없는 계약이다.

인수의향서에는 거래 개요와 구조, 일정, 실사, 비밀유지, 독점권과 같은 내용이 포함된다. 하지만 인수의향서에는 구속력은 없다. 일종의 청혼 같은 것이다. 진지하지만 아직 정말로 결혼하지는 않았다.

우리가 받은 최초의 인수의향서는 정말 괜찮은 내용이었지만, 인수가격이 우리 기대보다 낮았다. 두 번째 것은 절대로 잊지 못할 것이다.

당시 나는 뉴욕에서 열린 워크숍을 막 마친 참이었다. 재무 자문이 음성메일을 보내 이메일을 확인해보라고 말했다. 세계적인 이벤트 회사에서 보낸 것이었다.

메일을 열었다. 읽었다. 다시 읽었다. 그리고 아내에게 전화를 했다. 돌이켜보면 그때가 우리한테 최고의 순간이었다, "우리가 해냈어!"라고 흥분해서 소리치던 순간. 당시 인수의향서는 금전적으로 우리가 요청할 수 있는 전부를 담고 있었다. 운영 측면에서 보면 좀 더 명확히 해야 할 부분들이 있었다. 상대 회사는 투자에 대한 보상으로 많은 것을 요구하고 있었고, 당연히 그럴 만했다.

이후 2주에 걸쳐 몇 가지 사안에 대한 논의가 오갔고, 설득 회의에서 최고조에 이르렀다.

설득 회의

인수의향서를 받고 정확히 1달 뒤에 우리는 처음 대면 만남을 가졌다. 나와 아내, 재무 자문이 뉴욕시에 있는 작은 회의실을 예약했다. 인수자 쪽에서는 두 명의 고위 임원이 참석하기로 했다. 한 명은 해당 부서에서 M&A를 책임지고 있었고, 다른 한 명은 실제 부서를 운영하고 있었다.

나는 투자제안서를 토대로 프레젠테이션 자료를 만들고 그동안 인수자 쪽에서 제기한 우려들을 해결하는 데 공을 들였다. 회의는 치열하게 진행되었다. 인수자는 우리가 말하는 여러 성장 예측에 대해 이의를 제기했다. 3시간 정도 진행된 회의가 끝났을 때 나는 그야말로 기진맥진한 상태였다.

서명한 인수의향서

우리가 받은 인수의향서가 중요한 의미를 지닌다고 생각한 내가 얼마나 어리석었는지 모른다. 사실은 그렇지 않았다. 그것은 작품을 만들기 전에 깡통 안에 들어 있는 찰흙 같은 것이다. 중요한 것은 서명한 의향서다. 서명한 의향서는 최종 자산매매계약서를 작성할 때 활용하는 견본이 된다.

회의 이후 우리는 인수자로부터 다수의 요청을 받았다. 과거의 모든 재무제표, 회의를 기준으로 업데이트한 전망, 우리의 판로, 조직구조 등등이 포함되었다. 우리 회사의 세금이나 회계 체계가 인수자들의 그것과는 완전히 딴판이라는 것을 깨닫게 되는 순간이었다. 매각 과정 진행에서 가능한 빨리 회계사를 영입할 것을 추천한다.

회의 이후 대략 7주 뒤에 우리는 수정된 의향서를 받았고 내가 서명했다. 비록 전체 금액 숫자는 변하지 않았지만 일부 금액은 선불금에서 (매각 이후 3년 동안의 실적을 토대로 우리가 받게 되는) 추후정산 금액으로 넘어갔다. 우리는 만족했지만 사실을 말하자면 이렇다. 회사를 매각할 때는 우선 선불 금액만을 생각해야 한다. 계약이 성사된 뒤에 어떤 일이 일어날지 알 수 없는 노릇이다. 경우에 따라서는 훌륭할 수도 있는, 추후정산이나 보너스가 결코 구체화되지 않을 수도 있다. 나와 아내는 선불 금액이 우리 목표치를 충족했으므로 그 계약에 서명했다.

재무 지옥과 협상

이어지는 네 달은 내 생에 최악의 날들에 속한다. 나와 아내는 글자 그대로 수백 가지 스프레드시트와 운영 관련 문서들을 마무리하느라 정신이 없었다. 스프레드시트를 개발한 사람이 미워지기 시작했다. 우리 부부가 했던 것처럼 회사를 매각하려면, 특히 글로벌 기업에 매각하려면, 진행 과정에서 어떤 일이 일어날 수 있는지, 어떤 일들을 해야 하는지를 알아두라.

우리가 진행한 행사 중에 일부가 참가신청 속도가 느린 것을 보고 인수자가 우려를 표명하기도 했다. 그래도 어찌어찌 인수자가 제기한 모든 질문에 답을 했고, 최종 계약서를 받아볼 때가 되었다. 몇 주가 지나갔다. 아무 말도 없다. 계약서도 오지 않았고 당연히 걱정이 되기 시작했다.

클리블랜드 시내에 있는 회의실을 나서다가 재무 자문에게서 전화를 받았다. 그는 내게 자리에 앉아서 차분히 들으라고 말했다.

보아하니 인수자가 일부 내용을 많이 바꾼 최종계약서를 보낼 모양이었다. 첫째, 인수자는 선불금을 재차 깎았다. 둘째, 인수자는 총액을 낮췄다.

나는 힘이 빠졌다. 너무 지쳤고 좌절했다. 재무 자문이 말해주는 모든 내용을 받아 적고, 전화를 끝내고, 클리블랜드 도심 타워 시티 건물 한 가운데 앉아 앞으로 어떻게 할지를 생각했다. 공은 여전히 우리 손 안에 있었고 언제든 "아니오"라고 말할 수 있었다.

아내에게 전화를 해서 세부내용들을 전달했다. 계약을 취소할까 생각 중이라고 말했다. 아내는 회사를 팔고 싶은 마음이 굴뚝 같았지만 나의 결정을 지지하겠다고 했다.

나는 이것을 기회로 삼기로 했다. 인수자가 비용을 줄이고 싶어 한다면, 어쩌면 가격을 낮추는 대신 우리 쪽에서 다른 것들을 요구할 수도 있겠다 싶었다. 나는 그간 써둔 메모들을 지우고 새로운 계획을 세웠다.

나는 단서를 달아 해당 조건을 받아들이기로 했다. 첫째, 내가 회사에 남아 있는 동안 누구도 내 허락 없이 해고하거나 내보낼 수 없다고 명시하고 싶었다. 둘째, 계약서에 서명을 한 뒤 3년 동안 회사에 남아 있기로 한 것이 마음에 걸렸다. 인수자가 금액을 낮추고 싶다면, 나는 더 많은 자유를 얻고 싶었다. 인수자에게 내가 머물러야 하는 기간을 3년에서 1년

반으로 줄여달라고 했다(아내는 6개월 뒤에 회사를 떠날 예정이었다). 셋째, 인수자가 선불금을 줄이고 싶다면, 나는 추후정산 금액을 높이고 싶었다. 우리가 특정 판매목표를 달성할 경우, 내가 받기로 했던 추후정산 금액의 비율을 높여달라고 요구했다.

인수자가 이런 항목들에 동의했다. 앞의 두 개 항목(직원들을 해고하지 않고 내가 머무는 기간을 단축시키는 것)은 우리가 선불금으로 받지 않은 금액만큼의 가치를 하고도 남았다. 무언가 요구하기를 두려워하지 마라. 일어날 수 있는 최악의 상황이라야 상대가 "싫다"라고 말하는 정도다.

팀에게 알리기
———

1달 뒤에 계약이 최종 마무리되었다. 인수의향서를 받고 자산매매계약서에 서명을 하기까지 6개월이 걸렸고, 우리가 매각 과정을 시작한 때로부터는 정확히 12개월이 걸렸다.

최종 서명을 받은 이후에 아내와 나는 입금을 간절하게 기다렸다. 내 온라인 은행계좌에 찍힌 숫자를 보고 하마터면 컴퓨터를 떨어뜨릴 뻔 했다. 돈을 받은 시점에 계약은 공식적으로 마무리된 것이었다. 은행계좌에는 1,790만 달러가 추가로 찍혔다.

가장 힘든 부분이 기다리고 있었다. 아내와 나는 숫자를 나눠서 팀원들 하나하나에게 전화를 걸어 이런 사실을 알렸다. 많은 보너스를 받았던 사람들은 보너스에 황홀해했지만, 그래도 여전히 그들과 다른 팀원 대부분이 안타까웠다. 그들은 이런 변화가 일어나기를 바라지 않았다. 최종 목표가 항상 매각이었다는 사실을 모두 알고 있던 터라 이 모든 일이 갑작스럽게 느껴지지 않았다는 점은 그나마 다행이었다.

계약 성사 이후로 지금까지 4년 이상이 흘렀다. 원래 팀원들 대부분이 여전히 콘텐츠 마케팅 연구소 직원으로 일하고 있다. 무엇보다 이 점이 내가 가장 감사하게 생각하는 부분이 아닐까 싶다. 우리가 옳은 일을 했다는 의미니까.

| 프리랜서에서 정직원으로 |

우리는 팀의 모든 직원에게 '1099 세금신고' 양식을 따르는 독립계약자 모델을 적용했었다. 매각 시점까지 회사에는 딱 두 명의 직원이 있었다. 아내와 나다. 처음 시작부터 매각 때까지 우리는 계약자들에게 부업을 하고, 일주일에 32시간 이상을 절대 일하지 말고, 세법을 준수하라고 독려했다. 인수자는 핵심 팀원들을 정규 직원으로 바꾸라고 요구했다. CMI 가치의 많은 부분이 팀에 있다고 생각했고, 핵심 팀원들을 잃고 싶지 않았던 것이다.

거래가 완결되기 전에 10여 명이 새 조직에서 복지 혜택을 받는 정규직으로 일하겠다고 동의해야 했다. 대부분이 기꺼이 동의했다. 특히 지속적인 건강보험 혜택을 바랐던 이들이.

여러 경우의 수를 생각하라

삶에서 어려움이 직면한 어떤 상황에서든 세 가지 선택이 있다.
상황 벗어나기, 상황 바꾸기, 혹은 상황 받아들이기.

_ 필 맥그로 Phil McGraw

모 아니면 도인 상황은 결코 아니다. 사업의 미래와 창조적인 일을 할 경제적인 자유를 찾는 문제라면, 다양한 선택이 가능하다.

2000년 넷플릭스는 구독자들에게 우편을 통해 영화 DVD를 배송하는 2년 된 소규모 스타트업이었다. 그해 넷플릭스에는 직원 100명, 구독자 30만 명이 있었고, 5,700만 달러의 손실을 보았다.

넷플릭스는 매각에 필사적이었다. 넷플릭스 창업자들은 당시 9,000곳에 점포를 가지고 있던 60억 달러 규모, 비디오 대여 체인점 블록버스터Blockbuster와 인수 가능성을 두고 교섭을 벌였다. 넷플릭스는 블록버스터에 회사를 넘기는 대가로 5,000만 달러를 요구했다.

블록버스터는 거절했다. 그래서 넷플릭스는 주식시장에 상장하기로 했다. 오늘날 넷플릭스는 대략 2,500억 달러 가치 평가를 받는다. 한편 오리건주 벤드에 마지막 남은 블록버스터 점포가 있다.

사업 일부 매각

회사를 매각할 때 반드시 전부 아니면 전무일 필요는 없다. 카피블로거 브라이언 클라크는 우리 부부가 CMI를 매각한 방식과 다르게 자신의 목표 달성을 위해 회사의 부분을 매각했다. 브라이언에 따르면 다음과 같다.

스튜디오프레스StudioPress는 우리 회사의 워드프레스 부서였습니다. 거기에는 제네시스 프레임워크Genesis Framework를 이용한 웹디자인, 워드프레스 호스팅 등이 포함되었습니다. 이상 전부를 WP 엔진Engine에서 인수했는데 그곳은 워드프레스 호스팅 회사였습니다. 다른 부서는 레인메이커Rainmaker라고 불렸는데, 레인메이커 플랫폼, 스크라이브Scribe, 그리고 모두 해당 플랫폼에 수반되는 잡다한 소프트웨어 등을 포함하는 SaaS 제품군이었습니다. 레인메이커는 CMS, 즉 우리 회사 자체 콘텐츠 관리 시스템이었고, 스튜디오프레스는 워드프레스를 활용해 한층 쉽고 보기 좋은 외관을 만들려는 사람들을 위한 것이었습니다.

나는 서비스 사업은 더 이상 하고 싶지 않았습니다. 온라인 사업을 하고 싶었습니다. 카피블로거를 시작했을 때 직원을 두고 싶지 않았습니다. 나는 세계 지배 따위를 꿈꾸는 것이 아니었습니다. 그저 행복하고 싶었고 돈을 벌어

가족을 부양하고 싶었습니다.

10년을 정신없이 살다보니 문득 65명의 직원을 거느린 수천만 달러 규모 회사를 가지고 있었습니다. 내가 의도한 것은 아니었습니다. 하지만 해가 갈수록 우리는 계속 성장했고, 계속해서 새로운 제품을 개발했고, 계속해서 돈을 벌었고, 그러다 보니 수천만 달러 매출을 올리는 회사가 되어 있었습니다. 수천만 달러 회사에 진입하면 갖가지 이유로 모든 것이 바뀐다고 합니다. 창업자들에게 이런 이야기를 여러 차례 들었습니다. 말하자면 우리는 그런 단계에 도달해 있었습니다. 간접비가 증가하고 문득 생각보다 훨씬 큰 조직에 있는 자신을 발견합니다. 우리는 사모펀드 투자를 받을지 매각을 할지 방향을 정해야 하는 상황에 직면했습니다. 나는 사모펀드 지분에는 전혀 관심이 없었습니다. 아이들이 고등학교에 다니고 있었고 함께 보낼 시간이 몇 년 남지 않은 상황이라 다른 누군가의 투자에 대한 보상을 하느라 그 귀한 시간을 희생하고 싶지 않았습니다. 그래서 그동안 우리에게 구애를 해오던 이들과 논의에 돌입했고, 그렇게 매각이 이루어지게 되었습니다.

지적 재산

———

브라이언은 지적 재산IP에 대해서 다음과 같이 조언한다.

협상 진행, 실사 진행에 완벽하게 대비하기란 불가능합니다. 말하자면 그동안 키워온 자기 자식의 모든 것을 누군가가 평가하게 하는 것은 사람을 겸손하게 만드는 경험입니다. 그래도 스스로를 다잡으며 최대한 빈틈없이 준비했습니다. 법적인 측면, 재무기록, 이런 모든 것에서 제대로 단추를 채우지 않았을 경우 일어날 일을 알고 있었기에, 항상 그런 부분을 깊이 유념하고 있었습니다.

나는 지적 재산에 엄청나게 엄격했습니다. 인수합병에서 가장 중요한 부분이기도 하지요. 그러므로 거기에 각별한 주의를 기울이고, 변호사를 고용해 확실하게 챙겨야 합니다. 예를 들어 표준 법률에 따르면, 직원이 무언가를 만들어내면 회사가 그것을 소유합니다. 그러나 그보다 바람직한 관행은 직원들 각각이 모든 지적 재산권을 회사에 양도하게끔 하는 것입니다. 우리는 일부는 그렇게 했지만 전체를 그렇게 하지 않았습니다. 그래서 실사가 진행되는 기간에 다시 작업을 해야 했습니다. 일부 직원이 이미 회사를 떠난 상황에서 그런 작업을 한다는 것이 얼마나 스트레스 받는 일인지 아는 분은 아실 겁니다. 다행히 우리는 떠난 직원들과 좋은 관계를 유지하고 있었기에 큰 문제는 없었습니다.

벤처 캐피털 도움을 받을 때 주의점

시장조사 소프트웨어 회사 스파크토로 창업자 랜드 피시킨Rand Fishkin은 콘텐츠 비즈니스의 좋은 사례이자 SEO 조사 툴인 모즈Moz(예전 명칭은 SEO-Moz)의 창업자이기도 하다. 새로운 스타트업에 임하면서 랜드는 벤처 캐피털 돈을 멀리하는 구조로 재무모델을 바꾸고 있다. 랜드의 말을 들어보자.

나는 이전 경험, 특히 썩 좋지 않았던 모즈에서 경험을 감안하여 스파크토로의 구조를 어떻게 가져갈지 장시간 치열하게 고민했습니다. 그러다 보니 장기적인 출구 전략까지 고려하게 되었습니다. 모즈는 벤처 캐피털의 지원을 받았습니다. 모즈는 구조적으로 1억 달러 이상의 출구 전략 비용이 필요했고, 심지어 그때도 투자자들에게 가치가 있고 수익성이 있으려면 3억 달러가 넘는 금액이 필요했습니다. 그렇다 보니 모즈가 5,000만 달러 매출을 지속적으로 올린다는 목표에 도달했는데도, 성장률을 올리지 못하기 때문에 이러지도 저러지도 못하는 회사가 되었습니다. 벤처 캐피털 세계에서는 성장률이 매각을 통한 출구 전략으로 이어지는 진정한 동인이기 때문입니다.

스파크토로를 하면서 나는 우리 팀과 투자자 모두에게 성공적인 결과를 가져다주기 위해 출구 전략에 많은 금액이 들지 않은 기업 구조를 만들고 싶었습니다. 그래서 아주 독특한 자금 조성 시도를 했습니다. 딱히 맞는 명칭은 없습니다. 우리는 그냥 스파크토로 펀딩 스트럭처StartkToro Funding Structure라고 부릅니다. 스파크토로는 기본적으로 유한회사입니다. 투자자들은 구성단위들을 소유합니다. 그리고 수익이 나면 나누어 가집니다. 만약 우리가 회사를 매각한다면, 투자자들은 지금 회사에서 가지고 있는 만큼 소유지분을 얻거나 돈을 돌려받습니다. 더 큰 쪽을 선택하면 되는 것이지요.

스파크토로는 우리 투자자 포트폴리오에서 최고 실적을 올리는 회사 중에 하나가 되었습니다. 우리가 1년에 200만 달러를 벌든, 2,000만 달러를 벌든, 2억 달러를 벌든 말입니다. 왜냐면 회사가 매년 수익에 따라 배당을 주니까요. 벤처 캐피털 자산은 그렇지 않지요. 나는 여기서 새로운 길을 찾는 개척자가 되고 싶습니다. 스파크토로를 가지고 다양한 부류의 다른 창업자들이 사업 자금 조성에 활용할 수 있고, 투자자들도 신명날 수 있는 그런 구조를 만들고 싶습니다. 전통적인 벤처 말고도 훨씬 다양한 가능성들이 있다고 믿으니까요.

예를 들어 당신과 내가 모즈 주식을 가지고 있다고 해봅시다(랜드와 그의 아내는 실제로 지금까지 모즈 주식의 18퍼센트를 가지고 있다). 이론적으로, 서류상 우리는 많은 돈을 가지고 있습니다. 하지만 그 자산은 현금화하기 쉽지 않습니다. 누군가 사주기 전까지 주식은 아무런 가치가 없습니다. 그런데 나는 지금 모즈 주식을 다른 사람에게 팔 수가 없습니다. 사려는 사람이 없으니까요. 내가 가진 순자산 가치는 월급에서 저축한 금액이고, 주식은 판매 전까지는 가치가 없습니다. 투자자들에게도 마찬가지지요. 누가 알겠습니까? 향후 몇 년 뒤, 혹은 10년 뒤가 어떤지. 모즈가 다시 성장 방법을 찾아서 누군가 구매하고 싶은 그런 상태가 될 수도 있을 겁니다. 그러나 현실적으로 그런 일이 영원히 일어나지 않을 수도 있습니다. 모즈가 매년 은행에 500만 달러에서 1,000만 달러 거금을 넣을 만큼 수익성이 있다 해도, 그 돈은 어디로도 가지 못합니다.

만약 당신과 내가 모즈를 완전하게 소유하고 있다면 우리는 결정을 내릴 수 있습니다. "이봐, 성장률이 1년에 5퍼센트에서 10퍼센트에 불과하지만 그게 뭐가 중요해? 수익률이 엄청 좋아서 우리가 각각 1년에 500만 달러씩 가져가는데." 그렇지만 벤처 캐피털의 지원을 받으면 사실 그런 선택이 불가능합니다. 스파크토로가 그렇게 성공적인 이유는 1년에 매출을 200만 달러밖에 올리지 못해도, 비용이 1년에 50만 달러가 안돼서 매년 투자자들에게 지급할 이익이 150만 달러가 되기 때문입니다. 우리 투자자들은 회사 매각 없이도 투자금의 10배의 보상을 받았습니다.

바로 이것이 핵심이고, 나와 브라이언 클라크, 랜드 피시킨이 그동안 경험을 통해 배운 것이다. 기업에 자금을 제공하고 원하는 경우 거기서 빠져나오는 가장 좋은 방법은 처음부터 어떤 외부 자금도 받지 않는 것이다. 둘째, 만약 돈을 받아야 한다면, 가족, 친구, 혹은 소규모 개별 투자자들에게 요청하라. 셋째, 무슨 일이 있어도 콘텐츠 비스니스 모델에서 벤처 캐피털의 투자를 피하려 노력하라. 랜드의 경우 그가 받은 벤처 캐피털 자금이 성공적인 출구 전략 실행을 가로막았다. 말하자면 그는 자신의 회사에서 언제 나갈지를 결정할 수 없었다.

가치평가

———

콘텐츠 기업이 얼마의 가치를 갖는가에 대한 답은 간단하다. 누군가가 매수 비용으로 기꺼이 지불하려는 금액이다. 웃기려고 이런 말을 하는 것이 아니다. 그동안 나는 구매자들이 어떤 경우에는 미디어 회사에 엄청난 프리미엄을 지불하고, 어떤 경우에는 거의 아무것도 지불하지 않는 사례를 여러 번 목격했다.

대형 상장 미디어 회사의 가치평가는 매출의 2배에서 4배 사이이다. 넷플릭스와 디즈니는 4배를 상회하는 반면, AMC 네트웍스Networks와 뉴스 코프News Corp 2배 이하로 떨어졌다(도표 22.1 참조).

시총 상위 미디어 회사들의 매출 대비 주식 가치					
프리미엄(높음)>4		프리미엄(중간) : 2~4		프리미엄(낮음)<2	
넷플릭스	7.4	디스커버리	3.4	비아콤CBS	1.8
디즈니	4.6	컴캐스트	2.9	AMC 네트웍스	1.7
		뉴욕타임스	2.7	메레디스 코퍼레이션	1.5
		AT&T	2.6	라이온스 게이트	1.4
		폭스	2.2	뉴스 코퍼레이션	1.0
				개닛	0.7
				스카이 네트워크	0.8

출처 : 캐피털 IQ, 2019년 12월

도표 22.1 | 미디어 회사 가치평가는 결코 평등하지 않으며, 이런 상황이 벌어지는 데는 여러 이유가 있다.

비상장회사들이 매매될 때는 금액은 천차만별이다. 〈월스트리트저널〉과 〈피치북PitchBook〉에 따르면 스포티파이는 (팟캐스트 회사) 김렛Gimlet을 매출의 15배를 주고 인수했다. 즉 매출 1,500만 달러에 대해 인수자금 2억 3,000만 달러를 지불했다. 팝슈가PopSugar는 그룹 나인Group Nine에 매출의 3배에 매각된 반면, 플루토Pluto TV는 비아콤Viacom에 매출의 2.3배에 매각되었다.

소규모 미디어와 콘텐츠 기업들은 상대적으로 낮게 평가되는 경우가 많다. 이런 회사의 가치는 매출, 이익, 그리고 정확히 무엇을 판매하는가에 따라 달라진다. 공을 주고받는 협상 끝에 우리는 결국 콘텐츠 마케팅 연구소를 매출의 대략 2.5배, 순수익의 10배 정도에 매각했다. 우리는 주로 행사 회사였기 때문에 (회사 매출의 대부분은 유료 행사 등록과 후원에서 나온다) 그것이 우리와 예비 매입자 사이에 합의된 가치평가였다.

콘텐츠 매출 모델을 설명한 18장으로 돌아가 보면, 구독과 행사 매출에 따라 더욱 높은 배수를 받을 수 있다는 내용을 볼 수 있다. 상대적으로 향후 예측이 용이한 매출 흐름이기 때문이다. 온라인 교육에 대한 가치평가는 SaaS 모델과 비슷하다. SaaS 모델의 경우 대략 매출의 8배 정도로 보인다. 넷플릭스와 카피블로거 프로 같은 회원제 모델은 (슬랙이나 세일즈포스 같은 모델과 유사하게) 자동으로 월간 또는 연간 결제가 되기 때문에 좋은 가치평가를 받는다.

광고나 후원에서 대부분의 매출이 나오는 기업은 낮은 가치평가를 받는다. 몇 해 전에 나의 동료는 매출의 1배를 받고 인쇄 잡지 자산을 매각했는데, 다른 친구는 보통 행사당 100명이 참석하는 지역 행사 기업을 매출의 1.25배를 받고 매각했다. (후원 같은) 당장 가능한 매출에서 시작하는 것은 전적으로 좋다. 그러나 콘텐츠 비즈니스 모델은 언제나 예측 가능성이 높은 매출 흐름으로 나아가려고 노력해야 한다.

B2C냐 B2B냐가 중요한 것처럼 산업도 중요하다. 미디어 인수합병 및 마케팅 컨설턴트 존 블로딘John Blodin은 조언하는 회사들의 가치를 평가하는 데 에비타EBITDA(이자비용, 세금, 감가상각비, 무형자산상각비를 차감하기 전의 이익)를 활용한다. 존의 설명을 들어보자.

오스트레일리아와 뉴질랜드 내에서, 합리적인 B2C 기업은 에비타의 5배에서 25배까지 받습니다. 세간의 이목을 끄는 기업은 당연히 배수가 높습니다. B2B 미디어 업체의 경우, 예전에는 가치가 에비타의 3배에서 5배를 받았습니다. 그러나 지난 5년 동안 나는 대여섯 곳을 에비타의 0.85에서 1.75배 기준으로 1백만 달러 이상에 매각했습니다. 한 곳은 그곳의 데이터베이스와 디지털 브랜드들이 자신들의 회사에 가치가 있다고 생각한 여행 회사에 매각되기도 했습니다. 그 회사는 새로운 주인이 기존 경영진의 채무를 떠안는 조건으로 1달러에 매각되었습니다. 그래도 거래는 거래지요. 결국은 해당 분야에 관심이 있고 해당 모델의 긍정적인 측면을 인정해주는 매수자를 찾는 것이 관건입니다.

이상을 종합하면 콘텐츠 기업은 매출의 1배에서 3배 사이 어디쯤에서 가치평가를 받아야 하며, 타당한 초기 가치평가는 2배에서 2.5배 정도라는 뜻이다. 만약 에비타를 본다면, 인기가 없는 분야, 혹은 반복 매출 모델이 아닌 경우는 5배, 반복 매출 모델일 경우 10배에서 15배를 생각하라. 우리 회사를 매각하기 전에 아내와 나는 콘텐츠 기업의 기본 가치평가로 매출의 2배(즉 에비타의 8배에서 10배)를 사용했다. 1,500만 달러라는 우리 매각 목표를 맞추려면 2015년에는 매각이 불가능하다는 것을 우리는 알고 있었다. 2014년 회사 매출이 680만 달러(에비타의 2배면 매각 비용이 대략 1,400만 달러가 될 것이다)였다. 우리는 꼬박 1년을 기다려 2015년 최종 매출 숫자(대략 900만 달러)를 확인했다. 이어 계산기를 두드렸고 만족할 만한 가격 범위 내에서 제안을 받을 수 있겠다는 판단을 내렸다.

길은 하나가 아니다

―

반드시 매각할 필요는 없다. 일단 콘텐츠 비즈니스 모델을 구축하면 다른 여러 선택권이 생긴다. 앞서 이야기한 것처럼 〈안트러프러너 온 파이어〉의 창업자 존 리 뒤마는 나와는 다른 결정을 내렸다. "우리는 월급이 3,000달러 이하인 세 명의 가상 비서가 있고, 순이익률이 70퍼센트가 넘고, 매년 200만 달러의 매출을 유지하고 있습니다(푸에르토리코는 총세금이 4퍼센트에 불과하다). 나는 콘텐츠 기업을 만들기보다는 오히려 생활방식 설계에 초점을 맞추고 싶습니다. 행복, 건강, 자유가 중심이 되는 생활방식 말입니다."

존은 이런 바람을 현실화하기 위해 여러 결정을 내렸다. 푸에르토리코로 이사를 하고 가상 비서들을 두는 것을 포함하여. 현재 뒤마의 손익계산서(그는 이것을 공개한다)에 따르면, 그의 사업은 돈을 찍어내고 있다고 말해도 좋을 만큼 수익성이 좋다.

덴마크의 지속가능한 화장품 브랜드, 마일드는 노르웨이와 독일의 주요 소매업체와 파트너십을 구축하면서 규모를 키우는 쪽을 선택했다. 마일드의 목표는 자사 제품을 전 세계로 내보내는 것이다.

〈유어 브레인 밸런스〉의 샬로트 라비도 절대 매각할 생각이 없다. "회사를 팔면 제 사명을 잃게 됩니다. 나는 앞으로 60년 이상 살 겁니다. 그러니 앞으로 60년 동안 이 일을 할 수 있다면 정말 행복할 겁니다."

장-바티스트 뒤켄은 750g을 2회에 걸쳐 매각했다. 2013년 20퍼센트를, 2016년에 나머지를 매각하는 방식이었다. 현재 뒤켄은 2021년에 새로운 다국적 브랜드를 시작한다는 목표를 세우고, 750g 인터내셔널750g International(그룹 SEB 미디어Groupe SEB Media에서 이름을 바꾼 것이다)을 운영하며 행복한 시간을 보내고 있다.

〈베어풋 시어리〉의 크리스틴 보어는 살짝 속도를 늦출 계획이다. 자기가 하던 작업의 많은 부분을 정규직 직원들에게 넘겼다. 회사에 계속 관여하고 싶지만, 지평선 너머에 무엇이 있는지를 보고 싶기도 하니 두 가지를 동시에 하기 위해 택한 방법이다.

에이전시 매니지먼트 인스티튜트의 CEO 드루 맥렐런은 변화를 줄 계획이다. "이제 나는 회사를 자산으로 생각하기 시작했습니다. 누군가가 전체를 한꺼번에 혹은 분리해서 구매할 수 있는 다양한 자산들을 가지고 있는 것이지요. 따라서 지금 나는 회사를 단순한 일터에서 향후 매각이 좀 더 용이한 형태로 바꾸는 노력을 하고 있습니다."

모든 콘텐츠 비즈니스 모델은 각기 다른 계획을 가질 수 있다. 그러나 어떤 형태든 계획을 가지고 시작되어야 한다는 데는 차이가 없다.

번아웃 관리하기

〈게임 이론〉의 매슈 패트릭은 지난 2년 동안 출구 전략, 장기적인 목표, 장기적인 가능성을 생각하며 보냈다.

매슈가 콘텐츠 비즈니스에서 진심으로 우려하는 것은 신체적·정신적으로 모든 에너지가 소모되어 마치 방전된 것처럼 무기력한 상태가 되는 번아웃bunrout이다.

콘텐츠 제작자들은 주간에 비디오 하나, 어쩌면 매주 일곱 개의 영상을 만들고 있습니다. 8년, 9년, 혹은 10년 넘는 대부분의 기간에 한 치의 어긋남도 없이 말입니다. 우리도 그렇지요. 〈게임 이론〉은 8년 동안 쇼의 형태로 진행되었고 우리는 거의 한 주도 빠뜨린 적이 없습니다. 에피소드 하나가 만들어지기까지 수백 시간이 걸리는 상황에서 지칠 수밖에 없는 일이죠. 지난 2년 동안 제작자들의 번아웃에 대한 공개적이고 솔직한 이야기들을 많이 보았습니다. 뭐 이런 거죠. "이봐, 나는 콘텐츠 러닝머신 위에서 뛰고 있어. 휴식이 필요해. 아이디어가 바닥났어. 기진맥진이라고."

사람들은 처음 시작할 때는 먹고살 만큼, 거기에 도달할 정도의 팔로어를 모으면 좋겠다고 생각합니다. 최종 목표가 무엇인가에 대해서는 결코 생각하지 않습니다.

매슈는 역사상 가장 위대한 콘텐츠 비즈니스 모델 사례 중에 하나로 꼽히는 스모쉬닷컴을 보며 영감을 찾는다. 창립자들은 이제 그만 회사를 떠나고 싶었다. 따라서 그들은 서너 해에 걸쳐 천천히 다른 멤버들을 뽑아 앉혔다. 새로 뽑힌 이들은 조연에서 시작했고, 오디언스는 서서히 그들에게 친숙해졌다. 시간이 흐르면서 조연이 주연이 되었다. 계획은 효과적이었고, 두 명의 창립자는 성공적으로 회사를 떠날 수 있었다.

이렇게 성공적으로 마무리하는 데는 여러 해에 걸친 계획이 필요하다. 매각 과정이 시작되기 전부터 아내와 나는 항상 나한테 초점을 맞추기보다 팀 전체가 조명을 받을 수 있게 노력했다. 매각할 무렵이 되자 나는 최소한의 콘텐츠만을 제작했고, 덕분에 콘텐츠 제작에 눈에 띄는 변화가 없어서 오디언스는 걱정할 필요가 없었다.

성공적으로 떠나기 위해 매슈는 다음 말을 되풀이하며 의지를 다지고 있다. "출구 전략에 대한 고민을 몇 년 미리 시작해야 하고 그 목표를 향해 나아가야 합니다. 만약 제대로 계획을 세우지 않으면, 당신이 나오자마자, 모두가 함께 나와 버릴 겁니다."

Content INC.

지식이란 계속해서 개선되고 도전받으며 지속적으로 늘어나야 한다.
그렇지 않으면 사라지고 말 것이다.
_ 피터 드러커 Peter Drucker

PART 9

성공을 위한 마지막 조언

지금까지 성공적인 콘텐츠 기업을 구축했다.
이런 동력을 계속 유지하려면 이제 무엇을 해야 할까?

23

모두 통합하기

그 길을 계속 갈 생각이라면, 결코 뒤돌아보지 마라.
_ 헨리 데이비드 소로Henry David Thoreau

500만 달러 자산을 만드는 데 5년이 걸린다면, 10년 뒤에 콘텐츠 비즈니스 모델로 무엇을 이룰 수 있을까?

성공에 맞는 정해진 일정표 같은 것은 없다. 있었으면 얼마나 좋을까마는. 나는 2007년 4월에 콘텐츠 비즈니스 여정을 시작했고, 2009년 9월에 계속할 인내심이 바닥났다고 느꼈기 때문에 거의 포기할 뻔했다. 다행히 아내에게 몇 달 더 애써보겠다고 약속하고 계속했다. 2010년 5월 오디언스 숫자가 쑥쑥 커지기 시작했고, 회사를 계속 운영할 만큼 안정적인 후원을 확보할 수 있다. 이후 3년 동안 우리는 〈잉크〉 잡지가 선정한 '초고속성장 비상장 회사 500'에 이름을 올렸다. 그리고 2016년 회사를 거의 3,000만 달러에 매각했다.

처음 창업을 하고 5년 뒤인 2012년에 우리 회사는 500만 달러 가치평가를 기록했다. 엄청난 성공은 아니지만 나름 괜찮은 실적이라고 생각된다. 이 책을 준비하는 과정에서 인터뷰했던 콘텐츠 기업 사례 대부분이 창업 5년 뒤에 200만 달러에서 1,000만 달러의 가치에 도달했다.

콘텐츠 비즈니스 모델 일정표

—

과거 10년에 걸쳐 수백 곳의 콘텐츠 기업들의 사례들을 만든 다음 도표를 보면 자신의 과정이 얼마나 걸릴지를 가늠하는 데 도움이 된다.

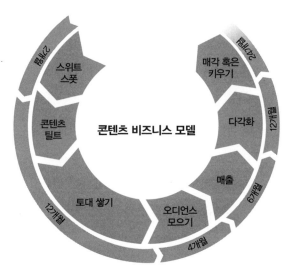

도표 23.1 | 콘텐츠 비즈니스 모델

각각의 단계를 좀 더 자세히 살펴보도록 하자.

스위트 스폿과 콘텐츠 틸트 : 2개월

스위트 스폿을 찾고 콘텐츠 틸트 테스트를 시작하는 데 몇 개월 정도가 걸린다. 콘텐츠 마케팅 연구소의 경우 콘텐츠 마케팅이라는 틸트 찾기는 금방이었다. 그러나 대기업 마케팅 전문가들에게 초점을 맞추는 방향으로 수정하는 데는 서너 해가 걸렸다. 이렇게 초점을 수정한 것은 일종의 고속 기어를 넣어 모델을 최고 상태로 만드는 효과를 냈다.

토대 : 12개월

처음 두 달은 플랫폼들을 이것저것 테스트해보는 것이 좋다. 최소 6개월이 되면 핵심 플랫폼을 결정해야 한다. 이후 6개월은 오디언스를 최대한 확보할 수 있는 방향으로 콘텐츠 계획, 빈도, 구독 옵션 등을 정해야 한다.

오디언스 구축 : 4개월

일단 토대가 마련되어 제대로 운영되면, 모든 에너지가 개인정보 수집에 동의한 구독자들을 모으는 데 맞춰져야 한다. 서비스 제공을 통한 이메일 확보에 집중하라. 토대가 소셜 미디어 플랫폼에 구축되었다면 특히나 그렇다. 토대는 잘 돌아가지만 아직 매출을 일으킬 만큼 규모 있는 혹은 집중된 오디언스를 확보하지는 못했을 가능성이 높다.

매출 : 6개월

마음이야 가능한 한 빨리 매출을 올리고 싶겠지만 매출 방안들은 대략

18개월이 돼야 모습을 드러내는 것 같다. 이 기간을 최선의 매출 방안을 파악하는 데 활용하고, 처음 몇 달 동안은 다른 매출 방안을 모색하지 말고 한 가지에 전념하라. 집중이 핵심이다.

다각화 : 12개월

이제 잘 굴러가는 핵심 플랫폼이 있으니 추가 확장을 통해서 사업모델의 위험을 낮춰야 한다. 자연스러운 확장도, 콘텐츠 자산 매입도 가능하다. 다각화에 가장 좋은 시점은 대략 2~3년이다.

매각 혹은 키우기 : 24개월

이와 관련된 일정표는 전체 목표와 출구 전략에 따라 달라진다. 아직 그런 작업을 해두지 않았다면, 최소한 다각화 단계에 깊이 들어간 뒤에는 문서화된 출구 전략을 마련해야 한다. 여기까지 했다면 여러분은 진정으로 가치 있는 기업을 가지고 있을 가능성이 높다. 향후 다른 누군가에게 귀중한 가치를 지니거나, 아니면 장래에 여러분 자신에게 소위 '라이프스타일 기업'으로 어렵지 않게 고수익을 가져다줄 그런 기업을.

단 한 단어 : 인내

인내심을 가져라.

내가 완전히 실패자라고 좌절했던 시점과 성공을 약속해주는 어떤 것을 시작한 시점 사이에는 불과 9개월의 기간밖에 없었다. 지금 와서 생각해보면 그때 포기하고 사람들이 말하는 '어엿한' 일자리를 찾는 편이 훨씬 쉬웠을 것이다. 하지만 그렇게 하지 않아서 정말 다행이라고 생각한다. 나의 콘텐츠 비즈니스의 결과물은 내 꿈을 이루어주었다. 내가 인내심을 가지지 못했다면 어느 것도 이루지 못했을 것이다.

나는 추호의 의심 없이 콘텐츠 비즈니스 모델이야말로 사업을 시작할 최고의 방법이라고 굳게 믿는다. 그렇다. 이 모델은 분명 다르다. 누군가는 이상하다고 말할지도 모르겠다. 하지만 세상이 주목할 신상품 아이디어가 하늘에서 뚝 떨어지기만을 기다리며 손 놓고 있는 것보다 훨씬 괜찮은 전략이다. 골리앗과 싸워 이긴 다윗이 되어라. 사실 다윗은 모두가 골리앗과 같은 방식으로 싸워야 한다는 사람들의 욕구와 싸웠다(결국 졌으면서도 사람들은 자꾸 같은 방식만 고집했다). 남들과 다른 길을 걸어라. 그리고 자신의 성공 가능성을 높여라.

어떤 선택도 하기 힘들 때

———

콘텐츠 비즈니스 모델을 따라 사업을 진행하는 동안 뭔가 예상과는 맞아떨어지지 않는다고 느끼는 순간이 분명 있을 것이다. 충분히 그럴 만하다. 사업을 시작하는 방법으로서 콘텐츠 창업과 사업 운영은 대다수 사람들에게는 그동안 써보지 않은 낯선 근육과도 같다. 오랫동안 대중매체를 통해 소통하는 것에 익숙해진 상태에서 이제는 직접 고객들에게 우리 상품이나 서비스의 가치를 어떻게 전달할까를 고민해야 하기 때문이다.

사업이 제대로 되지 않아 고전 중이라면 이번 장을 다시 한 번 읽어보길 바란다. 어려움을 겪는 이유는 아마도 아래와 나온 사례들 가운데 하나일 것이다.

- **이기적인 콘텐츠 마케팅.** 자신의 상품이나 서비스를 자랑하는 일은 멈추어라. 오디언스의 고충을 해결하거나 욕망을 어루만질 콘텐츠를 만들어내라. 그렇게 할 때 비로소 오디언스 확보라는 목표도 이룰 수 있다.
- **도중에 멈추기.** 콘텐츠 마케팅이 실패하는 가장 큰 이유는 도중에 멈추거나 꾸준함이 부족하기 때문이다. 기억하라. 여러분이 제공하는 콘텐츠는 오디언스에 대한 약속과 같다. 여기서 소개한 성공사례들을 보라. 그들이 성공한 가장 큰 이유는 바로 결코 멈추지 않고 놀랍고도 설득력 있는 콘텐츠를 꾸준히 생산하여 오디언스에게 전달했기 때문이다.
- **오디언스 없는 사업 활동.** 오디언스를 확보하지 않은 채 여기저기서 사람들이 여러분의 콘텐츠를 공유하게 하고 이런저런 활동에 참여시켜봐야 그다지 의미가 없다. 기업들이 저지르는 가장 큰 실수는 콘텐츠 제작 및 배포를 통해 오디언스를 확보할 계획을 미리미리 세우지 않는 것이다.
- **홍보 부재.** 콘텐츠에 너무 많은 시간과 자원을 쏟고 콘텐츠를 홍보하는 데는 충분한 관심을 기울이지 않는 것은 아닌가?
- **뚜렷한 관점의 부재.** 관련 업계에서 전문가로 자리매김하기 위해서는 자신만의 뚜렷한 관점이 있어야 한다.
  입장을 분명히 하라. 기회주의적 태도로 관망하는 것은 의미 없다.

무엇보다 그런 방식으로는 성공할 수 없다.

- **절차 없는 혼돈**. 나는 이런 상황을 매일 본다. 대강의 시나리오는 이렇다. 마케팅 전략으로 광고 배치 이야기가 한창인데, 누군가 블로그나 백서에 대해 묻는다. 사람들은 두서없이 허둥댄다. 누군가 콘텐츠를 얻겠다며 밖으로 뛰어나간다. 콘텐츠를 어떻게 개발하고 재목적화하고 유포할지 모든 '절차'를 미리 계획하라.

- **CTA는 어디에**. 콘텐츠 요소요소마다 여러분이 오디언스에게 기대하는 행동을 촉구하는 메시지, 즉 CTA를 배치하라. 제작하는 콘텐츠 하나하나를 보며 '왜 만들지?'라는 물음을 던지면 어떨까? 이런 질문을 하다보면 어떤 CTA을 넣어야할지, 아니면 목적이 없으니 아예 콘텐츠를 버려야할지 저절로 알게 될 것이다.

- **내부직원 간과**. 콘텐츠 마케팅에서 보유한 잠재력에 비해 실제 활용도가 가장 낮은 자산을 꼽으라면 내부 직원들의 전문성이 아닌가 싶다. 직원은 브랜드에 생기를 불어넣는 존재들이다. 콘텐츠 개발과 배포 과정에서 그들을 적극적으로 활용하라. 잘 아는 5퍼센트에서 출발하라. 그리고 그들의 성공담이 나머지 직원에게도 알려지게끔 하라.

- **딱 한 마디로, 편집**. 어쩌면 편집은 콘텐츠 마케팅 과정에서 가장 저평가되고 있는 부분일지도 모른다. 많은 이들이 때로 콘텐츠 초안은 좋은 출발점이라고 불린다는 사실을 제대로 이해하지 못할 때가 있다. 편집자를 개입시켜라. 외부에서 도와줄 사람도 좋고, 내부 직원으로 채용해도 좋다.

이상의 여러 가지 중에 여러분의 콘텐츠 모델 발전을 가로막는 요인은 무엇인가?

| 충분히 위험을 감수하고 있는가? |

콘텐츠 창업과 비즈니스를 다루는 이 책의 개정판을 준비하면서, 나는 조 로 건과 콜린 오브래디 Colin O'Brady 사이의 인터뷰를 주의 깊게 들었다.

콜린은 지구력이 필요한 활동을 전문적으로 하는 운동선수다. 에베레스트산 등정, 남극대륙 횡단 같은 대다수 사람들이 하지 않는 활동을 한다는 것이 다. 인터뷰에서 그는 자신을 매료시킨 한 가지 아이디어를 언급했다.

콜린은 대부분의 사람들은 4점에서 6점 사이에서 살고 있다고 말했다. 그러 니까 10점 기준에서 1점은 최악의 날이고 10점은 최고의 날인데, 콜린은 대 부분 사람들이 결코 너무 높거나 너무 낮은 점수를 받지 않는다고 생각한다. 사람들은 그저 일상적인 것들을 하는 일상적인 하루하루를 산다. 그러나 생 각해보라. 4점은 최악의 날로 비하면 그렇게 참담하지 않다. 그리고 6점은 아주 훌륭하지도 않지만, 끔찍하지도 않다.

콜린은 이에 동의하지 않는다. 그의 표현을 빌리자면 사람들은 각자의 에베 레스트산을 추구하지 않는다. 콜린은 우리가 크고 위험한 생각과 목표를 추 구하면, 중간 점수를 받을 일은 거의 없다고 믿는다. 8점, 9점, 또는 10점을 받 을 때가 많을 것이다. 큰 위험을 감수했는데 실패하면 1점이나 2점을 받는다.

콜린의 말이 옳은가? 솔직히 나는 잘 모르겠다. 그러나 콜린의 말을 듣고 충 분히 위험을 감수하고 있는지를 스스로에게 묻지 않을 수 없었다.

나는 진심으로 위험을 감수하는 사람이다. 굳이 그럴 필요가 없는 상황에서 사업을 시작했고, 소설 집필에 문외한인 상황에서 소설을 썼다. 나는 이처럼 도전을 좋아한다. 이것들이 나한테는 콜린이 말한 큰 생각들이다. 그러나 이 제는 내가 충분히 위험을 감수하고 있는지에 대해 의구심을 갖기 시작했다.

주변에서 무언가를 기다리는 사람들을 많이 본다. 은퇴를 기다린다. 다음 휴일을 기다린다. 승진을 기다린다. 이런 모든 경우에 그들은 정말로 세상에 긍정적인 영향을 미치면서 4점에서 6점 사이에서 살고 있는가? 내가 답할 것은 아니지만 이런 모습은 내게 생각을 하게 만든다.

어쩌면 나는 충분히 감수하고 있지는 않을 수도 있다. 어쩌면 더할 수도 있으리라. 내가 특정 위험들을 감수하기를 두려워하는가? 1점을 너무 두려워한 나머지 10점을 향해 나아가기를 꺼리고 있는가?

콜린이 조 로건과 나누는 대화를 듣고 채 5분이 되지 않아 우연찮게 내 어수선한 책상에서 다음 문구를 찾아냈다. 미국 13대 대통령 캘빈 쿨리지Calvin Coolidge가 했던 말이다.

세상 무엇도 끈기를 대신할 수 없다. 재능이 대체할 수 없다. 재능을 가진 실패자들만큼 흔한 것도 없다. 천재성도 아니다. 보답 받지 못한 천재성이라는 말은 너무 흔해서 무슨 속담이 되다시피 했다. 교육도 그렇게 하지 못한다. 세상에는 교육 받은 낙오자들이 넘친다. 끈기와 결단력만이 전능하다. "끈기 있게 밀고 나가라"라는 구호는 지금까지도 그래왔고 앞으로도 언제나 인류의 문제들을 해결해줄 것이다.

다른 어떠한 변명도 용납하지 않기에 나는 이 구절을 좋아한다.

여러분이 자신의 모든 꿈을 실현하지 못하게 가로막는 것은 무엇인가?

실제 일어나기 전까지는 모든 것이 불가능한 법이다.

_ 넬슨 만델라Nelson Mandela

그럼에도 불구하고 앞으로

———

맞다. 어려움이 한두 가지가 아니다. 제대로 가고 있는지 확신이 서지 않을 때도 있을 것이다. 이런 어려움은 어떤 사업가, 혹은 중소업체 사장에게나 있는 자연스러운 현상이다. 하지만 진실은 이렇다. 지금까지는 충성도 높은 오디언스를 확보하려면 엄청난 비용이 들었다. 지금까지는 오디언스와 직접 소통할 채널이 없었다. 지금까지는 오디언스 역시 소통하고 친해지고자 하는 욕구가 없었다.

지금까지는 그랬다!

그러나 이 책에 나온 콘텐츠 비즈니스 모델을 읽고 따름으로써, 여러분은 변화를 만들어낼 기회를 갖게 되었다. 여러분의 삶, 가족과의 관계, 진로, 세상과의 관계, 이 모든 것에서 새로운 변화를 만들어낼 기회말이다. 부디 여러분이 지금 당장 기회를 잡고 뒤돌아보지 말고 전진했으면 한다.

24

콘텐츠 비즈니스 인사이트

혁명은 다 익어서 저절로 떨어지는 사과가 아니다.
떨어지게 만드는 것, 그것이 혁명이다.

_ 체 게바라Che Guevara

콘텐츠 비즈니스는 하나의 여정이다. 내 삶을 더욱 나은 방향으로 변화시켰던 여정. 나와 같은 일이 여러분에게도 일어나기를 바란다.

이 책은 좋은 시작점이 될 수 있지만 이것으로 충분하지는 않다. 여러분이 팔고 싶은 상품이 아니라 오디언스의 필요를 우선으로 시작하기 위해서 배우고 실천해야 할 것이 훨씬 더 많다. 플랫폼과 사업 모델이 계속해서 변함에 따라, 우리가 배우고 훈련해야 할 것도 달라진다.

이번 장은 콘텐츠 비즈니스 계획에서 여러분에게 영감을 주고 가르침이 되어 줄 자료들을 다루고 있다.

내가 보기에 도움이 되리라고 생각되는 자료들을 소개해보겠다.

- 콘텐츠 비즈니스 웹사이트 The Tilt. 책의 재판 작업을 마무리한 뒤에, 뭔가 허전하다는 생각이 들었다. 출판된 상태는 마음에 들었다. 모델도 문제가 없다. 하지만 그것으로 충분하지 않았던 나는 몇몇 친구들과 힘을 모아 더 틸트The Tilt. thetilt.com를 만들었다. 콘텐츠 비즈니스에 관심 있는 이들이 오디언스를 모으고 매출을 올리는 데 유용한 뉴스와 교육 사이트다. 우리는 일주일에 2회 뉴스레터를 보낸다.

- 〈콘텐츠 비즈니스〉 팟캐스트. 매주 월요일과 화요일에 나는 짧은 팟캐스트를 내보낸다. 항상 10분 이내로 진행된다. 실행 가능한 실용적인 내용을 다루려고 노력하는 편이다. 달리기 속도에 따라 다르겠지만, 5킬로미터 달리는 동안 대략 4편을 들을 수 있다. 애플 팟캐스트, 스포티파이, 스티처, 오버캐스트에 가서 "Content Inc."를 입력하면 된다.

- 〈디스 올드 마케팅〉 팟캐스트. 매주 금요일 아침 로버트 로즈와 나는 (말하자면) 독특한 방식으로 최신 마케팅 뉴스들을 다룬다. 공부하면서 동시에 즐기기도 했으면 하는 바람이다. 각각의 팟캐스트는 1시간 길이다. 이 사이트thisoldmarketing.site에 가면 모든 에피소드를 들을 수 있다.

- 조 폴리지가 보내는 〈더 랜덤 뉴스레터〉. 콘텐츠 비즈니스 모델과 관련된 통찰, 출판과 성공기법, 재무 관련 아이디어 등을 다룬다. 항상 여러분 삶을 바꾸기를 바라는 '아무거나 한 가지 One Random Thing'로 에피소드를 마무리한다. 격주 목요일에 뉴스레터를 발송하며, JoePulizzi.com에서 신청할 수 있다.

당신에게 영감을 줄 콘텐츠들

———

콘텐츠 비즈니스라는 여정을 시작해 앞으로 나아가다 보면, 지속적인 성장을 위해서는 훨씬 많은 자원과 통찰이 필요하다고 느끼는 단계에 이를 것이다. 도움이 될 만한 자료를 몇 가지 소개한다.

글쓰기

- 앤 핸들리의 〈토털 앤아키〉 뉴스레터와 《마음을 빼앗는 글쓰기 전략》. 글쓰기 실력 키우기에 최적이다.
- 브라이언 클라크와 카피블로거. 디지털 카피라이팅 연습에 더없이 유용한 사이트다.
- 사라 밋첼Sarah Mitchell과 타이프셋Typeset 블로그. 글쓰기와 카피라이팅 연습에 유용하다.

콘텐츠와 미디어 운영

- 리 진Li Jin 리는 〈패션 이코노미Passion Economy〉 운동의 선봉에 서 있다. 그녀는 네이선 배스체즈Nathan Baschez와 함께 〈민스 오브 크리에이션Means of Creation〉이라는 훌륭한 팟캐스트를 운영하고 있다. 또한 콘텐츠 제작자들에게 필요한 귀중한 기술 관련 자료를 제공하는 사이트sidehustlestack.co/도 운영하고 있다.
- 〈미디어 오퍼레이터A Media Operator〉. 제이콥 도널리Jacob Donnelly가 보내는 미디어 회사 운영 방법을 다루는 뉴스레터다.
- 사이먼 오언스Simon Owens. 사이먼은 다음의 사이트simonowens.substack.com에

서 다양한 콘텐츠 비즈니스 사례를 다룬다.

SEO/분석

- 앤디 크레스토디나Andy Crestodina와 〈오빗 미디어 스튜디오스Orbit Media Studios〉 블로그. 분석과 SEO에 대한 실용적인 팁을 제공하는 더없이 훌륭한 블로그. 앤디는 업계 블로그에 대한 흥미로운 조사연구도 진행한다.
- 윌 레이놀즈Will Reynolds와 시어 인터랙티브Seer Interactive. 윌은 검색엔진최적화에 대해 내가 상상도 못할 만큼 많은 것을 알고 있다.
- 마이크 머레이Mike Murray와 온라인 마케팅 코치. 나는 마이크와 15년 동안 일을 해오고 있는데 그는 결코 나를 잘못된 방향으로 이끈 적이 없다.

검색가능성

- 지니 디트리히Gini Dietrich와 스핀 석스Spin Sucks. 스핀 석스는 강력한 (비)홍보활동 블로그다.
- 리 오든Lee Odden과 톱랭크TopRank의 온라인 마케팅 블로그. 포괄적인 마케팅 블로그로도 훌륭하지만 온라인 검색가능성에서는 그야말로 최고다.
- 닐 샤퍼Neal Schaffer와 저서 《영향력의 시대Age of Influence》. 나는 이 인플루언서 마케팅 저서를 미리 살펴볼 기회가 있었다. 구매할 가치가 충분하다.

콘텐츠 마케팅

- 제이 아컨조와 〈마케팅 쇼러너스〉. 〈마케팅 쇼러너스〉는 디지털 비디오 쇼나 팟캐스트 운영에 도움을 받을 수 있는 훌륭한 자료다.

- 로버트 로즈. 그는 콘텐츠 마케팅 분야에서 가장 똑똑한 사람이고 아마도 대기업을 고객으로 하는 대표적인 콘텐츠 마케팅 컨설턴트라고 말할 수 있을 것이다. 로버트와 나는《킬링 마케팅Killing Marketing》을 공동으로 집필했다. 대기업에서 마케터로 일하는 사람이라면 이 책이 더없이 좋은 자료가 되리라 생각한다. 우리가 진행하는 팟캐스트도 들어주시길 바란다.

- 브리타니 버거Brittany Berger의 블로그https://www.brittanyberger.com/blog/. 브리타니는 적은 콘텐츠로 더 많은 효과를 내자는 아이디어 홍보에 적극적이다. 정말 마음에 든다!

- 멜라니 디젤Melanie Diezel.《더 콘텐츠 퓨얼 프레임워크The Content Fuel Framework》라는 놀라운 저서를 읽어보라.

- 앤드루 하넬리Andrew Hanelly. 앤드루의 회사 레브메이드Revmade에서 발송하는 마케팅 이메일 뉴스레터는 정말 최고다.

- 데니스 쉬아오Dennis Shiao. 데니스는 업계 최고의 마케팅 컨설턴트 중에 하나다.

콘텐츠 전략

- 마고 블룸스테인Margot Bloomstein의 블로그.《일터에서 콘텐츠 전략Content Strategy at Work》이라는 저서가 있다.

- 아델 레벨라와 바이어 페르소나 인스티튜트Buyer Persona Institute. 구매자 페

르소나_{buyer persona}에 관해서는 업계 최고다.

- 안드레아 프라이리어_{Andrea Fryrear}. 시장 변화와 소비자 트렌드 및 요구에 빠르고 민첩하게 반응하고 대처하는 마케팅을 의미하는 '애자일 마케팅' 분야에서 세계 최고 수준의 전문가 중에 하나다.

- 밸 스위셔_{Val Swisher}. 콘텐츠 전략을 심층적으로 공부하고 싶다면, 그녀의 저서《글로벌 콘텐츠 전략_{Global Content Strategy}》을 선택하라.

- 스콧 아벨_{Scott Abel}. 〈더 콘텐츠 랭글러_{The Content Wrangler}〉의 창립자. 스콧이 만드는 온라인 잡지는 콘텐츠 전략 연습에 관한 정말 훌륭한 자료다.

- 크리스티나 할버슨_{Christina Halvorson}과 브레인 트래픽_{Brain Traffic}. 콘텐츠 전략과 콘텐츠 마케팅의 차이가 잘 이해되지 않는다면, 여기서 만드는 사이트야말로_{contentstrategy.com} 최적의 자료 제공처다.

- 제프 불라스의 블로그. 소셜 미디어와 검색가능성에 관한 놀라운 정보제공원이다.

- 데이비드 미어먼 스콧_{David Meerman Scott}과《팬덤 경제학_{Fanocracy}》. 고객을 팬으로 바꾸는 방법을 알고 싶은가?《팬덤 경제학》을 읽어라.

- 마이클 스텔츠너와 소셜 미디어 이그재미너. 소셜 미디어 이그재미너는 소셜 미디어 마케팅에 관한 대표적인 디지털 자료제공원이다.

- 마리 스미스_{Mari Smith}. 지구상에 어느 누구도 마리만큼 페이스북을 잘 알지는 못한다.

- 브라이언 판조_{Brian Fanzo}. 〈프레스 더 댐 버튼_{Press the Damn Button}〉이라는 그의 팟캐스트를 경청하라.

- 제프 코런_{Jeff Korhan}. 서비스 회사에 특히 좋은 그의 저서《빌트 인 소

셜_{Built-in Social}》은 깜짝 놀랄 만큼 유용하다.

팟캐스트/오디오

- 제러마이어 오우양_{Jeremiah Owyang}. 제러마이어는 대부분의 마케팅 주제에 놀라운 조언을 해준다. 하지만 소셜 오디오 이야기가 나오면 그야말로 최고다. 이 사이트_{web-strategist.com/blog/}에 있는 그의 블로그를 살펴보라.

- 팻 플린_{Pat Flynn}과 〈스마트 패시브 인컴 팟캐스트_{Smart Passive Income podcast}〉. 팻 플린은 팟캐스트라는 공간의 개척자다. 팟캐스트를 하고 있다면 그를 따르라.

- 파멜라 멀둔_{Pamela Muldoon}. 파멜라는 콘텐츠 전략가이자 업계 최고의 여성 성우다.

- 미치 조엘_{Mitch Joel}. 그가 진행하는 〈식세 픽셀스 오브 세퍼레이션_{Six Pixels of Separation}〉 팟캐스트는 최고이자 최장수 팟캐스트 중에 하나다.

시각적인 스토리텔링

- 도나 모리츠_{Donna Moritz}의 블로그. 시각 콘텐츠에 대해서 더욱 많은 것을 배울 놀라운 자료들이 가득이다.

- 버디 스칼레라_{Buddy Scalera}. 시각적인 스토리텔링의 달인. 이 사이트 _{ComicBookSchool.com}에서 그를 만나보라.

- 제이슨 밀러_{Jason Miller}. 그는 링크드인과 마이크로소프트에서 자신의 전문성을 활용하고 있으며 로크롤 칵테일_{Rock 'N Roll Cocktail}이라는 로크롤 사진/마케팅 교육 사이트를 만들었다.

셜(Built-in Social)》은 깜짝 놀랄 만큼 유용하다.

팟캐스트/오디오

- 제러마이어 오우양 Jeremiah Owyang. 제러마이어는 대부분의 마케팅 주제에 놀라운 조언을 해준다. 하지만 소셜 오디오 이야기가 나오면 그야말로 최고다. 이 사이트 web-strategist.com/blog/에 있는 그의 블로그를 살펴보라.

- 팻 플린 Pat Flynn과 〈스마트 패시브 인컴 팟캐스트 Smart Passive Income podcast〉. 팻 플린은 팟캐스트라는 공간의 개척자다. 팟캐스트를 하고 있다면 그를 따르라.

- 파멜라 멀둔 Pamela Muldoon. 파멜라는 콘텐츠 전략가이자 업계 최고의 여성 성우다.

- 미치 조엘 Mitch Joel. 그가 진행하는 〈식세 픽셀스 오브 세퍼레이션 Six Pixels of Separation〉 팟캐스트는 최고이자 최장수 팟캐스트 중에 하나다.

시각적인 스토리텔링

- 도나 모리츠 Donna Moritz의 블로그. 시각 콘텐츠에 대해서 더욱 많은 것을 배울 놀라운 자료들이 가득이다.

- 버디 스칼레라 Buddy Scalera. 시각적인 스토리텔링의 달인. 이 사이트 ComicBookSchool.com에서 그를 만나보라.

- 제이슨 밀러 Jason Miller. 그는 링크드인과 마이크로소프트에서 자신의 전문성을 활용하고 있으며 로크롤 칵테일 Rock 'N Roll Cocktail이라는 로크롤 사진/마케팅 교육 사이트를 만들었다.

디지털 마케팅

- 앨런 가넷Allen Gannett과 《생각이 돈이 되는 순간The Creative Curve!》. 앨런의 저서 《생각이 돈이 되는 순간》은 디지털 마케팅에 대한 신선한 생각을 보여준다.

- 마크 쉐퍼Mark Schaefer와 《마케팅 반란Marketing Rebellion》. 《마케팅 반란》은 오늘날 마케팅의 현황을 보여주는 탁월한 저서다.

- 앤드루 데이비스Andrew Davis의 블로그. 앤드루 데이비스는 마케팅 분야에서 가장 흥미로운 인물이다.

- 컨빈스 & 컨버트 마케팅 블로그. 제이 베어는 이 마케팅 블로그, 저서를 포함한 놀라운 자료를 제공한다.

- 하이디 코언Heidi Cohen. 마케팅 세계에서 무슨 일이 일어나고 있는지를 따라가고 싶다면 〈액셔너블 마케팅 가이드Actionable Marketing Guide〉라는 하이디의 탁월한 이메일 뉴스레터를 읽어라.

- 스콧과 앨리슨 스트라텐Alison Stratten. 그들의 탁월한 저서 《언팟캐스트UnPodcast》는 마케팅에서 해서는 안 되는 것들을 말해준다. 덧붙여 스콧은 끝내주게 재밌는 사람이다.

- 존 홀John Hall과 렐리번스닷컴Relevance.com. 렐리번스닷컴은 그야말로 환상적인 디지털 자료다.

- 샐리 혹스테드Sally Hogstead와 《매료하다Fascinate》. 《매료하다》는 각자 가지고 있는 기술적인 토대를 한층 잘 이해하게 해주는 탁월한 저서다 (각자의 스위트 스폿을 찾는 데 유용하다).

- 제이슨 서리언Jason Therrien과 더 선더 :: 테크the thunder :: tech 블로그. 이 블로그에는 놀라운 사례자료와 단계별 가이드가 포함되어 있다.

- 존 우에벤Jon Wuebben. 《미래 마케팅 : 프로슈머 시대에 승자가 되는 법Future Marketing : Winning in the Prosumer Age》의 저자이다.

이메일 마케팅

- 제시카 베스트Jessica Best. 이메일 마케팅과 관련된 무엇이든 내가 항상 도움을 청하는 사람이다.

사업가 정신

- 크리스 더커Christ Ducker와 〈유프러너Youpreneur〉. 크리스는 행사와 영감을 주는 팟캐스트를 포함하여 사업가들을 위한 놀라운 플랫폼을 구축했다.
- 크리스 브로건과 케리 고르곤Kerry Gorgone. 이들이 진행하는 훌륭한 비디오 인터뷰 쇼 〈더 블랙 쇼The Backpack Show〉는 사업가들에게 안성맞춤이다.
- 존 리 뒤마와 〈안트러프러너 온 파이어〉. 〈안트러프러너 온 파이어〉 팟캐스트는 콘텐츠에 관심 있는 이라면 반드시 들어봐야 한다.
- 〈더 제임스 알투처 쇼The James Altucher Show〉 팟캐스트. 제임스의 팟캣스트를 들을 때마다 나는 항상 유용한 아이디어를 발견한다.
- 마커스 셰리든과 《묻고 답하기They Ask, Your Answer》. 《묻고 답하기》는 고객이 진정으로 원하는 콘텐츠를 제작 방법을 이해하는 데 더없이 좋은 책이다.

B2B

- 더그 케슬러와 벨로서티 파트너스 블로그. 아마 지구상에서 최고의 B2B 마케팅 블로그일 것이다.
- 마이클 브레너와 마케팅 인사이더 그룹. 마케팅 리더십, 통찰력, 조사연구 자료 찾기에 안성맞춤이다.
- 팸 디드너Pam Didner의 블로그. 영업지원에 대한 정보를 얻기에 더없이 좋다.
- 아더스 앨비와 마케팅 인터랙션스. B2B 구매자를 이해할 필요가 있는가? 그렇다면 앨비의 마케팅 인터랙션스가 답이다.
- 버니 보르헤스Bernie Borges. 〈모던 마케팅 엔진Modern Marketing Engine〉이라는 팟캐스트를 운영한다.
- 톰 마틴Tom Martin. 《보이지 않은 판매The Invisible Sale》의 저자다.
- 줄리아 맥코이Julia McCoy. 저서 《실용적인 콘텐츠 전략과 마케팅Practical Content Strategy & Marketing》이 있다.
- 애런 오렌도르프Aaron Orendorff와 아이콘아이콘텐츠IconiContent. B2B 전략과 이커머스 팁을 얻기에 더없이 좋다.

에이전시 생활

- 드루 맥렐런과 스티븐 워스너Stephen Woessner. 그들의 저서 《권위 있게 팔아라Sell With Authority》는 어떤 마케팅 에이전시 전문가든 필독서가 아닐 수 없다.
- 폴 로처Paul Roetzer. 그의 저서 《마케팅 에이전시 청사진The Marketing Agency Blueprint》은 그야말로 끝내주는 에이전시 책이다.

법적인 문제

- 루스 카터_{Ruth Carter}와 그녀의 저서 《블로그의 법적인 측면_{The Legal Side of Blogging}》. 루스의 책은 반드시 알아야 할 정보를 제공한다.
- 새론 토렉_{Sharon Toerek}과 리걸+크리에이티브_{Legal+Creative} 블로그. L+C 브로그는 더할 나위 없이 훌륭하다.

데이터/AI/마테크

- 폴 로처와 〈마케팅 AI 인스티튜트_{Marketing AI Institute}〉. 〈마케팅 AI 인스티튜트〉는 마케팅과 인공지능에 대한 최고의 교육 제공처다.
- 스콧 블링커_{Scott Brinker}와 마케팅 테크놀로지 랜드스케이프_{Marketing Technology Landscape} 슈퍼그래픽스_{supergraphics}. 마케팅 테크놀로지 랜드스케이프 슈퍼그래픽스를 아직까지 본 적이 없다면, 당장 하던 일을 멈추고 구글 검색을 하라.
- 크리스토퍼 펜. 분석이나 데이터 과학과 관련한 의문이 생길 때마다 나는 크리스토퍼를 찾아간다.
- 더글러스 카_{Douglas Karr}와 마테크 존_{Martech Zone}. 마테크 존은 마케팅 테크놀로지에 관한 모든 것을 담고 있는 사이트다.

조사연구

- 맨티스 리서치. 마케팅 조사와 조사실무에 관한 최고의 교육을 제공한다.
- 톰 웹스터_{Tom Webster}와 에디슨 리서치. 에디슨 리서치는 오디오와 팟캐스트 트렌드와 조사 결과를 다루는 웹상의 공간이다.

미래

- 조엘 콤 Joel Comm, 트래비스 라이트 Travis Wright와 〈더 배드 크립토 팟캐스트 The Bad Crypto Podcast〉. 조엘과 트래비스는 대체 불가능한 토큰, 즉 NFT 분야의 개척자이다.
- 브래들리 마일스 Bradley Miles. 브래들리는 자체 코인 발행 및 유통 서비스를 제공하는 롤 Roll의 창립자이자, 소셜 머니 social money 분야를 주도하는 지도자들 중에 하나다.

  그의 이메일 뉴스레터 〈더 소셜 머니 타임스 The Social Money Times〉는 필독 자료다.

세계 각지에는 정말로 놀라운 전문가들이 있다. 이하에서는 여러분이 팔로우해야 할 세계의 선구적인 사상가들을 소개한다.

- AJ 하위즈만 AJ Huisman, 베르트 판 룬 Bert Van Loon과 〈콘텐츠 마케팅 패스트 포워드 Content Marketing Fast Forward〉. 이들은 네덜란드 콘텐츠 마케팅 수준을 한 단계 끌어올리고 있다.
- 카시우 폴리티 Cassio Politi와 저서 《콘텐츠 마케팅 정복반 Content Marketing Masterclass》. 카시우는 정말 놀라운 책을 집필했으며 브라질에서 이쪽 분야의 선구적인 사상가가 아닐까 싶다.
- 페르난도 라바스티다 Fernando Labastida와 콘텐츠 마케팅 라탐 Content Marketing Latam. 페르난도는 10년 동안 라틴아메리카에 콘텐츠 마케팅을 도입하는 일을 해왔다.
- 요아킴 디틀레우 Joakim Ditlev. 덴마크의 대표적인 콘텐츠 마케팅 전문가다.

- 제스퍼 로센Jesper Laursen. 〈네이티브 어드버타이징 인스티튜트Native Advertising Institute〉의 창립자. 그는 또한 덴마크에서 대단한 콘텐츠 에이전시를 운영하고 있다.
- 이고르 사빅Igor Savic, 프리모스 인크레트Primoz Inkret, 안야 가르바이스Anja Garbajs, 네나드 세닉Nenad Senic과 PM 인 슬로베니아PM in Slovenia. 이들은 슬로베니아에서 대표적인 콘텐츠 에이전시를 운영하고 있다. 또한 슬로베니아에서 POMP 포럼이라는 잘나가는 행사를 운영하고 있다.
- 미힐 스훈호번Michiel Schoonhoven 데니스 둘란트와 넥스트레벨임펙트(네덜란드 소재). 그들의 콘텐츠 임팩스 프레임워크Content Impact Framework는 내가 본 최고의 콘텐츠 마케팅 모델 중에 하나다.
- 코르 호스페스Cor Hospes. 네덜란드에서 잘나가는 콘텐츠 마케터 중에 하나로, 훌륭한 블로그와 뉴스레터를 제공한다.
- 마크 매스터스Mark Masters. 마크의 〈유 아 더 미디어You Are the Media〉 팟캐스트 시리즈는 영국에서 시작되었다.

실천만이 남았다

가능한 한 트윗이나 이메일에 답변을 하려고 노력하고 있다. 내 트위터 계정은 @JoePulizzi, 이메일은 joe@thetilt.com이다.

최근에는 강연 일정을 조금 줄였지만 여전히 1년 내내 다수의 기조강연을 하고 있다. 강연 요청에 대해 상세한 내용을 알고 싶다면 JoePulizzi.com을 참조하면 된다.

귀한 시간을 내어 이 책을 읽어준 것에 감사드린다. 진정으로 값진 경험이 되었기를 바란다.

자, 이제 밖으로 나가 실천하기만 하면 된다. 대박 나시길!

감사의 글

이 책에 등장하는 100곳이 넘는 놀라운 기업들에 감사한다. 이 모델은 진정 여러분의 것이라고 말해주고 싶다. 매번 그리고 매일 더욱 잘하도록 영감을 주고 열정을 불어넣어 준 것에 진심으로 감사한다.

클레어 맥더멋Clare McDermott과 요아킴 디틀레우Joakim Ditlev에게 특별히 고맙다는 말을 전하고 싶다. 그들이 도와준 수백 시간에 걸친 인터뷰는 이 책의 성공에 결정적인 역할을 해주었다.

또한 이 책이 나올 수 있도록 도와준 콘텐츠 마케팅 연구소 직원들에게 고맙다는 말을 전하고 싶다.

책을 만드는 모든 순간을 크나큰 즐거움으로 만들어준 로라Laura · 짐Jim, 베키Becky · 마크Marc, 크리스틴Kristin · 제이케이JK에게도 감사한다.

두 아들 애덤Adam과 조슈아Joshua에게도 고마운 마음을 전한다. 앞으로 살아가면서 절대 안주하지 않기를! 항상 질문을 던지기를. 마음이 원하는 바를 따라 살기를. 아빠는 너희가 정말 자랑스럽다.

가족과 친척들에게도 감사하다. 테리Terry와 토니 풀리지Tony Pulizzi, 리Lea와 스티브 스미스Steve Smith, 토니Tony와 캐시 풀리지Cathy Pulizzi, 짐Jim과 샌디 맥더멋Sandy McDermott, 샌디 코젤카Sandy Kozelka, 라이언Ryan과 에이미 코젤카Amy Kozelka, 로라 코젤카Laura Kozelka, 여러분의 사랑과 지지에 진심으로 고맙다.

내 최고의 친구 팸Pam에게도 고마움을 전한다. 당신과 함께하면서 하루하루가 내겐 어제보다 좋은 날이 되고 있어. 사랑해, 누구보다.

빌립보서 4장 13절, 내게 능력 주시는 자 안에서 내가 모든 것을 할 수 있느니라.

| 1장 |

Asness, Clifford, and Aaron Brown, "Pulling the Goalie: Hockey and Investment Implications," March 1, 2018, accessed August 10, 2020, https://papers.ssrn.com/sol3/papers.cfm?abstract_id=3132563.

Clear, James, *Atomic Habits,* Avery, 2018.

Covey, Stephen, *The 7 Habits of Highly Effective People,* Free Press, 1989.

Gannon, John, "The 15-Minute Morning Routine That Is Already Changing My Life," TheMuse.com, accessed September 22, 2020, https://www.themuse.com/advice/the-15minute-morning-routine-thats-already-changing-my-life.

Gladwell, Malcolm, *Revisionist History,* episode 27, accessed September 12, 2020, http://revisionisthistory.com/episodes/27-malcolm-gladwell-s-12-rules-for-life.

Goalband, "18 Facts About Goals and Their Achievement," accessed September 22, 2020, http://www.goalband.co.uk/goal-achievement-facts.html.

Hill, Napolean, *Think and Grow Rich,* Ralston Society, 1937.

Huddleston, Tom Jr., "Bill Gates: 'I Didn't Even Want to Meet Warren Buffett,'" CNBC.com, accessed September 22, 2020, https://www.cnbc.com/2019/11/08/ bill-gates-i-didnt-even-want-to-meet-warren-buffett.html.

Kiyosaki, Robert T., *Rich Dad, Poor Dad,* Plata Publishing, 2000.

Lally, Dr. Phillipa, Cornelia H. M. van Jaarsveld, Henry W. W. Potts, and Jane Wardle, *European Journal of Social Psychology,* July 16, 2009.

Matthews, Dr. Gail, *Dominican University Goals Study,* 2007, http://www.dominican.edu/academics/ahss/undergraduate-programs-1/psych/faculty/fulltime/gailmatthews/researchsummary2.pdf.

The Smarter Brain, "Warren Buffett's '3-Step' 5/25 Strategy," accessed September 22, 2020, https://www.mayooshin.com/buffett-5-25-rule/.

US Bureau of Labor Statistics, "Television, Capturing America's Attention at Prime Time and Beyond," accessed September 22, 2020, https://www.bls.gov/opub/ btn/volume-7/television-capturing-americas-attention.htm.

| 2장 |

Bjornson, Leah, "16 Branded Content Stats That Prove Its Value," Pressboard, accessed October 5, 2020, https://www.pressboardmedia.com/magazine/best-branded-content-stats.

Interview with Electric House by Joakim Ditlev, September 2020.

Interview with Wally Koval by Clare McDermott, August 2020.

Perez, Christina, "Accidental Wes Anderson Is the Instagram Trend You Didn't Know You Needed," *Vogue,* accessed September 22, 2020, https://www.vogue.com/ article/ accidental-wes-anderson-instagram.

Pew Research Center, Mobile Fact Sheet, accessed October 11, 2020, https://www.pewresearch.org/internet/fact-sheet/mobile/.

Rose, Robert, and Carla Johnson, *Experiences: The 7th Era of Marketing,* Content Marketing Institute, 2015.

Schultz, Don, and Heidi Schultz, *IMC—the Next Generation,* McGraw-Hill Professional, 2003.

"Self-Service: Do Customers Want to Help Themselves?," Zendesk, accessed October 10, 2020, https://www.zendesk.com/resources/searching-for-self-service/.

"Sundance: Sean Baker on Filming 'Tangerine' and 'Making the Most' of an iPhone," Variety.com, accessed September 23, 2020, http://variety.com/video/sundance-sean-baker-on-filming-tangerine-and-making-the-most-of-an-iphone/.

"What Consumers Want from Brands in a Divided Society," Sprout Social, accessed October 1, 2020, https://sproutsocial.com/insights/data/social-media-connection/.

| 3장 |

"Difference Between Knowledge and Skill," Differencebetween.net, accessed September 18, 2020, http://www.differencebetween.net/language/difference-between-knowledge-and-skill/.

Interviews by Clare McDermott:
  Alessandra Torre, August 2020.
  Andy Schneider, January 2015.
  Anthony Fasano, August 2020.
  Matthew Patrick, August 2020.

Isaacson, Walter, "How Steve Jobs' Love of Simplicity Fueled a Design Revolution," Smithsonianmag.com, accessed September 18, 2020, http://www.smithsonian.mag.com/arts-culture/how-steve-jobs-love-of-simplicity-fueled-a-design-revolution-23868877/?no-ist.

Newport, Cal, "Do like Steve Jobs Did: Don't Follow Your Passion," FastCompany.com, accessed September 18, 2020, http://www.fastcompany.com/3001441/do-steve-jobs-did-dont-follow-your-passion.

Patrick, Matthew, "Draw My Life: Game Theory, MatPat and You", YouTube.com, accessed August 18, 2020, https://www.youtube.com/watch?v=8mkuIP_i3js.

"Steve Jobs' 2005 Commencement Address," *Stanford News,* accessed September 18, 2020, https://news.stanford.edu/2005/06/14/jobs-061505/.

| 4장 |

The Grand Budapest Hotel, Fox Searchlight Pictures, released March 2014.

Interview with Jeff Gargas by Clare McDermott, August 2020.

Interview with Marcus Sheridan by Clare McDermott and Joe Pulizzi, January 2015 and August 2020.

| 5장 |

Collins, Jim, *Good to Great,* HarperCollins Publishers, 2001.

Email interview with David Reardon by Joe Pulizzi, March 2015, and Clare McDermott, August 2020.

Gutelle, Sam, "YouTube Millionaires: Ann Reardon Knows 'How to Cook That'", Tubefilter.com, accessed August 10, 2020, http://www.tubefilter.com/2015/01/22/ann-reardon-how-to-cook-that-youtube-millionaires/.

Interview with Jay Acunzo by Clare McDermott, January 2015 and August 2020.

Interview with Nicki Larsen by Joakim Ditlev, September 2020.

The Matrix, Warner Brothers, released March 1999.

Thiel, Peter, *Zero to One,* Crown Business, 2014.

"Tilt: Definition", Dictionary.com, accessed April 19, 2015, http://dictionary.reference.com/browse/tilt.

| 6장 |

Acunzo, Jay, "Playing Favorites", accessed on October 12, 2020, https://mailchi.mp/mshowrunners/what-makes-content-irresistible-4728206?e=a6f02685ef.

"Barstool Biographies," *Barstool Sports,* accessed October 12, 2020, https://www.barstoolsports.com/blog/746282/barstool-biographies-becoming-el-pres-pt-2.

"Barstool Sports Is Leading an Army of Day Traders," Bloomberg, accessed October 12, 2020, https://www.bloomberg.com/news/articles/2020-06-12/barstool-sports-dave-portnoy-is-leading-an-army-of-day-traders.

"Brendon Lemon: Professional Stand-Up Comedian and Sales Director," Udemy, https://www.udemy.com/user/brendon-lemon/.

"A Casino Company Is Buying Barstool Sports for $450 million," *Recode,* accessed October 12, 2020, https://www.vox.com/recode/2020/1/29/21113130/barstool-sports-penn-national-deal-dave-portnoy-chernin.

"Creating Online Courses with Brendon Lemon," *The James Altucher Show,* August 29, 2020.

Gladwell, Malcolm, *Talking with Strangers,* Little, Brown & Company, 2019.

Interview with Cristoph Schlarb by Joakim Ditlev, September 2020.

Interview with Rob LeLacheur by Joe Pulizzi, September 2020.

Interviews by Clare McDermott:
Jay Acunzo, January 2015 and August 2020.
Jay Baer, January 2015.
Ann Handley, August 2020.

MacArthur, Amanda, "An Inspirational Press Release Template from Amazon," Mequoda.com, http://www.mequoda.com/articles/audience-development/an-inspirational-press-release-template-from-amazon/.

Revella, Adele, *Buyer Personas,* John Wiley & Sons, 2015.

Slush, "Twitch's First Big Streamer—the History of Reckful," accessed October 1, 2020, https://www.youtube.com/watch?v=vnavU4bk7Vc.

This American Life, produced by Ira Glass, WBEZ, 2014, http://www.thisamerican life. org/.

Wheatland, Todd, "The Pivot: 4 Million People Glad Bullas Went Back to Tech," ContentMarketingInstitute.com, accessed September 2, 2020, http://content marketinginstitute.com/2015/01/the-pivot-jeff-bullas/.

| 7장 |

Cox, Lindsay Kolovich, "17 Truly Inspiring Company Vision and Mission Statement Examples," accessed October 12, 2020, https://blog.hubspot.com/marketing/inspiring-company-mission-statements.

Griffin, Marie, "The Idea That Transformed Hoyt Publishing," AdAge.com, accessed April 19, 2015, http://adage.com/article/btob/idea-transformed-hoyt-publishing/273350/.

"Henry Winkler," *The Nerdist Podcast,* December 15, 2014.

Interviews by Clare McDermott:
Darren Rowse, January 2015.
Philip Werner, August 2020.
A Knight's Tale, Columbia Pictures, released May 2001.

Welton, Caysey, "For Inc., It's Not About Platform or Product, It's About Purpose," accessed on October 12, 2020, https://www.foliomag.com/inc-platform-product-purpose/.

| 8장 |

Ernst, Erik, "Joe Rogan Talks About Creating His Top-Ranked Podcast," accessed October 12, 2020, https://web.archive.org/web/20110909180530/http://www.jsonline.com/blogs/entertainment/127610833.html.

The Founder, Weinstein Company, released 2016.

Hyatt, Michael. *Platform,* http://michaelhyatt.com/platform.

"Jim Carrey," WTF with Marc Maron, Episode 1150, July 16, 2020.

Koetsier, John, "Joe Rogan Takes $100 Million to Move Podcast to Spotify," accessed October 12, 2020, https://www.forbes.com/sites/johnkoetsier/2020/05/19/joe-rogan-moves-podcast-with-286-million-fans-to-spotify-drops-apple-you-tube-other-platforms/#25ac4a42a238.

| 9장 |

"Enterprise Content Marketing Research," Content Marketing Institute/ MarketingProfs, accessed October 10, 2020, https://contentmarketinginstitute.com/2020/02/customer-experience-enterprise-research/.

Interview with Jean-Baptiste Duquesne by Joakim Ditlev, September 2020.

McKinnon, Tricia, "The Growth Strategy Behind Goop," accessed October 12, 2020, https://www.indigo9digital.com/blog/goopdirectoconsumerstrategy.

| 10장 |

Goldberg, Natalie, *The True Secret of Writing,* Atria Books, 2013.

Interview with Ann Handley by Clare McDermott, January 2015 and August 2020.

Levy, Mark, Accidental Genius, Berrett-Koehler Publishers, 2010.

Miltenberg, Bill, "To Save His Business, Marcus Sheridan Became a Pool Reporter," PRNews.com, http://www.prnewsonline.com/featured/2012/09/06/to-save-his-business-marcus-sheridan-became-a-pool-reporter/.

Roberts, Stacey, "How to Consistently Come up with Great Post Ideas for Your Blog," ProBlogger.net, http://www.problogger.net/archives/2014/02/03/content-week-how-to-consistently-come-up-with-great-post-ideas-for-your-blog/.

| 11장 |

Interview with Jon Loomer by Clare McDermott, January 2015.

Interview with Michael Schøt by Joakim Ditlev, September 2020.

Interview with Michele Linn by Joe Pulizzi, June 2016.

| 13장 |

Interviews by Clare McDermott:
Joe Hage, August 2020.
Ann Handley, August 2020.

Rohrs, Jeff, *Audience:Marketing in the Age of Subscribers,Fans and Followers,* John Wiley & Sons, 2013.

The Social Dilemma, Netflix, released 2020.

| 14장 |

Brenner, Michael, "Get the Biggest SEO Bang for Your Content Marketing Buck," ContentMarketingInstitute.com, accessed May 15, 2020, http://content marketinginstitute.com/2015/03/brenner-seo-content-marketing/.

Enge, Eric, "Link Building Is Not Illegal (or Inherently Bad) with Matt Cutts," stonetemple.com, accessed April 20, 2020, https://www.stonetemple.com/link-building-is-not-illegal-or-bad/.

Smith, Craig, "Upworthy Statistics and Facts," DMR, accessed October 1, 2020, https://expandedramblings.com/index.php/upworthy-statistics-and-facts/.

"What Actually Makes Things Go Viral Will Blow Your Mind," *Upworthy Insider,* Upworthy.com, accessed August 28, 2020, http://blog.upworthy.com/post/69093440334/what-actually-makes-things-go-viral-will-blow-your.

| 15장 |

Interviews by Joe Pulizzi:
Adam Pulizzi, September 2020.
Nathaniel Whittemore, October 2020.

| 16장 |

Cooper, Paige, "How to Use Instagram Stories to Build Your Audience," Hootsuite, accessed October 12, 2020, https://blog.hootsuite.com/how-to-use-instagram-stories/.

"How to Use Newsletters," Medium, accessed October 12, 2020, https://help.medium.com/hc/en-us/articles/115004682167-How-to-use-Newsletters.

Interview with Michael Jr. by Clare McDermott, August 2020.

Iqbal, Mansoor, "Twitch Revenue and Usage Stats," BusinessofApps, accessed October 12, 2020, https://www.businessofapps.com/data/twitch-statistics/.

Issawi, Danya, "How Plants Help People Grow," *New York Times,* accessed October 12, 2020, https://www.nytimes.com/2020/08/18/style/self-care/self-care-plants-garden-marcus-tiktok.html.

Lin, Ying, "10 Reddit Statistics," *Oberlo,* accessed October 12, 2020, https://www.oberlo.com/blog/reddit-statistics.

"Number of Active Monthly Facebook Users," Statista, accessed October 12, 2020, https://www.statista.com/statistics/264810/number-of-monthly-active-facebook-users-worldwide/.

Sehl, Katie, "28 Pinterest Statistics Marketers Should Know in 2020," Hootsuite, accessed October 12, 2020, https://blog.hootsuite.com/pinterest-statistics-for-business/.

Tillman, Maggie, "What Is Snapchat, How Does It Work and What's the Point?," Pocket-lint, accessed October 12, 2020, https://www.pocket-lint.com/apps/news/snapchat/131313-what-is-snapchat-how-does-it-work-and-what-is-it-used -for.

| 17장 |

Albee, Ardath, *Digital Relevance,* Palgrave Macmillan, 2015.

| 18장 |

Alcántara, Ann-Marie, "BuzzFeed Starts Selling Products Directly to Consumers," *Wall Street Journal,* accessed October 12, 2020, https://www.wsj.com/articles/buzzfeed-starts-selling-products-directly-to-consumers-11596136660.

Coy, Peter, "A 28-Year-Old with No Degree Becomes a Must-Read on the Economy," Bloomberg, accessed October 12, 2020, https://www.bloomberg.com/news/articles/2020-07-02/nathan-tankus-s-newsletter-subscribers-don-t-care-about-diplomas.

Crea, Joe, "Michael Symon Signature Knives Can Be Part of Your Kitchen Tools Later This Year," Cleveland.com, accessed April 28, 2015, http://www.cleveland.com/dining/index.ssf/2015/02/michael_symon_signature_knives.html.

"EOF August 2020 Income Report," Entrepreneurs On Fire, accessed October 12, 2020, https://www.eofire.com/income84/.

Interview with Laura Moore by Joakim Ditlev, September 2020.

Interviews by Clare McDermott:
Claus Pilgaard, January 2015.
Rob Scallon, February 2015.

Interviews by Joe Pulizzi:
Rob LeLacheur, October 2020 (re: The Boutique Awards).
Trish Witkowski, October 2020.

"Michael Symon," Wikipedia, accessed April 28, 2015, http://en.wikipedia.org/wiki/Michael_Symon.

"Scott Adams' Net Worth," Capitalism.com, accessed October 12, 2020, https://www.capitalism.com/scott-adams-net-worth/.

Sitar, Dana, "Can You Earn Money with Substack?," The Write Life, accessed October 12, 2020, https://thewritelife.com/earn-money-through-substack/.

| 19장 |

"Disney Reorganises Business to Emphasise Streaming," Financial Times, accessed October 13, 2020, https://www.ft.com/content/53159991-960a-4c06-b8cf-dde59feaa40d.

The Show Must Go On: The Queen+Adam Lambert Story, Netflix, released 2019.

| 20장 |

Alleman, Andrew, "L'Oreal Buys Makeup.com for 7 Figures," domainnamewire.com, accessed October 12, 2020, http://domainnamewire.com/2010/03/04/loreal-buys-makeup-com-for-7-figures/.

Dillon, James, "Should You Buy or Grow a Pineapple for Your Audience?," ContentMarketingInstitute.com, accessed August 10 2020, http://content marketinginstitute.com/2015/02/buy-or-grow-pineapple-audience/.

Ghosh, Sudipto, "Salesforce Acquires *The CMO Club*," MarTech Series, accessed October 12 2020, https://martechseries.com/sales-marketing/crm/salesforce-acquires-the-cmo-club-to-unify-marketing-thoughts-with-b2b-practices/.

Interview with John Blondin by Joe Pulizzi, September 2020.

| 21장 |

"How to Create an Exit Strategy," Edward Lowe Foundation, accessed October 12, 2020, https://edwardlowe.org/how-to-create-an-exit-strategy/.

"What Is a Letter of Intent(LOI)?," Corporate Finance Institute, accessed October 12, 2020, https://corporatefinanceinstitute.com/resources/templates/word-templates-transactions/letter-of-intent-loi-template/.

| 22장 |

Hastings, Reed, and Erin Meyer, *No Rules Rules: Netflix and the Culture of Reinvention,* Penguin Press, 2020.

Interview with Paul Roetzer by Joe Pulizzi, September 2020.

Interviews by Clare McDermott:
Brian Clark, August 2020.
Drew McLellan, August 2020.
Rand Fishkin, August 2020.

Interviews by Joakim Ditlev:
Charlotte Labee, September 2020.
Jean-Baptiste Duquesne, September 2020.
Nicki Larsen, September 2020.

Shove, Caelum, "Media Mergers and Revenue Multiples," TV [R]evenue, accessed October 12, 2020, https://tvrev.com/media-mergers-and-revenue-multiples/.

옮긴이 강혜정
서울대학교 동양사학과를 졸업하고 전문 번역가로 활동 중이다. 옮긴 책으로는 《1만 시간의 재발견》, 《고전에 맞서며》, 《언페어》, 《역사가 당신에게 들려주고 싶은 이야기》, 《찰스 핸디의 포트폴리오 인생》, 《반지성주의》 등이 있다.

콘텐츠 바이블

초판 1쇄 발행 2021년 12월 27일
3쇄 발행 2023년 6월 15일

지은이 조 풀리지 | **옮긴이** 강혜정
펴낸이 오세인 | **펴낸곳** 세종서적(주)

주간 정소연 | **편집** 박혜정
표지 디자인 섬세한곰 | **본문 디자인** 김미령
마케팅 임종호 | **경영지원** 홍성우
인쇄 천광인쇄 | **종이** 화인페이퍼

출판등록 1992년 3월 4일 제4-172호
주소 서울시 광진구 천호대로132길 15, 세종 SMS 빌딩 3층
전화 경영지원 (02)778-4179, 마케팅 (02)775-7011
팩스 (02)776-4013
홈페이지 www.sejongbooks.co.kr
네이버 포스트 post.naver.com/sejongbook
페이스북 www.facebook.com/sejongbooks
원고모집 sejong.edit@gmail.com

ISBN 978-89-8407-972-4   03320

• 잘못 만들어진 책은 바꾸어드립니다.
• 값은 뒤표지에 있습니다.